新编公文写作丛书

新编办公室文秘写作技能指导与范例全书

胡珊瑚◎主编

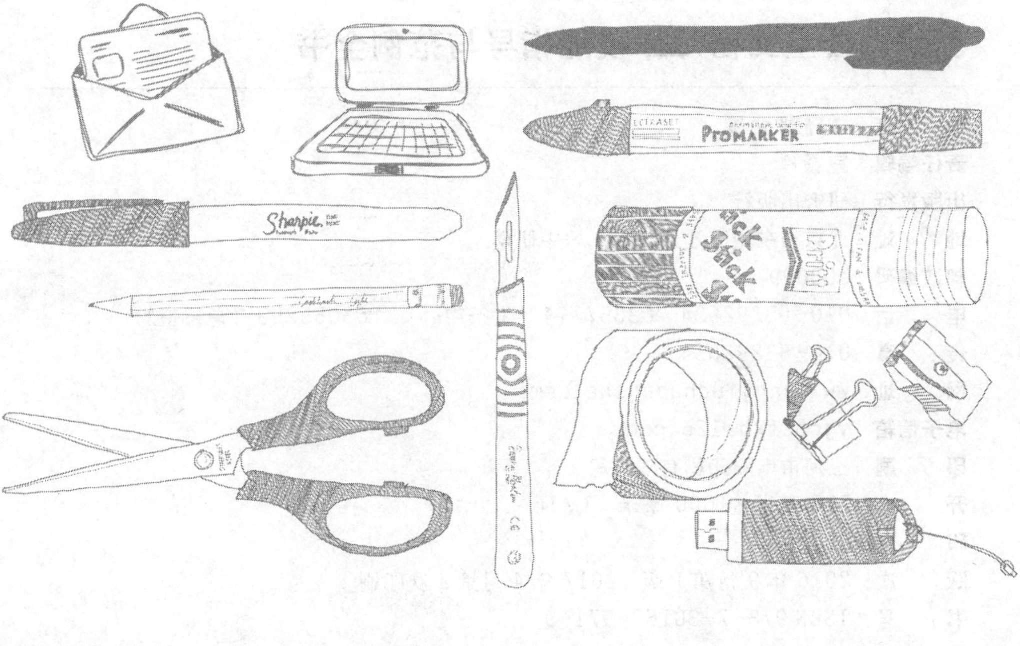

中国出版集团 研究出版社

图书在版编目（CIP）数据

新编办公室文秘写作技能指导与范例全书／胡珊瑚主编．—北京：研究出版社，2016.9
ISBN 978-7-80168-971-9

Ⅰ．①新… Ⅱ．①胡… Ⅲ．①公文—写作 Ⅳ．①H152．3

中国版本图书馆 CIP 数据核字（2016）第 124311 号

新编办公室文秘写作技能指导与范例全书

作　　者　胡珊瑚 主编
责任编辑　寇颖丹
出版发行　研究出版社
地　　址　北京市东城区沙滩北街 2 号中研楼
邮政编码　100009
电　　话　010-63292534　63057714（发行中心）　63055259（总编室）
传　　真　010-63292534
网　　址　www.yanjiuchubanshe.com
电子信箱　yjcbsfxb@126.com
印　　刷　三河市南阳印刷有限公司
开　　本：710 毫米×1000 毫米　1/16
印　　张：23
版　　次：2016 年 9 月第 1 版　2017 年 4 月第 2 次印刷
书　　号：ISBN 978-7-80168-971-9
定　　价：45.00 元

本书编委会

主　编　胡珊瑚

编　委（排名不分先后）

胡占国　胡占有　周　燕　刘占家　郑　義

张凤雲　刘云锋　刘　唱　张红伟　江本有

霍　然　刘玉林　张国柱　张国军　薄文中

薄　浩　周本唐　周小敏　王　扩　王树唐

王春唐　崔　赤　郑　建　景军丽　孙少伟

马　保　崔大勇

目　录

上　编　日常事务类文书写作

中　编　通用公务类公文写作

下编　工作事务类文书写作

上编

日常事务类文书写作

第一章　日用条据、便条、契约文书写作

第一节　条据写作

一、条据的写作概述

1. 条据的概念

条据是指单位或个人之间，在收到、借到、领到钱物时所写出的凭据，目的是办事方便、手续清楚。

2. 条据的写作格式

（1）标题

在条据的最上端正中处写上条据的名称，字迹要大些。

（2）标明性质、关系

在标题之后，写明“今领到”“今借到”“今收到”等字样。

（3）正文

要写明内容、物件品名、数量、钱款数，数字要用汉字大写。如是借条，还要写明归还日期。

（4）结尾

正文后另起一行空两格写“此据”等。

（5）落款

署上借者姓名，并签名盖章，最后写明立据的年、月、日。

二、条据的写作范例

◎收　条

今收到×××、×××、×××三人交来建筑资金××元整。

此据。

××承建集团（章）

经手人：×××（签名）

××××年××月××日

◎代收条

今代收到×××同志还给×××同志的人民币××整和致谢礼物《××××》壹本。

代收人：×××（章）

××××年××月××日

◎售　条

今售给××开发公司××型汽车×辆、××型拖拉机×台，总计人民币××××元整。

此据。

经办人：×××（签名或盖章）

××××年××月××日

◎借　条

今借到××厂财务处人民币捌仟元整，借期为×个月。

此据。

借款人：×××（签名或盖章）

××××年××月××日

◎欠　条

今欠××装饰公司装修费××元整，准时于××××年××月××日付清。

此据。

欠款人：×××（签名或盖章）

××××年××月××日

◎领　条

今领到××教育局发给学生课本××套。

××学校

经手人：×××（签名或盖章）

××××年××月××日

第二节　便条写作

一、便条的写作概述

1. 便条的概念

便条是指在日常生活中，如果有什么事情需要告诉另外一方，或需要委托他人办什么事情，在不进行面谈的情况下书写的一种条据。

2. 便条的写作格式

（1）标题

因为便条是人们在日常生活中经常使用的，写不写标题都可以。一般只有写请假条、留言条时使用标题，即在正文上方中间写上“请假条”或“留言条”字样。

（2）称呼

称呼要求在标题下顶格写，后加冒号。

（3）正文

正文从称呼下一行空两格处写起。正文内容要求将所要表达的意思、需要委托对方办的事情全部写出来。内容写完后，可视具体情况写下“谢谢”“敬礼”“特此拜托”等礼貌性的话语，也可不写。

（4）落款

便条的落款包括署名和日期两项。署名写在正文右下方，署名的方式视写给的对象而定。日期写在署名的下方。

二、便条的写作范例

◎一般便条

××小姐：

我单位定于明天上午邀请×××作科学讲座。现托×××带去入场券一张，欢迎你到时来听。

同事：×××

××××年××月××日

◎请假条

×××厂长：

今天早晨我突然发高烧，经去医院检查系重感冒，无法前来上班，暂请假三天，请予批准。

附医院证明（略）

×××
××××年××月××日

◎**留言条**

×××先生：

今天上午我来找你，有重要事情商量，巧不相遇，不能久等。明日上午××时再来，请等我。

×××
××××年××月××日

◎**托事条**

××公司储运处：

你公司需要的办公文具已到货，特托人带去信条告知，请在明天上午××时来我公司第一门市部购买。

此致

敬礼

××办公文具公司
××××年××月××日

◎**意见条**

××行政处：

我们办公楼的水管坏了两天了，影响到同志们的生活用水，希尽快请工人维修。

×××
××××年××月××日

◎**回　条**

总厂：

总厂派人送来的召开生产计划平衡会议通知已收到，届时我一定准时参加。

此复

××分厂　×××
××××年××月××日

◎ **约会条**

×××：

大学几位同学准备本周五（××月××日）晚××时在×××家聚会，望你能来，并转告×××同学。×宅在××路××村××号××室，电话××××××××。

×××

××××年××月××日

第二章 开张、乔迁志喜文书写作

第一节 开张志喜文书写作

一、开张志喜文书的写作概述

开张志喜类文书是指各企业工程开工、公司成立、商行开业、店铺开张进行庆贺时使用的一种文体。

二、开张志喜文书的写作范例

◎茶馆开张志喜

龙井泉多奇味
武夷茶发异香

瓦壶水沸邀请客
茗碗香腾遣睡魔

雀舌未经三月雨
龙芽先点一时春

◎酒楼开张志喜

美酒几杯添气色
佳肴一碗补心身

劝君更进一杯酒
与尔同销万古愁

葡萄美酒夜光杯
欲饮琵琶马上催

◎宾馆开业志喜

相逢似萍水
小住胜亲人

共对一樽酒
相看万里人

◎燃气站开张志喜

火食家家旺
财源日日兴

雪中送炭千家暖
锦上添花万户春

◎粮店开张志喜

五谷乃国家之宝
人民以食物为天

生产五谷农无愧
供应三餐我有功

◎书店开张志喜

远求海内珍藏本	书山探宝酬君志	书载中外学术
近读人间未见书	店室览胜醉人心	店藏古今知识

◎药店开业贺幛

×××药店开业留念

妙　手　回　春

×××敬贺

◎新店开业贺电

欣闻开业纪念，特电致贺。

祝贺新张志喜，谨祝生意兴隆。

◎服装店开张贺信

××友：

昨接来信，得知您在××市商业街的靓丽服装店，准备即日开张，真是可喜可贺。您向来对时尚多有研究，加上在外闯荡多年，干这一行定当大有作为。正当您开业之时，本应亲自前往祝贺，恰巧所在单位近期正处转折时期，竟不得脱身，非常抱歉！特寄上礼物一份为贺，望您赏收。

敬祝生意兴隆！

×××敬贺

××××年××月××日

第二节　乔迁志喜文书写作

一、乔迁志喜文书的写作概述

乔迁志喜类文书是指人们在喜迁新居时，为了渲染喜庆气氛而使用的文体。乔迁志喜类文书多为对联。

二、乔迁志喜文书的写作范例

◎春季乔迁贺联

春风堂上新来燕 香雨庭前初种花	新屋落成逢新岁 春风送暖发春华	里有仁风春日永 家余德泽福星明

◎夏季乔迁贺联

日永华堂祥光射 云连夏屋气象新	夏屋新迁莺出谷 华堂焕彩凤栖梧	谦让之间其风好 吉祥所止与日长

◎秋季乔迁贺联

莺迁乔木松树流韵 月洗高秋桂花生香	菊开五福宅 霜染一叶秋	瑞献桐阶凤凰来集 香飘桂苑蟾兔争明

◎冬季乔迁贺联

院内梅红戏飞雪 门前柳绿舞春风	门对青山江山吐秀 屋临绿水栋宇增辉	岁寒三友增添新色 春风满堂集聚德光

◎乔迁竖式喜幛

××哥哥乔迁志喜

凤振高冈

弟弟××敬贺

◎乔迁横式喜幛

××哥哥新居志喜

华　堂　集　瑞

弟弟××敬贺

◎乔迁贺电

顷闻乔迁新居，敬电贺喜。

◎乔迁贺信

××姐姐：

得悉姐姐莺迁大厦，燕集华堂，美轮美奂。然远隔千里，难以同席相庆。特寄上礼物一份为贺。

敬祝生意兴隆！

妹妹××谨上

××××年××月××日

第三章 婚姻、家庭文书写作

第一节 婚姻文书写作

一、婚姻文书的写作概述

婚姻文书，是指刊登在报纸、杂志上的一些力求准确表达自己心愿、字数短小而精练的一种类似告白性质的文章，也包括婚姻登记文件、结婚证、夫妻关系证明信等。

二、婚姻文书的写作范例

◎征婚告白

征婚告白

【范例一】

×先生，××岁，1.80米，大学本科，未婚，曾自费留学××三年，去年归国。现在一家科研单位工作。经济实力雄厚，有住房，爱好音乐。愿找一位××岁以内，1.65米以上，大学学历，品貌俱佳，善解人意，会治家理财的小姐为伴。信寄×××，来函必复。

××××年××月××日

【范例二】

女，××岁，1.62米，未婚，品貌俱佳，性格开朗，有事业心，一直在××公司搞外贸工作。现寻××岁以下，1.78米以上，未婚，会一门外语，有自己的事业或在涉外单位工作，婚后能在国外工作或生活的男士为伴，信寄×××收转。

××××年××月××日

◎婚姻专用介绍信

结婚专用介绍信

××区（县）民政局：

兹介绍我厂×××同志和×××同志前来你处办理结婚登记手续，请接洽为荷！

此致

敬礼！

×××厂（公章）

××××年××月××日

◎结婚登记申请书

结婚申请书

我俩自愿结为夫妻，符合《中华人民共和国婚姻法》关于结婚的规定，请准予结婚登记，并发给结婚证。

申请人：×××
×××（签名盖章）

××××年××月××日

◎婚礼仪式

×××先生
×××小姐结婚仪式

1. 婚礼开始
2. 鸣炮奏乐（或鼓掌）
3. 向父母鞠躬
4. 新郎新娘互致鞠躬礼
5. 介绍人讲话
6. 家长讲话
7. 来宾讲话（或致贺词）
8. 新郎新娘讲话
9. 婚礼结束

◎婚礼致辞

婚礼致辞

×××好友：

今天上午收到你们寄来的喜帖，知道你们终于结婚了。我衷心地对你们的婚事表示祝贺！

俗话说，好事多磨。上次我去××出差，算起来也有三年了吧，我见到你们，就说你们有缘，一定能结成好夫妻。谁知你们却非要读完夜大拿下学历才考虑结婚。当时我还真为你们生气。现在我明白了，这三年你们不仅寒窗苦读，学到了知识，而且在互相帮助中增进了了解，加深了感情。今天你们的结合情更深意更浓。

接到你们的喜帖，我真恨不得立即飞到你们那儿去参加你们的婚礼，为你们祝福！但现在工厂里的任务很紧，不好请假，我无法分身。请你们谅解。但我会在这里热烈地远远地为你们祝福，愿你们心心相印，白头偕老，并祝愿你们早日抱上小宝宝。

随信寄去相册一本，一份薄礼略表心意！

再次祝你们新婚快乐！

友：×××

××××年××月××日

◎离婚证

离婚证

×字第××号

______（××周岁）和______（××周岁）

××申请离婚，经审查符合《中华人民共和国婚姻法》关于双方自愿离婚的规定，准予登记，发给此证。

子女安排	由女方抚养
财产处理	已分割
其他协议	无
结婚日期	×字第××号 ××××年××月××日
持证人	×××（男）

◎离婚登记申请书

离婚登记申请书

我俩自愿离婚，并遵照《中华人民共和国婚姻法》关于双方自愿离婚的规定，对有关问题已作出妥善处理，请准予登记，发给《离婚证》。

姓　　名	×××	×××
性　　别	男	女
民　　族	汉	汉
出生日期		
籍　　贯		
现在住址		
工作单位		
文化程度		
职业		
居民身份证编号		
结婚证字号、日期		

离婚原因	子女安排	财产处理	其他协议
感情破裂	由女方抚养	已分割	无

双方申请人签字或盖章、按指印

××××年××月××日

◎夫妻关系证明书

夫妻关系证明书

×字第××号

根据婚姻登记档案记载，______和______已于______年____月____日在______（县、市、区）____（乡、镇、街道办事处）依法登记结婚（结婚证____字第____号）。因原《结婚证》丢失，特出具此证明。

本证明书与原《结婚证》具有同等法律效力。

出证机关：（盖章）

出证日期：××××年××月××日

<table>
<tr><td colspan="5">一方或双方半身免冠照片
（加盖婚姻登记专用章钢印）</td></tr>
<tr><td rowspan="4">持证人</td><td>姓名</td><td></td><td rowspan="2">（男、女）
____年____月____日</td><td rowspan="4"></td></tr>
<tr><td>出生日期</td><td></td></tr>
<tr><td>工作单位</td><td></td><td rowspan="2"></td></tr>
<tr><td>现在住址</td><td></td></tr>
</table>

第二节　生子添丁文书写作

一、添丁文书的写作概述

添丁文书，是指待到婴儿满月、满百日、满周岁时，进行祝贺、邀请宾朋用的一种书信文书。

二、添丁文书的写作范例

◎贺添丁封包

旧时婴儿周岁时，父母陈列各种小件器物，任其抓取，以试测小儿的未来志趣和成就，叫“试周”，俗语叫“对对”，意即对年，也有叫对周的。

贺令郎
对周志喜
××贺

◎**贺添丁对联**

△贺生子联

德门喜庆添一子
英物啼祥乐四邻

一朵芙蓉凝玉露
三秋桃实映流霞

川媚山辉蓝玉朗
天高月满蚌珠肥

净地月明生秀草
芳阶风暖长兰芽

△贺生女联

双喜临福地
千金耀华门

喜结心中伴侣
欣生掌上明珠

绿竹生新笋
红梅发嫩枝

△贺生双胞胎联

两美同生祥开达适
一孪竞秀誉迈郊邻

门前玉树开双苑
堂上银灯绽二星

△贺生孙、生曾孙联

凤毛夸济美
燕翼善贻谋

一门绕五福
四代庆同堂

分杯河饼倍重庆
拄杖桑榆乐再孙

△不同季节生子用联

[春生子]

日暖兰阶花吐秀

雷惊竹院笋抽芽

[夏生子]
子种莲房池有新苗
梦延瓜瓞日见长绵

[秋生子]
月朗天高桂宫结子
地灵人杰嵩岳生甲

△庆周岁用联

万里鹏程先初步	新开周岁蹒跚步
一生大业待开局	初启此生浩荡云

△庆百日用联

转瞬新婴迎百日	新家百日添英物
展眉老幼庆天伦	福院三更哄俊娃

◎贺添丁赋诗

△贺生女诗

擎出明珠朗，门拥喜气浓。
画楼巢翡翠，碧水映芙蓉。

△贺生子诗

遥瞻佳气报添丁，弧矢新悬座客盈。
已识箕裘绵世德，先从汤饼试啼声。

△贺生孙诗

瑶章雄诵庆添孙，兰室香生九畹根。
积德由来终善报，他时腾云跃龙门。

◎贺添丁幛匾

△贺生子幛匾

玉燕投怀　　熊梦征祥　　德门生辉　　芝兰新苗

△贺生女幛匾

世界增辉　　掌上明珠　　福至红楼　　绿凤新雏　　幽兰吐蕊

△贺生双胞胎幛匾

八士征祥　　花萼相辉　　珠璧联辉　　棠棣联辉

△贺生孙幛匾

饴座欢腾　　乐享含饴　　绳其祖武　　梓舍承欢　　孙枝茁秀

◎贺添丁祝词

△生男孩祝词

新月霁空　　祝子成龙　　继业有人　　家国新秀

△生女孩祝词

应运天使　　凤雏新鸣　　合浦得珠　　掌上明珠
蓝田得玉　　婺女仙葩　　瑶池使者

△生双胞胎祝词

龙凤呈祥　　双虎同临　　兰佳齐芳

△得孙子祝词

桂子兰孙　　麟雏龙种　　族繁脉旺　　子孙昌盛　　宝贵永继

第三节　申请书写作

一、申请书的写作概述

1. 申请书的概念

申请书是指个人、单位、组织，向上级组织、机关、团体、领导提出要求实现和满足自己愿望、要求的一种文体。

2. 申请书的写作格式

（1）标题

在申请书第一行正中写申请书的名称，一般只写“申请书”三个字就可以了，有的则写出内容中的主旨，如“入党申请”“申请调换工种”等。标题的字体可略大于正文，也可和正文一样。

（2）称呼

称呼也叫“抬头”，就是在标题下空一行顶格处写出接受申请书的组织、机关、团体、单位、领导的名称。称呼后用冒号。

（3）正文

正文是申请书的主体，在称呼下一行空两格处起写。正文部分要写明申请的事情和理由。如果内容和理由较多，特别是申请的事情有多件的情况下，每一件事都要分段写，以使眉目清楚，不至于混合错漏。

（4）结尾

结尾部分往往是表示礼节或恳切的愿望，如“此致敬礼”“恳请批准”“不胜感谢”等。

（5）署名和日期

在结尾下一行的靠右处写上申请人姓名或单位名称。如果是单位，要加盖公章；如果是个人，可以盖私章，也可以不盖。在署名后面写上写申请书的年、月、日。

二、申请书的写作范例

◎入团申请书

入团申请书

××团支部：

通过学习，我认识到中国共产主义青年团是我国先进青年的群众性组织，是党的助手。她在党的领导下，用马列主义、毛泽东思想团结和教育广大青年，带领青年向着共产主义的目标前进。我迫切要求参加共青团，以便在团的教育和帮助下，为建设有中国特色的社会主义作出贡献。请考虑我的要求。

此致

敬礼！

申请人：×××

××××年××月××日

◎入党申请书

入党申请书

敬爱的党支部：

我郑重地提出申请，要求加入中国共产党。

加入中国共产党是我在学生时代就向往的，记得我在加入共青团时，就曾宣誓要为共产主义事业奋斗终身。现在，我已进入中年，曾几次拿起笔，想向党表明心愿，可在这严肃的时刻，总觉得我与党的要求相去甚远，常常因没有勇气而搁笔。

这几年来，经过党的教育和英雄模范人物的激励，我更加坚定了为共产主义远大理想奋斗终身的信念。我热爱中国共产党，对她坚信不疑。

中国共产党是中国工人阶级的先锋队，是中国各族人民利益的忠实代表，是中国社会主义事业的领导核心，党的最终目的是实现共产主义的社会制度。

中国共产党是伟大、光荣、正确的党。曾带领中国人民战胜了各种艰难险阻，从1921年建党以来，取得了一个又一个的胜利。没有共产党就没有新中国，没有共产党就没有我们当今的建设成就。尽管我们党也受到一些挫折，党内还存在不正之风，但这不是主流，是在前进道路上的问题。事实证明，党能够依靠本身的力量，克服困难，改正错误，更加生机勃勃地前进。

我深深地认识到，我们只有团结在党的周围，在党的各项方针政策的指引下，进行社会主义现代化建设，才能使我们国家早日进入世界先进国家的行列。我们个人的命运与党的命运息息相关，没有党的领导，建设社会主义将是一句空话，更何况个人的前途命运。

近几年来，我在本职工作方面取得了一些成绩，思想方面也有了较快进步，这些都与党对我的关心、教育分不开。我的身上还存在缺点，还有待于不断学习不断磨炼。我衷心希望得到党组织的帮助和培养。虽然我现在还不是一名共产党员，但是，我决心用共产党员的标准严格要求自己，积极向组织靠拢，在组织的教育和帮助下，发扬优点，克服缺点，不断进步，争取早日从思想上入党。当前，党和国家的各项改革事业正在蓬勃发展，能够在此时向党递交申请书，我感到光荣和自豪。不论组织何时发展我入党，我都将永远为党的事业而不懈努力。

请党考验我。

申请人：×××

××××年××月××日

◎入团志愿书

入团志愿书

我志愿加入中国共产主义青年团，做一名光荣的青年团员，为祖国的四化建设贡献自己的一份力量。

青年团是中国共产党领导的先进青年的群众组织，是广大青年在实践中学习共产主义的学校，是党的助手和后备军。她诞生于祖国危亡、战乱纷纭的1922年，她吸引和组织千百万中华优秀儿女加入革命洪流，为了中国人民的解放事业前仆后继，英勇牺牲，迎来了中华人民共和国的成立。在社会主义革命和建设时期，她更是发挥了高度的模范带头作用。许许多多无产阶级革命家、青年楷模、战斗英雄、劳动模范在她的指导下，为祖国、为人民作出了极大贡献，并为她增添了光荣。所以，做一名团员是光荣的，是我生平的夙愿。

我是在一个优越环境中顺利成长的青年人，在家庭和老师的熏陶下，对祖国、对党、对团从小怀有感情。在中学时对团就感情深厚，进入大学后，希望自己成为一名团员的要求越发强烈。大学阶段是我人生观逐渐建立的时期。面对以经济建设为中心，坚持四项基本原则，坚持改革开放，建设富强、民主、文明的现代化国家的现实，我觉得自己肩负历史重任，应当努力学习本领，做合格人才，为团争光，绝不会作出有愧于青年团员这一光荣称号的事。

我志愿加入青年团。在团的教育下，改正缺点，发扬优点，树立正确的人生观；坚决拥护中国共产党的领导，遵守团的章程，执行团的决议，履行团员义务，严守团的纪律，对团忠诚，积极工作，吃苦在前，享受在后。为共产主义事业而奋斗。

×××
××××年××月××日

◎入党志愿书

入党志愿书

我志愿加入中国共产党。是党抚育和培养我健康成长，是党的许多英烈在我幼小的心灵里留下了美好的印象。是党在我最困难的时候，为我拨开云雾指明方向——是人民助学金帮助我读完大学；党的理想就是我的理想，党的困难就是我的困难，我应当时刻为党分忧解愁勇当闯将，我的一切永远应该属于伟大的中国共产党！

我志愿加入中国共产党。我认为中国共产党是中国工人阶级的先锋队，是中国各族人民利益的忠实代表，是中国社会主义事业的领导核心。党的最终目标是实现共产主义的社会制度。中国共产党领导全国各族革命人民为共产主义理想流血牺牲、艰苦奋斗，推翻了压在中国人民头上的“三座大山”，建立了人民民主专政的中华人民共和国，又领导全国各族人民为建设社会主义而进行着艰苦卓绝的斗争。党的数十年的历史，证明了中国共产党是唯一能够领导中国各族人民走向共产主义最高理想的伟大、光荣、正确的党；尽管在前进过程中，我们党也有过失误，但是，中国共产党以战斗唯物主义的精神，积极努力地总结经验，纠正失误，坚决行动，端正党风，一切实事求是地观察问题的人，都会承认这一点。这一切更使我备感中国共产党是一个无比英明的马列主义、毛泽东思想武装起来的革命政党，只有投身到党的怀抱，在党的直接培育下，才能把自己有限的生命投入到伟大而无限的共产主义事业中去。因此，我更加坚定了要成为一个中国共产党的好党员的革命信念，并为自己能成为伟大党的一员，与党共渡难关而终生荣幸。

我志愿加入中国共产党。我从××年代初就向党靠拢，是党和党的好儿女在困难关头为我解难释惑，鼓励我不断攀登。特别是自从××××年××月调入××大学以来，中文系各级党组织和广大党员同志认真耐心严肃诚恳地指出我的缺点，肯定成绩，创造条件，提供机会，帮助我不断前进。对照党员的“八条”标准，我还存在许多不足之处：由于多年来在错误路线和冤假错案的压抑下，使我在政治上产生了自卑感，但却从专业和别的一些方面产生了强烈的优越感和过分的自尊心和自信心。自认为自己初中只上了××年多，又当过工人，又上过××大学，考过研究生，十几岁就开始发表作品，是个“天才”；久而久之，在待人接物之中，自觉不自觉地就流露出了自我吹嘘、自负和骄傲情绪；特别是在受委屈和误会时，只图自己痛快，不计客观效果，由着倔强、直率的性子说过头话，伤了一些同志的感情，造成了一些不良后果和误解，事后后悔也来不及！有鉴于此，我决心按照党章的要求，向党员同志的模范行动看齐，把端正党风的号召落实在自己的行动上，狠下功夫克服缺点，改正错误，努力进步，争取在今后的几十年中为党多做贡献，发誓一辈子拥护党的纲领，遵守党的章程，履行党员义务，执行党的决定，严守党的纪律，保守党的秘密，对党忠诚，积极工作，为共产主义奋斗终身，随时准备为党为人民牺牲一切，永不叛党。

×××
××××年××月××日

◎办理暂住户口申请书

办理暂住户口申请书

居委会领导请转××派出所：

我的内弟×××，系××省××县××乡待业青年。高中文化程度，现年××岁，未婚。他来本市，经××厂招聘为合同制工人（电工）。该公司无住房，暂住我家，特申请办理暂住人口登记户口手续。请准予登记。

（附：身份证复印件）

此致

敬礼！

××市××路××号住户　申请人：×××

××××年××月××日

◎拆迁申请书

拆迁申请书

申请人：××房地产开发公司，住所：××市××区××大街××号。法定代表人：×××，职务：×××。

申请人因需要拆除经有关部门批准的建设用地范围内的房屋及其附属物，特向房屋拆迁主管部门提出拆迁申请。

请求事项：

请主管部门批准申请人的拆迁计划和拆迁方案，并发给申请人房屋拆迁许可证。

事实和理由：

申请人经有关主管部门批准，在本市××区大街一带进行危旧房改造建设，需要拆迁该地区的房屋及其附属物。依据我国拆迁管理法律法规的规定，申请人已经依法制订了拆迁该地区范围内的房屋及其附属物的拆迁计划和拆迁方案，并已经准备了拆迁安置和补偿用房，现依法提出拆迁申请，请主管部门批准申请人所提出的拆迁计划和拆迁方案，并依法发给申请人房屋拆迁许可证。

此致

××房地产管理局

××房地产开发公司

××××年××月××日

附：1. 建设项目批准文件（略）

2. 建设用地规划许可证（略）

3. 国有土地使用权批准文件（略）

4. 拆迁计划（略）

5. 拆迁方案（略）

6. 办理存款业务的金融机构出具的拆迁补偿安置资金证明（略）

◎补办身份证申请书

补办身份证申请书

居委会领导请转呈××公安派出所：

我系××公司××外工作人员，在××月××日上班乘公共汽车途中，不幸随身携带的皮包被窃，事后检查发现丢失现金××元，身份证及工作证均被窃。为避免遭受意外损失，我在翌日即请××公安周报刊登遗失启事。今向贵所申请补办身份证。我因经常外出工作，无证较为不便。望请早日给予补办为谢。

家庭地址：××街××号。原身份证号码为：(略)

申请人：×××

××××年××月××日

◎入学申请书

入学申请书

尊敬的校领导：

你们好！

我是我校××级会计二班的学生×××。我在去年的一次体育课上，由于不慎摔了一跤，造成了左腿骨折。经过一年的治疗和调养，现已基本痊愈，为了不耽误下学期的课程学习，现特提出申请，请求复学。

去年住院以后，由于不能上课，就向学校提出了休学申请。当时我的辅导老师跑前跑后，所有的休学手续都是他给办的，因此有些具体复学的手续我还不太清楚。上周，我曾给×老师打电话，但办公室的老师告诉我×老师已经调往别的单位了。我也不好再麻烦×老师。我开始休学的时间是××月××日，再有××天正好就是整一年。由于进入××月，临近期末，学校各方面工作较多较忙，又快放暑假了，因此为了能在学校放假前将所有的入学手续办妥，我就向学校教务处的×老师作了咨询。×老师给予了我很多帮助，我已填好了有关的一些表格。

在家休养这一年中，我从未放弃过自己的课本学习。出院不久，我就让家人把我所有的专业书籍从学校拿了回来，每天给自己制订了具体的学习计划。专业外语，向他们求教。这一年来，我还读了不少提高个人修养方面的书，读了一些中外名著。因此，一年来我虽未在校，但却并未停止学习。

因此，我希望领导考虑能否让我重新跟原班学习。我知道这种提法有些过分，但我请学校找有关的老师对我进行一次考试，再作决定。若我各方面知识确实不让人满意，我将无怨无悔，重新学起。

此致

衷心的谢意！

申请人：学生　×××

××××年××月××日

◎**出国留学申请书**

出国留学申请书

英国伦敦××大学

校长先生：

您好！

我是中国××大学中文系××级毕业生。毕业后，通过考试，做了国内××大学的硕士研究生，专攻欧美近代文学。

三年来，我在完成学业的基础上，在导师的指导下，发表了不少论文，得到了国内专家的好评。但我总觉得自己还年轻，功底还欠牢靠，还需继续深造。我将此打算向我的导师讲述后，他非常支持我，并建议我去贵校读博士研究生，研究美学。他说，贵校办学历史悠久，学者云集，人才济济，有几个还是他的师友，在学术界享有盛名。我也读过他们中不少人的著作，对他们博大精深的学识非常钦佩，很想当面聆听他们的教诲。为此，我特向贵校提出入学申请书，请贵校接受我的入学申请书，研究考虑我入学的问题。如果同意我入学，请尽快发来入学通知书，如果想从各方面了解我，只要来信，我会尽我所能，答复你们的一切问题。

请接受我衷心的谢意！

申请人：学生　×××

××××年××月××日

◎出国定居申请书

出国定居申请书

加拿大驻华大使馆

大使先生：

您好！

我叫×××，女，汉族，现年××岁。大学文化程度。原××市×中学退休教师，现在孀居在家。家住××省××市××路××号。

我家原有三口人，即我丈夫、儿子和我自己。我丈夫于三年前病故；儿子二十年前定居贵国××市××大街××号，现已结婚生子。目前我体弱多病，单独一人，生活难以维持，儿孙远在海外，举家难以团圆，为了我老有所依，能在晚年享受天伦之乐，征得儿孙们的同意，我想通过你向贵国提出定居申请，请接受我的申请，并联系发给我定居许可证。

此致

衷心的谢意！

申请人：×××

××××年××月××日

◎宣告失踪申请书

宣告失踪申请书

申请人：王××（姓名、性别、年龄、籍贯、住址）

申请事由：请求人民法院宣告刘××（失踪人姓名）失踪

事实和理由：

申请人王××与被申请人刘××系××（写明双方的关系，是夫妻，还是父子、母子等）关系，因其××××（写明失踪的原因），至今已下落不明满二年。根据《中华人民共和国民法通则》之规定，特向贵院提出申请，请求宣告刘××为失踪。

此致

××××人民法院

申请人：王××

××××年××月××日

◎宣告死亡申请书

宣告死亡申请书

申请人：张××（姓名、性别、年龄、职业、住址）

申请事由：请求人民法院宣告李×（死亡人姓名）死亡

事实和理由：

申请人张××（写明姓名、性别、年龄、籍贯、职业、原住址）与被申请人李×系××（写明双方关系，是夫妻，还是父子、母子等）关系，因其××××（写明原因），至今已下落不明满二年。根据《中华人民共和国民法通则》之规定，特向贵院提出申请，请求宣告李×为死亡。

此致

××××人民法院

申请人：张××（签名或盖章）

××××年××月××日

第四节 遗嘱写作

一、遗嘱的写作概述

1. 遗嘱的概念

遗嘱，是指立遗嘱人按照法律规定对死后财产进行处理的承诺。遗嘱分自书遗嘱和代书遗嘱两种。立遗嘱人可以按照自己的意愿，将自己的财产全部或一部分指定由法定继承人或其他人继承。这种法律行为属于单方法律行为，无须经他人同意，自遗嘱人死亡时起，遗嘱即开始生效。

2. 遗嘱的写作格式

遗嘱的写作格式如下：

（1）标题

居正中写上“遗嘱”二字即可。

（2）正文

要写清立遗嘱人姓名、性别、年龄、籍贯、家庭住址，立遗嘱原因，立遗嘱内容，其中的遗产遗嘱要写清楚遗产名称、数量、继承人。要注意遗产遗嘱必须是遗产所有者，立遗嘱时不得侵犯他人权利。

(3) 结尾

结尾部分要写清主遗嘱人、证明人，如有律师代书时，要注明代书人姓名，最后署上立遗嘱日期。立遗嘱人、证明人、代书人都要签字盖章或按手印。

二、遗嘱的写作范例

◎遗　嘱

遗　嘱

立遗嘱人：赵××，男，××岁，××省××县人，住××市××街××号。

我已××岁，患糖尿病多年，近来更觉体弱身虚，深恐有一天突然与世辞别，家属发生继承遗产纠纷，故邀内弟张××，外甥李××为证，并委托××市××律师事务所律师惠××代书遗嘱，留我家属，各自恪守，毋生争执。

我在原籍××省××县××乡××村，有三间瓦房及家具等，在××市有存折一张，内存人民币壹万元。我身无债务，与他人也无财物纠纷。现立遗嘱如下：

1. 我后妻杨××，现年70岁，无亲生子女，切望我子和女负责赡养。杨××同我结婚十余年，平日对我照顾、关切备至，我在病中，更是体贴入微，使我得到慰藉。我在本市有两室一厅住房（65平方米）及家中财产，并愿从银行存款中拨出伍千元，由她一并继承。杨××百年之后，其遗产生前如未依法自行处理者，我子我女可按份平均予以继承。

2. 我大儿赵××在原籍务农，我在原籍所有的财产全部由他继承。

3. 我小女赵××是下岗职工，生活有困难，我愿将存款拨出伍千元，由她继承。

4. 在上遗嘱共六份（经校对内容相同，文字无异）。

立遗嘱人：赵××（签名盖章）

证明人：张××（签名盖章）

代书人：××市××律师事务所律师　惠××

××××年××月××日

◎自书遗嘱

自书遗嘱

立遗嘱人：林××，男，××岁，××省××县人，住××县××街×号。

我今年××岁，且患有高血压症，身体随时可能发生意外，故立此遗嘱，表明我对自己所有的财产在我去世之后的处理意愿。

我和我的后妻陈×现共有以下财产：

一、原籍××省×县××乡××村有瓦房四间，共××平方米；家具共有××件，其中双人床两张，大立柜两个，方桌两张，木凳八个。

二、有××县银行定期存款单一张，存有人民币××元。

为了在我百年后，在财产分割上不发生纠纷，现对我的后妻陈×各自的财产加以明确，并对我自有的财产提出如下的处理意见。

一、后妻陈×现年××岁，无亲生子女，丧失劳动力。我们结婚××年，她对我关怀备至。对我和她共有的财产应先行明确她所有的部分。计房屋靠东的两间××平方米，房内家具包括双人床一张，大立柜一个，木凳四个、方桌一张，归陈×所有，存款中的××元为陈×的财产。

二、我自有的财产在我百年后按如下方式予以分割和继承：

1. 靠西的两间房共××平方米，房内家具计有大立柜一个，方桌一张，木凳四个，由长子林××继承。

2. 存款××元，分给：陈×××元；长子因承担了赡养后母的责任，分给××元；长女林××已在外成家，丈夫有固定收入，经济不太困难，分给××元。

3. 本遗嘱一式四份，经公证机关公证后，分别由后妻陈×，长子林××，长女林××各执存一份。

立遗嘱人：林××（签名盖章）
证明人：王××（签名盖章）
甘××（签名盖章）
刘××（签名盖章）
××××年××月××日

◎代书遗嘱

代书遗嘱

立遗嘱人王××，男，××岁，××省××县人，住本市××街××巷×号。

我无子女，无近亲，近期肝硬化的病情转重，我的生活全靠邻居刘××照料。长期以来我与刘××情谊甚笃，对于他的悉心照顾我十分感激。我决定，在我去世以后，将我全部个人财产，计旧床一张，方桌一个，木凳两个，电视机一台，电子挂钟一个，××牌手表一块，零星家具若干，都无偿地赠予刘××所有。我的后事，也烦刘××料理。特立此遗嘱为证。

立遗嘱人：王××
证明人：李××（签名盖章）
许××（签名盖章）
代书人：律师贾××（签名盖章）
××××年××月××日

第五节 赠与写作

一、赠与的写作概述

1. 赠与的概念

赠与是财产所有权人将所属财产全部或一部分赠与他人的一种民事行为，记载这种民事行为的公文称为赠与书。赠与行为有两种：一是无条件赠与；二是有条件赠与。

2. 赠与的写作格式

（1）标题

居正中写“赠与书”三字，如属有条件赠与，可在“赠与书”前面附加“有条件”三个字。

（2）正文

正文中要写清五个问题：

①赠与人姓名、性别、年龄、籍贯、住址、身份证号。如属单位赠与，要写清单位全称。

②受赠人姓名、性别、年龄、籍贯、住址、身份证号。

③赠与财产名称、数量、质量、颜色、特点等。

④赠与财产所有权转移生效时间。

⑤如属有条件赠与，应写清条件内容，并注明达到赠与条件时赠与生效。

（3）结尾

结尾部分要写清赠与人、受赠人、见证人姓名，并由本人签字盖章或按手印。最后写上赠与书签字日期。如需公证，应在结尾处写明。

二、赠与的写作范例

◎赠与书

赠与书

赠与人：郑××，男，××岁，汉族，××省××县人，住××县××乡××村××组。

受赠人：郑××，男，××岁，汉族，籍贯住址同上。

赠与人郑××没有儿女，长期以来得到郑××的关心和照料。现郑××愿将自己六间瓦房中东边的两间赠与郑××，特立此赠与书，以资证明，并约村委会主任郑××做证人。

赠与人：郑××（签名）
受赠人：郑××（签名）
见证人：郑××（签名）
××××年××月××日

◎赡养赠与书

赡养赠与书

遗赠人：康××，男，××岁，××省××县人，住××县××乡××生产队，农民。

赡养人：刘××，男，××岁，××省××县人，住××县××乡××生产队，农民。

康××因年老，患气管炎、肺气肿等病，身体衰弱。有一子，任边防部队某地连长，已在边疆安家。我家中无人照料，长期以来依靠内侄刘××照顾。经双方邀约，愿意订立遗赠赡养协议，并请村长向××，村调解委员会主任李××代书，双方承诺履行以下协议：

一、康××愿将自己的瓦房三间、猪圈一个，建筑面积为××平方米，以及房屋中的一切家具杂物（计有大床一张、小床两张，大小方桌各一个，大小立柜各一个、木凳六个、水桶一挑、小家具若干件）全部赠给刘××。刘××在康××去世后即受领上述全部财产。

二、刘××保证继续悉心照顾康××，让老人安度晚年，至康××去世之前供给生活水平保持全村平均水平以上。康××的饮食起居一切照顾由刘××承担。康××去世后由刘××负责送终安葬。

三、本协议自签订之日起生效。

本协议一式三份，刘××、康××各执一份，村长向××保存一份。

立赡养赠与书人：康××（签名盖章）

刘××（签名盖章）

证明人：向××（签名盖章）

李××（签名盖章）

××××年××月××日

第四章 婚庆、寿庆、丧葬文书写作

第一节 婚庆文书写作

一、婚庆文书的写作概述

1. 婚庆文书的概念

婚庆文书是指对新婚者表示祝贺的一种文体。

2. 婚庆文书的写作要求

写作婚庆文书时，要求文字新颖，尽量表现出与众不同的特点。

二、婚庆文书的写作范例

◎**婚嫁请柬**

××友：

我俩定于5月1日上午10时在××礼堂举行结婚典礼，并备喜宴招待。恭候光临。

刘大林
徐筱莉 鞠躬

席设：××××大酒店　　时间：中午12时入席

地址：×××大街××号前走100米

◎**结婚公告**

王达宏
李玉姗 **结婚公告**

长子王达宏
次女李玉姗 将于××××年××月××日在南宁南方大酒店结为百年之好。

特此公告。

王同文
李希民 同敬启

××××年××月××日

×××
××× 结婚公告

我俩定于××××年××月××日在××国际饭店结婚。从此风雨同舟，携手共度人生的美好岁月。谨此敬告各位亲朋好友。

××××年××月××日

◎婚嫁联

△贺新婚通用联

美满姻缘　志同道合　百年好合　同心永结
革命家庭　花好月圆　五世其昌　白头偕老

△贺新婚大门用联

红莲并蒂开　一世良缘同地久
彩凤双飞乐　百年佳偶共天长

天喜地喜催得红梅放　映日红莲开并蒂
主欢宾欢迎将新人来　同心伴侣喜双飞

△贺新婚头门用联

扫净庭阶迎客驾　头上青霄鸾比翼　拴马不教宾客返
携来笙管接鸳舆　门中珠履客谈心　碰杯漫听凤凰鸣

△贺新婚厨房门用联

厨内飘出香味　客有隆情来庆贺　门外移来皆玉步
房中来了佳人　厨无美味实怀惭　厨中捧出尽金瓜

△贺新婚重门用联

父喜子喜重重喜　喜溢重门迎凤侣　六礼周全喜迎凤侣
友欢戚欢个个欢　光增陋室送宾车　双亲欢笑喜看儿婚

△贺新婚侧门用联

淑女迎门蓬门添异彩　　宜把欢情联左右
嘉宾到户筚户倍生辉　　愧将薄席款西东

杯杯喜酒盛款佳客　　鞠躬致迓嘉宾到
声声花炮喜庆新婚　　侧耳遥闻彩凤啼

△贺新婚中堂用联

合欢偕伴侣　　子媳早相知同德同心密室
新喜结亲家　　岳翁原旧友有情有义明堂

△贺新婚洞房用联

洞内桃花开半夜　　玉楼光辉花并蒂
房中贵子结五更　　金屋春暖月成圆

△贺新婚父母房用联

事父母以尽竭其力　　冬温夏凉侍父母
做儿媳理应报深恩　　佳肴好酒献翁姑

△贺新婚宴厅用联

三杯淡酒酬宾客　　客溢蓬门家有幸　　陋室摆筵酬厚意
一席粗肴宴懿亲　　席陈淡酒主怀惭　　嘉宾上座叙欢情

△贺新婚后门用联

后话慢谈留客住　　后槽关马留佳客
复邀相聚叙亲情　　门第惭蜗宴上宾

△贺新婚祖台用联

光前振起家声远　　祖功宗德流芳远　　燕翼贻谋承后裔
裕后遗留世泽长　　子孝孙贤世泽长　　凤毛齐美耀前人

△贺新婚用横批

喜结良缘　　同心同德　　珠联璧合　　凤翔鸾鸣
心心相印　　龙凤呈祥　　玉树琼枝　　福缘鸳鸯

情深似海	百年好合	互敬互爱	情真意切
幸福美满	莺歌燕舞	花好月圆	永结同心
情投意合			

△贺工界新郎、新娘新婚联

良冶良弓	箕裘克绍	男女平权	分工合作	合作制成新作品
宜家宜室	琴瑟新调	室家和乐	迪吉凝休	勤工斯见好功夫

△贺学界新郎、新娘新婚联

碧纱待月春调瑟	盟书早订三生石	河鸠声里饶诗意
红袖添香夜读书	彩笔新开五色花	花笔窗前好画眉

△贺农界新郎、新娘新婚联

久勤耕作农圃	四境谐良风俗美	牛郎勤耕承家业
新有室家子孙	百年庆佳偶天成	织女好种伴夫君

△贺商界新郎、新娘新婚联

入户三星辉增天市	商界有名精货殖	起家勤俭添中馈
盈门百辆喜溢华堂	吴门偕隐似神仙	宜室贤能配合欢

△贺军界新郎、新娘新婚联

止武投戈	万千维福	睹面霞光胜宝盖	结成伉俪同心日
合欢晋酒	九十其仪	画眉春色上征衫	正是英雄得志时

△贺政界新郎、新娘新婚联

且欣绣幕联双璧	堂上鸣琴留政绩	治平原自齐家始
但愿春风传万家	房中鼓瑟缔良缘	志业从知报国多

△男到女家用联

出于两愿男嫁女	可喜可贺可提倡	婿是儿儿是婿两全其美
只生一个女或男	利国利民利双方	媳是女女是媳亲上加亲

△复婚用联

花满酒满生活美满	喜日花开梅并蒂	不忘一天伉俪情
月圆镜圆夫妻团圆	良宵家庆月双圆	常念百日夫妻恩

△再婚用联

百世凤凰重卜吉	玉梅再探香遍溢	传芳新酒酌
千年瓜瓞更开祥	锦瑟调和韵更清	调绮旧诚心

△贺春日新郎、新娘新婚联

日丽华堂莺歌燕语	云拥妆台和风正暖	花烛辉联元夜月
春融绣幕凤舞鸾翔	花临宝扇旭日初长	凤箫吹彻玉堂春

△贺夏日新郎、新娘新婚联

弹素月琴奏熏风曲	才子凌云诗咏雪	合欢花灿双辉烛
饮饯春酒题消夏词	榴花映日剑摇风	竞艳榴开百子图

△贺秋日新郎、新娘新婚联

绣幕风清凤箫吹处	彩凤和鸣梧桐荫茂	秋色淑华吉祥祉祉
金轮月满鸾镜圆时	关雎雅化苹藻仪修	威仪微美乐意陶陶

△贺冬日新郎、新娘新婚联

律应黄钟谐凤卜	雪案联吟诗有味梅	花芳讯先春试
春回紫帐协熊占	冬窗伴读笔生香柳	絮吟怀小雪初

△按月份新郎、新娘贺婚联

1. 正月贺新郎、新娘婚联

一代良缘九天丽日	伉俪并鸿光竞美	花灿银灯鸾对舞
八方贵客七色彩虹	生活与岁序更新	春归画栋燕双栖

2. 二月贺新郎、新娘婚联

红杏枝头春意满	柳暗花明春正半	杏脸争夸今日艳
彩门楼下玉箫清	珠联壁合影成双	梅花不是入时妆

3. 三月贺新郎、新娘婚联

十里好花迎淑女	车辆喜乘芳草路	柳色映眉妆镜晓
一庭芳草长宜男	琴瑟欣鼓杏花天	桃花照面洞房春

4. 四月贺新郎、新娘婚联

池上绿荷挥彩笔　天边朗月偃新眉

美满姻缘天作合　清明时节月初天

杨柳荫浓莺度曲　芰荷花好燕于飞

5. 五月贺新郎、新娘婚联

青鸾镜里花如锦　黄鹤楼头笛正吹

月满槐厅人意好　江深画阁客衣单

凤管音谐金缕曲　蝶衣粉溅石榴裙

6. 六月贺新郎、新娘婚联

双飞黄鹂鸣翠柳　并蒂红莲映碧波

一岁光阴今过半　百年伉俪喜成双

已向蓝桥收白璧　还于绣幕引红绳

7. 七月贺新郎、新娘婚联

才子佳人　牛郎织女

世间两美　天上双星

燕子还疑钗是玉　仙郎应悟鹊为桥

路入桃源花灿烂　桥横银汉水涟漪

8. 八月贺新郎、新娘婚联

云楼欲上攀丹桂　月殿先登晤素娥

兰室夜深入旖旎　桂林香满月团圆

豆蔻清香传合卺　芙蓉丽色映新妆

9. 九月贺新郎、新娘婚联

诗题红叶同心句　酒饮黄花合卺杯

送酒刚逢开径后　调羹时值授衣时

堂上琴瑟看并蒂　天边鸿雁听和鸣

10. 十月贺新郎、新娘婚联

花放芙蓉春尚小　酒斟琥珀夜初长

同心盟证三生石　连理枝开十月花

池生秋月竹叶秀　帘映芙蓉笑声喧

11. 十一月贺新郎、新娘婚联

霜染竹叶葳青缕　露滴梅花点黛眉

偕年佳偶同心结　凌雪梅花并蒂开

雪案初吟才女絮　玉盆新供水仙花

12. 十二月贺新郎、新娘婚联

紫鸾对舞菱花镜　海燕双栖玳瑁梁

皓月描来双影雁　寒霜映出并头梅

堆金菊映黄金屋　缀玉梅添白玉妆

◎婚嫁致辞

△证婚人致辞

尊敬的各位新娘、新郎和全体嘉宾：

今天，县委宣传部在这里为××对佳人举行集体婚礼，在此，让我代表县政协向你们表示祝贺！

今夜的月亮格外圆，圆了新娘新郎的幸福梦，圆了他们的心，圆了他们的情！

今夜的星星格外亮，亮出了牛郎织女的天姿国色，亮出了吴刚嫦娥的国色天香！

今夜的风轻轻地吹，吹来了一阵阵香，吹来了一阵阵歌，吹醉了一对对情侣，吹开了一扇扇恋人的情怀！

今夜的酒，美美地品，品乐了一对对鸳鸯鸟，品笑了一朵朵并蒂莲，品红了新郎的脸，品醉了新娘的心。

看，那貌若天仙的新娘们，个个豪情满怀，有的像穆桂英，正立下报效祖国的壮志；有的像李素丽，正考虑着如何全心全意地为人民服务！

啊，那新郎们在窃窃私语，他们说：我爱妻子，我爱家庭，我爱祖国。他们说：今夜是新郎，明天是模范丈夫！

新娘、新郎们脸为何这般红？因为他们都有一颗红亮的心，这红亮的心是对父母的孝心，对事业的诚心，对祖国的忠心！

新娘、新郎们手挽着手、肩并着肩、心贴着心、情连着情。他们在心底里发出了一个共同声音：互敬互爱、互帮互学、比翼双飞！

新娘、新郎们在一次次地拥抱着，拥抱起夫妻美好的明天！拥抱起祖国美好的未来！

谢谢！

××××年××月××日

△介绍人致辞

新郎、新娘、证婚人、主婚人、各位来宾：

我是××先生和××小姐的介绍人。参加他们的新婚典礼，心里感到非常荣幸。他们两人郎才女貌，天作之合。祝福他们：爱情永驻，永远幸福！

××××年××月××日

△来宾致辞

各位嘉宾，各位朋友：

今天，我们欢聚在这里，共同庆祝李小姐、高先生的结婚典礼，感到无比的荣幸和由衷的喜悦。我谨代表今天到场的所有嘉宾共祝新郎新娘新婚愉快、幸福美满！

李小姐和高先生初识于美丽的大学校园。他们一位是稳重有加、气质高雅；一位是风姿绰约，端庄娴美。在紧张的学习之中，是共同的爱好和志趣使他们走到了一起，正所谓一个有意，一个有情，沐浴在阳光下，漫步在校园中，他们一同携手踏上了爱之方舟，一起徜徉在爱河里。在爱的旅程中，李小姐和高先生你追我赶，配合默契，终于在这样一个美丽的季节，这样一个美好的日子，到达爱的彼岸，安全登陆并胜利会师了。我们怎能不被他们动人的爱情故事所深深地陶醉，为这样一对才子佳人的结合而由衷地喝彩呢！在此我还要说明一下，关于故事的详情朋友们可参看李小姐和高先生的新作《浪漫之旅——我们的爱情小故事》一书，一会儿新郎新娘将作详细介绍。

李小姐、高先生，从今天起，你们就拥有了自己的天地。在爱的小巢里，尽情享受生命所赋予你们的幸福的权利和生活所带来的美好。希望你们在共同的生活中，互相帮助，共同进步。真正做到恩恩爱爱、甜甜蜜蜜、双剑合璧、笑傲江湖！在这里，我还有一副对联送给你们。

上联是：同学又同心，才子佳人喜结良缘

下联是：同志又同德，事业家庭两全其美

横批是：同心同德

朋友们，让我们举起杯，为李小姐、高先生同心同德、喜结良缘，为新郎新娘的幸福干杯！

××××年××月××日

△主婚人致辞

证婚人、介绍人、各位来宾、各位亲戚：

今天是小儿××与××小姐举行婚礼。在此，对大家的光临和庆贺，致以深深的谢意！如有招待不周之处，还请各位见谅。祝各位如意！

粗肴薄酒，请各位开怀畅饮。

××××年××月××日

△新郎致辞

各位亲友：

我承××女士介绍，今天与××小姐举行婚礼，并承××先生证婚，劳驾各位亲友光临，感到非常荣幸。

如有招待不周的地方，敬请各位原谅。敬祝各位健康！

××××年××月××日

◎贺喜广告

贺×××与×××喜结良缘

天长地久，花好月圆

友×××敬贺

××××年××月××日

×××先生
×××女士 结婚志喜

永偕伉俪　久缔良缘

×××　×××
×××　××× 同贺

××××年××月××日

贺小女××与××新婚

双双乐乐小两口　甜甜蜜蜜到白头

父母同贺

××××年××月××日

◎婚嫁贺信

△庆贺订婚

××先生：

欣闻你和××小姐于昨日订婚，我感到非常高兴。请你接受我最美好的祝愿：恭喜你们！

特此恭贺嘉事吉礼！

××谨上

××××年××月××日

△庆贺新婚

××姐：

欣闻你将于××月××日在家举行婚礼，我向你们表示衷心的祝贺！因所在单位近期正处转折时期，单位不准请假，无法参加你们的婚礼，非常抱歉！特寄上礼物一份，以表心意，请笑纳。

特此祝贺新婚愉快！

××妹

××××年××月××日

△祝贺友人婚嫁

××先生：

接到你的喜帖，我又惊又喜。理当前往你处祝贺，一睹新人玉貌，但因相隔太远，时间来不及。特寄一份贺函，望笑纳。专此驰贺！

燕喜！

友××谨上

××××年××月××日

△祝贺晚辈婚嫁

亲爱的××先生：

接到你的婚礼请柬，我非常高兴。从你出生时起，你阿姨和我是最宠爱你的。现在，你长大了，而且还找到了自己的如意新娘！深深祝你们新婚快乐！

××谨启

××××年××月××日

◎婚嫁贺电

△婚嫁贺电（附礼金者）

同心喜结，幸福永远，敬奉菲仪，聊表祝贺。

令郎吉席之喜，特电申贺，敬奉薄仪，望乞笑纳。

△婚嫁贺电（不附礼金者）

欣逢吉日良辰，谨祝佳偶天成。
新婚吉期，喜气盈庭，特电申贺。
敬祝新婚快乐，幸福永远。

◎**婚礼程序**

现代社会提倡文明结婚，婚礼程序向无定制，仅引较为通行一例供参考：
1. 司仪就位
2. 来宾入席
3. 证婚人入席（向外立）
4. 主婚人入席（分左右向外立）
5. 介绍人入席（分左右东西向立）
6. 新郎新娘入席（分左右向内立）
7. 行结婚礼（新郎新娘相对三鞠躬）
8. 证婚人为新郎新娘交换饰物
9. 证婚人宣读证书并致辞
10. 证婚人为新郎新娘颁发结婚证书
11. 来宾代表致祝词
12. 主婚代表致谢词
13. 主婚人退席
14. 新郎新娘谢证婚人（一鞠躬）
15. 新郎新娘谢来宾（一鞠躬）
16. 新郎新娘退席

第二节 寿庆文书写作

一、寿庆文书的写作概述

寿庆文书包括寿诞请柬、寿联等。寿诞请柬亦称寿帖，按传统习惯每值寿诞，本人不便邀请他人为自己拜寿，一般由子女为老年的长者拜寿，或父母为年幼子女祈寿，当然也有为自己操办寿礼的，但多限于青年人。

寿联是对联的一种，只是内容与祝寿有关，用语要符合寿者的身份，一般书于红纸及挂轴上或刻于木制、竹制楹联上，书法也有讲究。

二、寿庆文书的写作范例

◎寿庆启事

△多人具名为教授做寿启事

庆祝王××先生八十寿辰启事

××××年××月××日，欣逢恩师王××教授八十大寿，谨定于是日上午10时在本校教师大会议室签名祝寿，敬请王先生亲朋好友、学生届时参加。

×××　×××
×××　×××
×××等××人发起

地点：××师院
联系电话：××××××××
联系人：曾××

××××年××月××日

△子女为父母做寿启事

庆祝家父陈××先生七十寿辰启事

××××年××月××日为家父陈××先生七十寿辰，谨定于是日上午12时在本市××路××号备薄筵祝寿。敬请亲朋好友出席。

陈继仁启

地点：××路陈氏公寓
电话：××××××××

××××年××月××日

◎寿　联

△男女寿通用联

勤俭持家齐颂勤俭	前寿五旬又周花甲	福临寿星门第
健康长寿永远健康	待过十年再祝古稀	春到劳动人家

天上太阳光照山河万里
人间高寿喜看兰桂盈庭

六十花甲尊上寿
三代儿孙乐满堂

志大年高一身干劲
童颜鹤发满面春风

心地光明宜福寿
精神爽朗自健康

白发朱颜宜登上寿
丰衣足食乐享晚年

从古稀有尊上寿
自今伊始乐遐龄

△男寿用联

春酒盈樽春风满面
南山比峻南极腾辉

天上星辰应做伴
人间岁月不知年

甲子重新如山如阜
春秋不老大德大年

足衣足食晚景好
勤耕勤种老来红

霄汉鹏程腾九万
锦堂鹤翅展三千

人世不满翁今满
世上难逢公竟逢

三祝筵开歌大寿
九如诗颂乐嘉宾

△女寿用联

筵开延龄酒
簪添益寿花

柏寿松枝延年无极
朱颜华发长乐未央

开筵依北极
祝寿颂南山

贞良温柔宜家寿福
仁爱笃厚壮寿保年

天护慈萱人不老
云弥寿树岁长春

辉腾宝婺三千丈
香发琪花十万枝

麻姑酒满杯中绿
王母桃熟天上红

感谢厚礼祝母寿
聊备薄酒迎贵宾

△双寿用联

绕膝承欢图开家庆
齐寿乐至福备人间

堂上椿萱夸并茂
壶中日月庆双辉

南极辉腾彩云瑞霭
西池宴会降雪香芬

比翼共乘丹凤下
重轮齐涌月蟾来

△横　批

年丰人寿　星辉南极　蟠桃献颂　柏翠松青
寿比南山　寿德同辉　甲升重荣　寿如彭祖

◎祝寿贺幛

△男寿贺幛用语

古稀遐福（七十）　　杖期添福（八十）
福庆九如（九十）　　荣颐衍庆（百岁）

△女寿贺幛用语

春晖永驻　　瑶池春水　　少若芝兰　　金萱不老
萱花挺秀　　天姥峰高　　国光人瑞　　慈竹长春

△男女通用贺幛用语

福寿双全　　海福山寿　　松华析茂　　海福添筹
寿享遐龄　　福寿康宁　　寿域宏开　　福寿并臻

△分龄男寿贺幛用语

五十岁　　六十岁　　七十岁
福禄艾之　学到知非　　甲篆重周　花开甲子　　古稀人瑞　德寿古稀

八十岁　　九十岁　　百岁
筹添八百　富贵寿考　　九天日丽　天保九如　　百年人瑞　荣登上寿

△分龄女寿贺幛用语

五十岁　　六十岁
百龄半度　　甲子重开

△夫妻双寿贺幛用语

福寿双全　　天上双星　　松柏同春　　双星齐辉
双星同耀　　日月同辉　　齐龄仙偶　　笙箫合奏

◎祝寿诗

△六十花甲寿通用诗

花甲初周鬓未花，清泉白石足徜徉。
忘机自觉儿童狎，屏迹能合日月长。

绮席新传青鸟使，斑衣喜荐紫霞觞。
伫看令子蜚英早，凤翥高骞沐宠光。

△七十古稀寿通用诗

名驻丹台第一班，庭闱拟向凤池攀。
香劳海北神仙友，佳隐淮南大小山。
春来酿得长生酒，争献稀龄驻玉颜。
东阁梅舒占早枝，欣开华祝正当时。
琳琅久识云霄彦，矍铄今看冰雪姿。
知君早结菩提果，妙契人间百禄宜。

△八十眉寿通用诗

梅碧天青雁影遐，丹枫黄菊傲霜华。
宫前琼树仙人种，座上瑶星大耄家。
太乙峰头船似藕，东方盘内枣如瓜。
娱亲跨得扬州鹤，不羡河阳县里花。

△九十寿通用诗

新瞻黄海庆耆英，千顷洋洋纪令名。
花甲久周今又半，天千已届十旬更。
紫薇清署孙鸣玉，白发斑衣子效婴。
木美丹成凌海峤，九如歌雅赋恒升。

△百寿通用诗

南极腾光映光微，高尝人瑞丽春晖。
七朝耆老沧田易，六代儿孙宝树霏。
济济宾筵歌箫竹，洋洋仙乐奉金徽。
百龄遐祉尘寰异，满座青云五色飞。

◎**祝寿题词**

△常用祝寿题词

祝男寿

南极星辉	椿庭日永	灵椿永茂	南山献颂
河山长寿	天赐遐龄	耆英望重	如日之升

祝女寿

王母长生	萱庭集庆	蟠桃献颂	北堂萱茂
星辉宝婺	慈竹风和	婺宿腾辉	璇阁长春

祝夫妇双寿

福缘双星	椿萱并茂	桃开连理	鸿案齐眉
寿域同登	双星并辉	松柏同春	华堂偕老

△寿轴书写款式

陈公外祖父大人九旬志庆

寿

奉慈命外孙女汪思多拜

◎祝寿广告

欣逢母亲××岁寿辰，祝愿您健康长寿，幸福永驻。

儿子：××
女儿：××
敬贺

◎祝寿书信

××兄：

在您七十寿辰之际，备薄礼一份，借致庆贺。顺祝身体健康！

×××
××××年××月××日

◎祝贺生日

△祝贺老师生日

您的知识如同春风，您的教诲如同雨露，使我破土而出，茁壮成长。亲爱的老师，请接受我衷心的祝福，祝您健康长寿，万事如意。

带着敬意，怀着感激，献上我虔诚的祝福……敬爱的老师，生日快乐。

老师，今天是您的生日，您用炽热的爱心点燃我们的生命之光，您用辛勤的汗水浇培我们的理想之花，祝您生日快乐！

但愿我最虔诚的祝福，带给您无比的欣慰。谨祝老师生日快乐，工作顺利。

今天我终于能够飞翔，是老师辛勤指导我练就一双奋飞的翅膀。在您生日之际，请接受我对您的衷心祝福。

学生：×××
××××年××月××日

△祝贺朋友生日

兴旺友：

祝你40岁生日快乐！一帆风顺，前程似锦。

友：××贺
××××年××月××日

△祝贺女友生日

分别已久，相见亦难。让这小小的卡片带去我赤诚的心，捎去我永恒的爱。

你是一艘小船，我愿以爱情的热风扬起它的风帆，偕你一起驶向幸福的港湾。

我无法为你送上一朵玫瑰，但可以用贺卡捎去我深深的思念。心上人，生日快乐。

我愿采摘一片秋天的红叶，在烛下赠给我亲爱的人儿，愿你像金红的秋叶，火红的烛光，红得火热！

春天，有梦一般的花；春天，有花一般的梦。春天到了，生日到了。愿你的梦，像美丽的花；愿你心中的花，像美丽的梦！

摘一颗星，采一朵云，装入思念的信封里，献给你——在这一年中最美好的一天。

支支灿烂的烛光，岁岁生日的幸福，幸运的你，明天会更好。

爱你的×××

××××年××月××日

△祝贺母亲生日

欣逢母亲大人60岁寿辰，祝愿您健康长寿，幸福无量。

儿：××

女：××

敬贺

××××年××月××日

△祝贺父亲生日

爸爸：您是我心中品格和事业的偶像，您永远是坚强的化身、无畏的象征。值此生日之际，祝您青春不老、万事如意！

爸爸：有了您无私的养育，才能使我由蹒跚学步走上了成功之路。我要把最辉煌的成就，作为一份最珍贵的生日礼物奉献给您——我亲爱的爸爸。

爸爸：您额上的皱纹记载着您的坎坷、您的坚贞。您的一生就是一首瑰丽、动人的诗篇。可惜言辞的贫乏，远不能表达久藏我心中的深爱。只有默默地祈祷，深深地期盼您：平安健康，直到永远。

爸爸：健康、幸福、成功，我愿以人间最美好的祈盼，为您的生日祝福。

儿子：×××

敬贺

××××年××月××日

△祝贺祖母生日

我看见片片雪花，飞进您的小屋，我便偷偷站在窗前，将我的祝福融进雪花，让它们驮着我沉沉的爱和深深的谢意飘到您的手中：奶奶，生日快乐！

奶奶一生，养儿带孙，任劳任怨，默默无闻。您的生日，我送礼品。祝您健康，永不生病。

祝祖母像高山的松柏，四季常青，祝祖母像光辉灿烂的太阳，永不落土。

祖母八十寿辰，合家欢聚庆贺，衷心祝福祖母，祝您生日快乐！

孙：×××

敬贺

××××年××月××日

△祝贺祖父生日

乐观是健康的秘诀，幸福是长寿的保障。愿爷爷生日愉快，如青松不凋，东水长流。

是您抚育了我，给了我坚韧的筋骨、强健的体魄；是您培育了我，给了我纯净的心灵、美好的理想……我由衷地感谢您，我敬爱的祖父：愿您松鹤延年，寿比南山。

爷爷，从书桌上抬起头，看看我的贺卡上读读我的祝福好吗？生日快乐！您能从瓦蓝的天空中找到那朵最白的云，那是我的祝福。

孙：×××

敬贺

××××年××月××日

△祝贺妻子生日

特别的爱献给特别的你——祝爱妻××，××岁生日快乐，心想事成。

夫：××

××××年××月××日

△祝贺小妹生日

××小妹：

愿你16岁的花季更加美丽。

姐：××贺

××××年××月××日

第三节　丧葬文书写作

一、丧葬文书的写作概述

丧葬文书是一种表示哀悼的文体。丧葬文书有多种形式，如丧帖、丧葬谢帖、行状、诔辞、哀辞、祭文、挽联、挽幛、祭幛、祭幛题词、致哀短信等。目前使用较多的有挽联和祭文等。

二、丧葬文书的写作范例

◎**丧　帖**

本市南城区和平街三条胡同六号

胡之康先生台启

讣

丧居：

电话：

◎丧葬谢帖

启　事 先父×××不幸于××××年××月××日逝世，承蒙各位领导和同志莅临吊唁，殊荣存感，谨此致谢。 ××× ×××　鞠躬

◎行　状

×××先生生平

我国著名的文学史家、教育家，第二、六、七届全国政协委员，中国民主同盟中央委员，中国作家协会理事，中国现代文学研究会会长，北京大学教授×××先生，因患肺炎并发呼吸窘迫综合征，医治无效，于1989年12月13日晚8时40分逝世于××医院，终年75岁。

×××先生是山西平遥人，1914年5月7日出生。1934年至1937年求学于清华大学中文系。1944年至1946年为昆明清华研究院中国文学研究生，师从×××先生，攻读中古文学。1946年毕业后至今，先后在清华大学中文系、北京大学中文系担任中国古典文学、现代文学的研究与教学工作。

×××先生是我国著名的文学史家，对中国古典文学与现代文学有很高的造诣。他的《中古文学史论》是中古文学研究中的开拓性著作，在国内外产生了广泛的影响。×××先生是中国现代文学史学科奠基者之一，他的文学理论与方法影响和启迪了几代学者。他的《中国新文学史稿》是最早的具有完备系统的现代文学史专著之一，建立了现代文学史研究与教学的基本格局，并被译为日文，享有很高的国际声誉。×××先生在中国现代文学与中外文学关系研究等领域，也取得了世人瞩目的成就。

×××先生一生学习鲁迅，研究鲁迅，弘扬鲁迅精神，是鲁迅研究界最有影响的专家之一。他的《鲁迅作品论集》被认为是鲁迅研究的重大收获。他写于90年代的《论鲁迅作品与中国古典文学的历史联系》、60年代的《率〈野草〉》及80年代的《〈故事新编〉散论》，都是显示时代研究水平的力作。

×××先生是我国大学中文系“现代文学史”与“鲁迅研究”课程的开创者之一，并长期担任硕士研究生与博士研究生指导教师，他为中国现代文学研究培养了大批骨干力量。作为一位杰出的教育家，×××先生对学生严格要求，循循善诱，身教重于言教，他的严谨而又富有创新精神的学风，在现代文学学术界具有深远的影响。

×××先生作为中国现代文学研究会会长及《中国现代文学研究丛刊》主编，充分发挥了他的研究工作组织者的巨大作用。他主编《中国大百科全书·现代文学卷》，对此付出了极大的心血。他一贯提倡学术民主，强调老、中、青研究人员的团结合作，重视扶植新生力量，为现代文学研究的学术发展和队伍建设，作出了不可磨灭的贡献。今年 11 月×××先生抱病参加了在苏州举行的现代文学研究会理事会，为现代文学研究事业的发展，奉献了最后的力量。

×××先生一生光明磊落，追求进步。早在中学时期就积极参加抗日救亡活动。大学期间参加"一二·九"运动，1936 年曾主编《清华周刊》。1944 年加入中国民主同盟，从事爱国民主文化活动。解放后×××先生拥护党，拥护社会主义，积极参加政协和民盟的各项活动，关心国事，虽年事已高，仍不辞劳苦到祖国各地观察，实事求是，坦诚直言，热情执着，为社会主义精神文明建设作出了自己的努力。

×××先生的逝世，是我国学术界与教育界无可弥补的损失。但先生的精神和业绩将永远激励我们前进。

安息吧，×××先生！

××××年××月××日

◎诔　辞

吴汉诔

〔东汉〕杜　笃

笃以为，隆稷契，舜嘉皋陶，伊尹佐殷，吕尚翼周，若此五臣，功无与畴。今汉吴公，追而六之，乃作诔曰：

朝失鲠臣，国丧牙爪。天子愍悼，中宫咨嗟。四方残暴，公不征兹；征兹海内，公共攸平；泯泯群黎，赖公以宁。勋业既崇，持盈守虚；功成即退，挹而损诸。死而不朽，名勒丹书；功著金石，与日月俱。

◎哀　辞

哀二良文

〔唐〕白居易

丞相陇西公出镇于汴洲，军司马、御史大夫陆长源实左右之，二年而军用宁。司空南阳公作藩于徐州，军副使、祠部员外郎郑通诚实先后之先，三年而民用康。暨十五年春，陇西薨，浃辰而师乱，大夫以直道及祸。十六年夏，南阳薨，翌日而难作，员外以危行遇害。惜乎！大夫，人之望也；员外，国之良也。

咸克洁于身，俭于家，勤于邦；又申之以言行文学，智谋政事。故其历任要官，参剧务，如刀剑发金刑，害而无滞；如钟磬在悬，动而有声。识者以为异时登天子股肱耳目之任，必能经德秉哲，绍复陇西、南阳之事业，以藩辅王家。呜呼，善人宜将钟奕叶之庆，而不免及身之祸，天乎，报施之朕，何其昧欤？昔诗人有《黄鸟》文章，以哀三良不得其死，今斯文亦以《哀二良》命其篇云。

伊大化之无形兮，浩浩而茫茫。中有祸身兮，若机之张。梁之乱兮，陆受其毒。徐之难兮，郑罹其殃。惟善人兮，邦之纪纲；邦之瘁兮，而［正］人先亡。谓天之恶下民兮，胡为生此忠良？谓天之爱下民兮，胡为生此豺狼？我欲阶冥冥，问苍苍。苍苍不可问兮，俾我心之尽伤！悲夫！而今而后，吾知夫天难忱而命靡常。

◎**祭　文**

△祭亡友

祭米元晦文

〔宋〕陆游

某有捐百身起九原之心，有倾长河注东海之泪。路修齿耄，神往形留。公殁不亡，神其来飨。

△祭亡妻

哭吾妻游丙莲

吴玉章

我哭丙莲，我哭你是时代的牺牲品。我们结婚有五十年，我离开你就有四十四年。我为了要打倒帝国主义的压迫、专制政治的压迫、社会生活的压迫，在一九〇三年正月，离开家庭到日本，随即参加革命。家中小儿女啼饥号寒，专赖你苦撑苦挣。虽然无米无盐，还要煮水烹茶，使炊烟不断，以免玷辱家门。由于你的克勤克俭，使儿女得以长成，家庭免予贫困。满以为革命功成，将和你家园团聚，乐享太平。料不到四十年来，中国的革命前途虽然走上光明，却迂回曲折，还有一段艰苦的路程。你既未能享受旧时代的幸福，又未能享受新时代的光荣。今别我而长逝，成了时代的牺牲品，怎不令人伤心？

我哭丙莲，我哭你为我养育了一个好女儿，受到人人尊敬。她中年丧了丈夫，受人欺凌，艰苦奋斗，不愧贤能。终能克服重重灾难，使六个儿女得以长成。更可贵的是她帮助你操持家务，常在你左右，使你这伶仃孤苦之人得到安慰，使我这天涯海角之人得到安心。现在使你形影相依的女儿，失掉了慈爱的母亲。

我哭丙莲，我哭你为我养育了一个好儿子，学会了水电工程。他十七岁离开你，二十年在外，使你时刻忧心，他秉承了我们勤苦耿介的天性，和为人民服务的精神。他有磨而不磷、涅而不缁的操守，不贪污腐化而为社会的罪人。十八岁赴法国留学，毕业后就在法国水电工厂服务八年，苏联国家计划局服务四年，都得到了好评。他为祖国的神圣抗日战争归来，因日寇封锁，机器不能输进，就谋自力更生。他自己设计、以本国器材建成了长寿的水电工程。国营事业的获利，常是这工厂占第一名。他忙于为国家人民的事业，未能早侍奉你病弱之身，使你得享遐龄，这不能不使他抱终天之恨。

我本是一个革命的家庭。我二哥因为倒袁世凯的二次革命失败，悲愤自缢而牺牲。我大哥因为革命而牺牲。这种种不幸，犹赖你能安慰寡嫂、团结侄辈，使家庭和顺、生齿繁荣。你待人忠厚、做事谨慎，使亲友称誉，得到人人的欢心。你不愧为贤妻良母的典型。

今年六月，我闻你重病，本想率儿媳及孙儿女辈回家一省，使家人得一团圆，以安慰你多年渴望之心，却因我为公务羁身，环境所迫，不能如愿而行。只得命陵儿买药归来，寻医治病。后闻病势经过平稳，方以为安心调养，必能获得安宁。不幸噩耗传来，你竟舍我而长逝，能不痛心？

亲爱的丙莲，我们永别了！我不敢哭，我不能哭，我不愿哭。因为我中华民族的优秀的儿女牺牲得太多了！哭不能了事，哭无益于事，还因为我们虽然战胜了日寇、法西斯，而今天我们受新的帝国主义和新的法西斯的压迫更甚。国权丧失，外货充斥，工商倒闭，民不聊生。而内战烽火遍地，满目疮痍，我何敢以儿女私情，松懈我救国救民的神圣责任。我只消以不屈不挠、再接再厉之精神，团结我千百万优秀的革命儿女，打倒新的帝国主义、新的法西斯，建成一个独立、自由、民主、统一和繁荣的新中国。丙莲！安息吧！最后的胜利，一定属于广大的人民。

吴玉章　哀悼

××××年××月××日

△悼亡女

悼小女黛儿

萧军

郁郁凉凉漠漠心！　那堪重听唤儿名，

一番追忆一怆神！　触物惊心死若生。

强将泪眼迎宾客；　　日下床前空苦心。
怕对青灯检故吟！　　拒吃汤药罔呼灵。
十七年华成泡影，　　昙花谢去十七载，
千千世界本埃尘。　　泡影徒馀忆五更。
终天此恨应难补，　　最是难忘相对时，
尽有花开不是春。　　几番泪眼默无声。

××××年××月××日

◎挽　联

△挽男联

三更月冷鹃犹泣　　白马素车愁入梦
万里云空鹤自飞　　青天碧海怅招魂

流水夕阳千古恨　　桃花流水杳然去
凄风苦雨百年愁　　明月清风何处寻

老泪不多哭知己　　素车有客奔元伯
苍天无故泣斯人　　绝调无人继广陵

△挽女联

绮阁风寒伤鹤唳　　西地驾杳归金母
兰阶月冷泣鹃啼　　南国光沉仰婺星

宝瑟无声玄柱绝　　母仪可则辉彤管
瑶台有月镜奁空　　婺宿沉芒寂肃帏

青鸟传来王母归时环佩冷　　女星沉宝婺
玉箫声断秦娥去后凤楼空　　仙鹤返瑶池

△挽长辈联

音容宛在　　酒敬晨昏怎教儿一滴一泪
笑貌长存　　香焚朝夕谁说母如生如存

美德比称典范
遗训常昭子孙

勤劳本质儿孙永记
革命家风世代不忘

有子读书父不死
为人信用鬼亦英

△挽英模烈士联

化悲痛为力量
继遗志写春秋

江河大地存忠骨
哀泪悲思悼英魂

人民英雄奋斗一生留业绩
革命传统激励万代展宏图

斗争精神人人敬
革命传统代代传

捐躯献身浩气长留寰宇
舍生取义英灵含笑苍穹

◎挽　幛

△挽祖父母

慈训长昭谨守燕谋毋或失；
深恩未报情陈乌哺永难忘。

无病而终，想是生平修到；
含饴未报，忧从何日能忘。

祖母仙游千载去；
诸孙泪洒几时干。

△挽岳父母

爱女爱婿，迥异寻常，回思义薄云天，未报涓埃无限恨；
秋雨秋风，几多感慨，忽报波寒泰水，更增半子一番愁。

泰岳无云滋玉润；
东床有泪滴冰清。

半子荷深恩玉镜台前承色笑；
一朝悲恒化璇闺堂上失慈晖。

△挽　父

深恩未报惭为子；
隐憾难消忝作人。

亲厌尘纷寿终正寝归蓬岛；
儿慈手泽眼流双泪滴麻衣。

△挽　母

杜宇伤春泣残雪泪悲花老；一饭尚铭恩，况曾褓抱提携，只少十月怀胎；
慈乌失母啼破哀声夜光寒。千金难报德，即论人情物理，也当泣血三年。

△挽丈夫

君去矣万事独任艰难，能无追念前徽，深为吾痛；
儿勖哉尔父既归泉壤，尚希各自努力，克振家声。

并蒂莲已萎，对秋而寒衾，不禁啼鹃添泪血；
思夫梦未熟，处孤灯冷室，那堪落叶搅心情。

每思田园共笑语；
难禁空房悲泪流。

无禄才郎长夜不醒蝴蝶梦；
伤心少妇深宵悲听子规啼。

△挽妻子

最怜儿女无知犹自枕畔娇啼问阿母重归何日；
但愿苍穹有眼补此人间缺憾许良缘再结来生。

含悲忍言哉，看举室长号，汝何可死？
长叹今已矣，为一肩重任，我且偷生。

自问尚有爱情，又谁知圆月易亏，好花不寿；
年来本多恨事，更何堪青衫泪湿，红粉香消。

△挽兄弟

平生忽忽，未能尽手足欢，到此伤心无一语；
后顾茫茫，盖以增骨肉痛，不堪忍死任千钧。

惊噩梦遥来，糊口四方，问兄疾不知何日；
得羽书归去，抚棺一恸，数我辈尚有几人。

能不悲哉，雁渡衡阳，刚被东风摧折翼；
最难堪者，埙吹伯氏，竟和细雨叶离声。

△挽　妹

阿兄到此复何言，难忘辛苦持家相依长嫂；
我父生前最怜汝，倘其追随泉路休诋孤儿。

人羡陆家姑万事补缝能爱弟；
我仪张玄妹一时荣秀不留春。

△挽　姊

外受父训，内事母仪，至性秉温柔，他日定能光女族；
朝事诗书，夕勤针线，童年耐劳苦，此生何遽谢尘缘。

忆当年抱向篱边，旦夕相依，到耳书声容我听；
痛今日弥留床上，幽明竟隔，近鼻香气任我闻。

△挽　嫂

溯曩时裘敝归来，贤嫂为炊忘我贱；
恨此际枢扶伤悼，阿哥杖期哭妻亡。

家事赖支持，应知长嫂为娘，一室不生轹釜怨；
仙游伤仓猝，忍听阿兄悼妇，数声莫慰鼓盆悲。

家事莫咨王禹玉；衣冠空整马文渊。

△挽　师

一世风流赢来桃李遍华夏；
几番磨炼铸就丹心颂舜尧。

真不幸满园芳苗伤化雨；
最难堪一门桃李哭春风。

品德崇高多能博学昔时为师誉盈乡里；
谦虚谨慎时诲箴言今日永别泪染红桃。

△挽　友

人生到此，天道宁论，泪眼看山河，死后定知有余痛；
既伤逝者，行自念也，横流起沧海，哭君不独为朋私。

与君俱在少年时，把酒论文频聚首；
一别竟成千古恨，联床共语更何人？

少别十年，强夜雨春灯，客邸逢君惊老大；
旧游一个，弱晨星秋叶，天涯知己更凋零。

无缘话永诀，知音来时泪泣血；
有期解相思，苍乌啼处梦传神。

◎祭　幛

△挽女祭幛

懿范长存	懿范常昭	淑德长昭
母仪足式	德比侃母	彤管留芳
女宗共仰	母仪千古	慈足风寒
慈云西逝	琼楼月缺	共仰女宗
懿范长留		

△挽男祭幛

福寿全归	大德不灭	大雅云亡
福全德备	清白传家	哲人其萎
南极星坠	与世长辞	齿德兼优
德望常昭	长才未尽	忠厚可亲
玉楼应召	德隆望重	天不假年
无不悲哀	吾将安仰	音容宛在

△男女通用祭幛

德高望重	德音长流	流芳千古
贤德贯世	功德无量	遗范长存
寄托哀思	死得其所	悲泪如泉
气壮山河	沉痛哀悼	重如泰山
急奔南海	如生如存	鞠躬尽瘁

△通用文辞

鹤驾难回，终隔云山家万里；猿肠易断，那堪风雨月三更。

频年善训长聆，何以报也！一旦讣音忽至，能勿悲乎！

青灯黄卷十年心，回首旧游，明月好寻蝴蝶梦；白发红颜三代泪，怆怀此别，残魂应发杜鹃啼。

◎祭幛题词

老年男丧：老成凋谢　大雅云亡　南极星沈　斗山安仰
中年男丧：人琴俱杳　德业长昭　道范长存　音容宛在
老年妇丧：女宗安仰　慈竹风凄　母仪足式　宝婺星沉
中年女丧：彤管流芳　懿范犹存　淑德永昭　芳徽难再
挽师长：　梁木其颓　立雪伤神　高山安仰　教泽永怀

◎致哀短信

惊悉某某作古，家失柱石，不胜哀痛。
尊某仙逝，深致哀悼，祈望节哀珍重。
良友云逝，伤感自多，望善自珍重。
近闻某某逝世，甚哀悼之。
惊承讣告，悲悼不已，专函致哀，并慰哀衷。
死者已矣，生者恳请多多保重。
闻悉令堂逝去，大出意外，望节哀释念。
尊翁逝去，深致哀悼，尚望节哀顺变。
惊悉尊夫人不幸逝世，不胜哀悼。
某某仙逝，实足哀伤，有志者入泉，思之黯然。
接某某长逝之耗，凡在相好，无不同深惋惜。
近闻某某逝去，甚哀悼之。足下遇此大故感必甚，恳请宽辟哀情，善自珍重。

第五章 春联、对联写作

第一节 春联写作

一、春联的写作概述

春联是象征吉祥，表达人们过春节时欢天喜地、互相祝福、向往美好明天的专用文体。

二、春联的写作范例

◎民间通用春联

艳阳高照春回大地
春色满园福到人间

爆竹声声辞旧岁
梅花点点迎新春

处处春光美好
家家气象更新

高天冬去万物复苏
大地春回百花齐放

天增岁月人增寿
春满人间福满门

春回大地千峰秀
日暖神州万木荣

◎农村通用春联

人勤三春早
地肥五谷丰

大地春光美好
农村气象更新

劳动门第春天常在
勤俭人家吉庆有余

山清水秀风光美好
人寿年丰喜事甚多

勤饲养六畜兴旺
多积肥五谷丰登

◎机关通用春联

福泽百姓方为好
绿遍九州始是春

开发财源为民致富
唯才是举替国进贤

◎军烈属通用春联

喜报英雄门第
春到光荣人家

军属门上光荣匾
战士胸前英雄花

保家卫国全民有责
当兵服役满院增光

◎交通运输通用春联

缩千里为咫尺　　远近逍遥过
联两地为一家　　进退道还通

◎邮局通用春联

千里春风劳驿使　　消息借流通报道梅花无恙
三秋芳讯寄邮人　　平安劳传报莫教竹素相思

◎工矿企业通用春联

企业自主干群意气风发　　技术革新别开生面
质量优先生产捷报频传　　潜力挖掘各显神通

◎商业通用春联

生意兴隆通四海　　三春草木如人意
财源茂盛达三江　　万里河流似利源

◎学校通用春联

尊师爱生品德高尚　　为人师表诲而不倦
勤学苦练品学兼优　　替国树才教必有方

兢兢业业育桃李　　学海无涯勤可渡
勤勤恳恳做园丁　　书山万仞志能攀

◎医院通用春联

提高医疗服务质量　　注意卫生延益寿
增进人民身体健康　　讲究科学祛病灾

◎银行通用春联

储蓄不嫌存钱少　　开源能引千泓水
节省经常积累多　　节流可聚万盘金

◎侨乡通用春联

春妆祖国春不老　　祖国风光燕舞莺歌
喜看侨乡喜气多　　侨乡面貌日新月异

◎**渔业捕捞通用春联**

渔歌晓迎太阳出	乘东风踏平万里浪	点点轻舟腾巨浪
风帆暮载锦鳞归	扬海螺威震九重天	阵阵渔歌卷春风

◎**写春联通用横批**

辞旧迎新	春满人间	春色满园	春回大地
万象更新	三阳开泰	普天同庆	财源广进
民强国富	风和日丽	吉庆有余	和睦生财

◎**春　条**

△大门内春条

门迎五福　　户纳千祥　　瑞气盈门

△大门外春条

出门见喜　　出门大利　　招财进宝　　出入平安

△厅堂内春条

万事如意	四季平安	八方来财	风调雨顺
国泰民安	风和日丽	心想事成	福寿双全
吉星高照	天宝呈祥	年年有余	招财进宝

◎**春节吉祥用语**

新年愉快	新年快乐	恭贺新禧
恭贺新春	恭喜发财	春节好
过年好	新年吉祥	新年好运

第二节　对联写作

一、对联的写作概述

无论是升学、毕业还是参军，在民间看来都是有所作为的开始，是有出息的事情，值得庆贺。写对联就是比较好的一种庆贺方式。写作对联时，上联与下联要求词、句工整对仗，字数相同，互相扣题。

二、对联的写作范例

◎庆贺升学对联

智慧源于勤奋
天才出自平凡

青春有志须勤奋
学业启门报苦辛

振兴中华时有凌云志
报效祖国常怀赤子心

苦经学海不知苦
勤上书山自恪勤

一年之计在于春
千里征程在于志

◎庆贺毕业对联

骥足历程看异日
龙门发轫在今朝

有志竟成，咸推硕智
乘时致用，不愧通才

◎庆贺参军对联

鼎力请缨凭胆略
精忠报国写春秋

军徽头上戴保家卫国
气概胆中升强国兴家

英雄门第三春早
军属人家一品红

第六章 传记、日记、札记、笔记写作

第一节 传记写作

一、传记的写作概述

1. 传记的作用

传记是记载人物生平事迹的一种文体。传记的作用如下：

①传记保存了极为丰富的史料，生动逼真地展示了当时社会的政治经济、思想文化、军事、风俗人情等各方面的真实图画。

②传记注重写人，注重写细节，注重个性化语言。这不仅给人以艺术熏陶和享受，而且为以历史人物为题材的各类文学创作准备了条件和感人的资料，并且开创了小说、戏剧创作的先河。

③传记反映和总结出来的经验教训，对于人们有着很重要的启迪作用。

2. 传记的种类

传记有很多种形式，主要有以下几种：

（1）传

传和评传相似，但主要在写“传”，评与不评，不作要求。即使有“评”，也是简略一说，不像“评传”那样深入剖析，多方面、多角度地作评论。它的篇幅一般比“自传”要长，因为“传”是述写人物整个人生历程的，最主要的是不能遗漏重大经历。

（2）外传

外传，其实不能称为人物传记，因为所写的内容，人虽是“真人”，事却并非“实事”，只是依照人物的状态、性格，“创造”出人物可能有的经历，寻写民间、社会上流传的逸闻趣事。

（3）别传

别传，原是普通人中稍有影响的人的传记，因地位低下，不能与大人物齐驱称“传”而只能“别”之。它与正统的“传”尚有区别的是，所记之事常常是不登“大雅之堂”的小事、俗事；但它也不同于“外传”，基本上是“创作”出来的作品。

（4）正传

正传，这“正”不是“端正”“正统”的“正”，而是特有一种嘲讽、滑稽的意味，常常用作另一些可笑人物或反派人物，其记叙事情的真实性也不太可靠。

（5）碑

碑，属传记中的一种，是用叙事与诗赋等形式记载人物或历史事件，一般镌刻在坚硬的木料、竹材、石料上。碑有三种。

①庙碑。指立于庙宇中的石碑。如柳州罗池庙碑。

柳州罗池庙碑

罗池庙者，故刺史柳侯庙也。柳侯为州，不鄙夷其民，动以礼法。三年，民各自矜奋："兹土虽远京师，吾等亦天氓，今天幸惠仁侯，若不化服，我则非人。"

于是老少相教语，莫违侯令。凡有所为于其乡闾及于其家，皆曰："吾侯闻之，得无不可于意否?"莫不忖度而后从事。凡令之期，民劝趋之，无有后者，必以其时。于是民业有经，公无负租，流逋四归，乐生兴事。宅有新屋，步有新船，池园洁修，猪牛鸭鸡，肥大蕃息。子严父诏，妇顺夫指，嫁娶葬送，各有条法。出则弟长，入相慈孝。先时民贫，以男女相质，久不得赎，尽没为隶。我侯之至，按国之故，以傭除本，悉夺归之。大修孔子庙。城郭巷道，皆治使端正，树以名木，柳民既皆悦喜。

常与其部将魏忠、谢宁、欧阳翼饮酒驿亭，谓曰："吾弃于时，而寄于此，与若等好也。明年，吾将死，死而为神。后三年，为庙祀我。"及期而死。三年孟秋辛卯，侯降于州之后堂，欧阳翼等见而拜之。其夕，梦翼而告曰："馆我于罗池。"其月景辰，庙成，大祭，过客李仪醉酒，慢侮堂上，得疾，扶出庙门即死。明年春，魏忠、欧阳翼使谢宁来京师，请书其事于石。余谓柳侯死能泽其民，死能惊动福祸之，以食其土，可谓灵也已。作迎享送神诗遗柳民，俾歌以祀焉，而并刻之。

柳侯，河东人，讳宗元，字子厚。贤而有文章。尝位于朝，光显矣，已而摈不用。其辞曰：

荔子丹兮蕉黄，杂肴蔬兮进侯堂。侯之船兮两旗，度中流兮风泊之。待侯不来兮，不知我悲。侯乘驹兮入庙，慰我民兮不嚬以笑，鹅之山兮柳之水，桂树团团兮，白石齿齿。侯朝出游兮暮来归，春与猨吟兮，秋鹤与飞。北方之人兮，为侯是非。千秋万岁兮，侯无我违。福我兮寿我，驱厉鬼兮山之左。下无苦湿兮高无干，秔稌充羡兮，蛇蛟结蟠。我民报事兮，无怠其始。自今兮钦于世世。

②纪念碑。指易于人们参观、景仰的石碑。如立于北京天安门广场上的人民英雄纪念碑。

人民英雄纪念碑

三十年以来，在人民解放战争和人民革命中牺牲的人民英雄们永垂不朽！

由此上溯到一千八百四十年，从那时起，为了反抗内外敌人，争取民族独立和人民自由幸福，在历次斗争中牺牲的人民英雄们永垂不朽！

③诗碑。以诗赋记人或事，矗立地点并无限制。如河南省汤阴县岳庙《满江红词碑》。

满江红

怒发冲冠，凭栏处、潇潇雨歇。抬望眼，仰天长啸，壮怀激烈。三十功名尘与土，八千里路云和月。莫等闲白了少年头，空悲切。靖康耻，犹未雪；臣子恨，何时灭！驾长车踏破贺兰山缺。壮士饥餐胡虏肉，笑谈渴饮匈奴血。待从头、收拾旧山河，朝天阙。

最后三行是：
右满江红词乃
宋少保岳鄂武穆王作
天顺二年春二月吉日
末署“痒生王熙书”

二、传记的写作范例

◎人物简介

×××教练简介

×××，××省人，今年××岁，在20世纪60年代和70年代曾是中国男排的优秀二传手，××××年他担任中国女排主教练后根据现代排球的发展趋势和中国运动员的特点，把欧美式的高举强攻和亚洲式的快速多变结合起来，经过努力，使这支队伍形成了自己的一套独特打法，终于登上了世界排坛的高峰。本届世界杯赛他获得了“最佳教练员奖”。

××××年××月××日

◎自　传

×××自传

我姓×，名××，女，出生于××××年×月，现年××岁。××省××县人。个性开朗、文静、身体健康，无不良嗜好。

家父世代务农，节俭朴实，辛勤刻苦。家母主持家务，为人善良，克勤克俭。我家境虽清贫，但和乐幸福。在父母亲的悉心关怀和教诲下，我与小弟（比我小3岁）深为理解父母的苦心，相互爱助、鼓励，读书都极为用功。颇受家长、学校、邻里的称赞。

初中毕业后，因家庭经济条件不允许继续深造，只能在家协助父母干些农活及家务。但我不忘继续求学的志愿，后以亲友赞助，我继续考入高中，三年高中生活，我奋发努力，并尽力多参加治安活动和工读，将挣来的钱，不作他用，专购学习书籍。我各门功课成绩达到优等，而且初步掌握书法的技巧和知识，在校内外多次获奖。在社会活动中我结识了几个良师益友，他们对我的成长，起到帮助和促进作用，是我值得永远怀念的。

我利用假期，学过中英文打字，操作计算机以及家用电器的维修小知识，还初步学会了英语会话。假期还在一贸易公司做临时工，时间虽短，但收获不小。

闲余时间，我爱听音乐，爱唱歌曲，有时自拉自唱。书是我的生活要素之一，日不可少。我也喜欢交朋友，但我生活单纯简朴，从不进歌厅舞场。

我自认能胜任文秘工作，有信心和兴趣做好这一工作。

××××年××月××日

◎小　传

柔石小传

鲁迅

柔石，原名平复，姓赵，1901年生于××省××县的××。前几代就是读书的，到他的父亲，家境已不能支，只好去经营小小的商业，所以直到他10岁这才能入小学。1917年赴杭州，入第一师范学校；一面为杭州晨光社之一员，从事新文学运动。毕业后，在慈溪等处为小学教师，且从事创作有短篇小说集《疯人》一本；即在宁波出版，是为柔石作品印创之始。1923年赴北京，为北京大学旁听生。

回乡后，1925年春，任镇海中学校务主任，为抵抗北洋军阀的压迫甚力。

秋，咯血，但仍助宁海青年，创办宁少中学，至次年，竟得募集款项，造成校舍；一面又任教育局局长，改革全县的教育。

1928年4月，乡里发生暴动。失败后，宁海中学即遭解散，柔石也单身出走，寓居上海研究文艺。12月为《语丝》编辑，又与友人设立朝华社，于创作之外，并致力于介绍外国文艺，尤其是北欧、东欧的文学与版画，出版的有《朝华》周刊二十期，旬刊十二期，及《艺苑朝华》五本。后因代售者不付书价，力不能支，遂中止。

1930年春，自由运动大同盟发动，柔石为发起人之一；不久，左翼作家联盟成立，他也为基本构成成员之一，尽力于普罗文学运动。先被选为执行委员，次任常务委员、编辑部主任；5月间，以左联代表的资格，参加全国苏维埃区域代表大会，毕业后，作《一个伟大的印象》一篇。

1937年1月17日被捕，由巡捕房往特别法庭移交龙华警备司令部，2月7日晚，被秘密枪决，身中10弹。

柔石有子二人，女一人，皆幼。文学上的成绩，创作有诗剧《人间喜剧》未印，小说《旧时代之死》《三姊妹》《希望》等，翻译有卢那卡尔斯基的《浮士德与城》、戈理基的《阿尔泰莫夫氏之事业》及《丹麦短篇小说集》等。

××××年××月××日

◎**座右铭**

座　右　铭

毛泽东同志在湖南第一师范求学期间学习孜孜不倦、锲而不舍，曾写了如下诗句自勉：

贵有恒，何必三更起五更睡；
最无益，只怕一日曝十日寒。

◎**回忆录**

藤野先生（节选）

鲁迅

将走的前几天，他叫我到他家里去交给我一张照片，后面写着两个字“惜别”，还说希望将我的也送他。但我这时适值没有照相了；他便叮嘱我将来照了寄给他，并且有时间通信告诉他此后的状况。

我离开仙台以后，就多年没照过相，又因为状况也无聊，说起来无非使他失望，便连信也怕敢写了。经过的年月一多，话更无从说起，所以虽然有时想写信，却又难以下笔，这样一直到现在，竟没有寄过一封信和一张照片。从他那一面看起来，是一去之后，杳无音信了。

但不知怎的，我总时时记起他，在我所认识的老师之中，他是最使我感激，给我鼓励的一个。有时我常常想：他对于我的热心希望，不倦的教诲，小而言之，是为中国，就是希望中国有新的医学；大而言之，是为学术，就是希望新的医学传到中国去。他的性格，在我的眼里和心里是伟大的，虽然他的姓名并不为许多人所知道。

他所改正的讲义，我曾经订成三厚本，收藏着的，将作为永久的纪念。不幸七年前迁居的时候，中途毁坏了一箱书籍，失去半箱书，恰巧这讲义也遗失在内了。责成运送局去找寻，寂无回信。只有他的照片至今还挂在我北京寓居的东墙上，书桌对面。每当夜间疲倦，正想偷懒时，仰面在灯光中瞥见他黑瘦的面貌，似乎正要说出抑扬顿挫的话来，便使我忽又良心发现，而且增加勇气了，于是点上一支烟，再继续写些为“正人君子”之流所深恶痛绝的文字。

第二节　日记、札记、笔记写作

一、日记、札记、笔记的写作概述

1. 日记、札记、笔记的概念

凡用于记载个人生活、工作、学习、事务方面的材料都属于个人日记、札记、笔记。

2. 日记、札记、笔记的写作特点

（1）社会性

社会生活是由集体和个体活动构成的，社会中的每个成员除了公事还有许多个人的私事。

（2）写作性

个人写作以沟通个人交往、交流为主线，以记载人们生活、工作和学习实践为写作目的，是为了有用而存在的。

（3）灵活性

个人日记、札记、笔记写作和其他写作一样，一般都有相对固定的写作格式和样式。

二、日记、札记、笔记的写作范例

◎日　记

【范例一】

28日　上午寄二弟信并本月家用百元。寄陈子英信。午后得羽太家信，22日发。晚王种猷邀饮于华宾馆，席中皆同事。夜归见魏福绵留重复。始用炉火。

（引自《鲁迅全集》日记第83页）

【范例二】

2月12日（正月初二）星期五

晨6时半起床，7时一刻去公园吸新鲜空气。街上人来人往个个都衣冠楚楚，手夹贺年片夹，相遇互揖，要不就跪在地上磕一个头，口称“恭喜发财”。15年前，也曾过过这种生活啊！

早饭后信步走去，到北城打了一个转，途逛坝陵北街之“关帝庙”，建筑颇为娇小富丽，又到城隍庙，处处表现老朽状态。11时经按司街回。

午后到图书馆。阅报后，借来屠格涅夫之《父与子》一部，这是一部早已闻名而未能阅读的名著。晚读完第一分册。译笔流利俏皮。

右牙床旧疼复发。

到国外留学之心，时绕脑际，不知本年能如愿否？

◎周　记

6月22日

为期一周的野外实习，今天结束了。对我这个长在城市、过惯了从家门到校门的生活的人来说，这次野外实习，可真是大开眼界，大有收获。

且不说这一个星期的所作所为，所见所闻，我只着重谈点感受。平时在学校里，我总自以为成绩较好，学得不错，可这次在实习中遇到的好多问题，明显地显出自己未免有点太笨了。说时容易做时难，这话确有道理。许多东西看来并不难，可自己一起动手来就举止失措，一向自信的“聪明才智”竟不知跑到哪里去了。那些在各自岗位上工作着的人们，他们做起来却是那么得心应手，运用自如，相形之下，不得不自愧弗如。由此，我不禁想到，我们的学校在培养自己的学生时，往往只注重理论知识的传授和书本知识的考查，却忽视了实际操作能力的培训。这看来的确是个问题。据有关信息报道，中国学生在国外书本知识考试成绩多优于他国学生，可实际运用能力却不如他国学生。这也暴露了我们培养方法上的问题。本来，理论是实践的总结，书本是经验的积累，离开了实践也就无所谓理论。我们强调要注重智能的开发，绝不应忽视能力的培养。那种“课堂里种地，黑板上开机器”的传授知识，是有点不适应科学的发展、时代的进步了。让学生动脑、动口、动手，这将对培养更多的有才能的学生起到有益的作用。我们的教育应该真正做到面向现代化，面向世界，面向未来，这方面的问题不值得我们好好深思吗？

××××年××月××日

◎札　记

读诗札记

公木

1964年春，写完《诗词十首小笺》，曾作了一段札记，用作课堂讲授的前言。现在把它全文照录下来，再作这一讲稿的代序。

毛泽东《诗词十首》的发表，是我国文化生活和政治生活当中的一件大事。同主席过去历次发表新的作品一样，全国人民都在兴高采烈地、争先恐后地抢读它，从中受到启发，受到激励，受到鼓舞，受到教育。人们读它，不仅是受到艺术的感染，得到艺术的满足；而且还风发意气，广阔胸襟，砥砺斗志，振奋精神。这是革命现实主义和革命浪漫主义的伟大史诗，这是社会主义和共产主义的政治教科书。

应该怎样阅读？应该怎样学习？

当然，应该首先读懂、理解。这就不容易。这十首诗词，写于前后14年间。每首诗词写作的背景，诗的本意，没有注释，我们不是很清楚的；在创作过程中诗人的心境情态，我们只能揣摩设想，难于准确；诗篇的语言，又那么精深，既有来历，又有创新，不加推敲，亦难领会。所以，不作些“纯理性”的分析，不下些“考证”的功夫，便不容易读懂，不容易理解。但必须要先读懂，先理解。“感觉到了东西，我们不能立刻理解它，只有理解了的东西才更深刻地感觉它。”（《实践论》）第一步，当然须要读懂，需要理解。而理解它则是为了更深刻地感觉它，读懂它则是为了更充分地享受它。

仅仅读懂和理解，绝非止境。对待主席的诗词，和对于一切伟大的艺术同样，读懂和理解，固然不容易；但终究不是办不到的事，假如我们自己还一时无力办到，慢慢总会有些注释和说解做出来，就能帮助我们办到。不过，办到了这一步，还是远远不够的。既然是诗篇，而且是真正的伟大的诗篇，就必须把它当作诗，当作艺术作品进一步去欣赏、去品味、去探索，那就要神驰于诗的意境中去感受、去体验、去翱翔、去激动，并从而去嗟叹、去咏歌、去手舞足蹈。读诗，也是一种灵魂的探险，也是一种艺术的创造，也是对现实世界的艺术掌握。因此，必须发挥主观能动性，以积极态度进行学习。诗人郭沫若同志曾这样为自己的诗篇祝愿：

女神哟！
你去，去寻那与我的振动数相同的人，
你去，去寻找与我的燃烧点相等的人，
你去，去在我可爱的青年的兄弟姊妹胸中，
把他们的心弦拨动，
把他们的智光点燃吧！

——《女神》

必须使自己的“振动数”和诗人的相同起来，必须使自己的“燃烧点”和诗人的相等起来，然后“心弦”才能被诗篇“拨动”，然后“智光”才得被诗篇“点燃”。必须达到这种境地，才得读诗三昧。

读诗，也如同作诗一样，需要想象。要展开想象的翅膀，飞进诗人所创造的意境中去驰骋在诗的海阔天空中。能飞多高，能飞多远，这取决于自己的才胆识力，取决于自己的生活经验、理论修养和精神状态。毛主席是时代的巨人，是历史的舵手；毛主席的诗词是诗歌的太阳，是艺术的北斗。它的博大，可以囊括宇宙；它的精深，可以包容古今。软的翅膀，是不能周游遍览的。深透彻底地领略它、掌握它，对我们来说，绝非易事。但是，毛泽东是我们的导师，是我们的领袖。他是大海，我们是水滴；他是泰山，我们是沙石。我们的心和那颗巨大的心是相通的。因此，这量的距离，仍不妨碍我们同领袖和导师有着相同的“振动数”，有着相等的“燃烧点”；仍不妨碍我们同领袖和导师有着共同的感受，有着共同的体验。因为在毛泽东诗词所反映的那种汹涌的精神波涛中，有我们人人的呼吸和脉搏；在毛泽东诗词所发出的那种轰响的战斗风雷中，有我们人人的欢呼和笑声。在他那阳光绚烂的广阔天地间，我们尽可自由地展翅飞翔，保证能够得到艺术的满足，保证能够得到智慧的启发，保证能够得到鼓舞。

不过，我们同诗人之间，既然存在着难以逾越的量的距离，在我们自身又存在着不易克服的才胆识力的局限性，那是自出难题，不敢设想的。于此，诗人郭沫若《给〈星星〉编辑部的信》中的一段话，就使我们特别感兴趣。他说：“对于诗词，合理的范围内是可以有解释的自由的，读者在诗词中可以创造新的意境，所谓仁者见仁，智者见智，各人的解释可以不必相同，甚至可以和作者的原意不一定完全合契。”（见《星星》1958年第10期）我们引述这段话，并非预为挡箭牌，给可能发生或必然不免的误读错解来个自我解嘲。不是这意思。郭老的话实在是符合读诗的规律的。古人也曾说过：“作者未必然，读者何必不然。”（清·谭献《复堂词录》）黑格尔也曾说过：“群众有权利要求按照自己的信仰、情感和思想在艺术作品里重新发现它自己，而且能和所表现的对象起共鸣。”（《美学》第306页）这些话是符合实践经验的。这就是为什么读诗也需要想象。读诗既然也需要想象，合理的联想是容许的。读诗不是猜谜。一万个人猜同一谜语，只能有一个谜底，如果没有猜错的话：一万个人读同一首诗，却可能有一万种具体细致的不同感受，而且还不能说那九千九百九十九种一定都是错的，虽然也不一定都是对的。诗的内涵越广，容量越大，就越是能使人“仰之弥高，钻之弥坚，瞻之在前，忽焉在后”。（《论语·子罕》）这就是说，胜境无穷，胜义难尽，是充实之故，是充实而有光辉之故。孟子说：“光实之谓美，充实而有光辉之谓大。”（《尺心》下）毛泽东的诗词是既美且大的。

如前所说，这并不足为挡箭牌，不得以此为托词或借口，给可能发生或必然不免的误读错解推脱责任。对待毛泽东的诗词，我们必须采取严肃认真、实事求是的态度，知之为知之，不知为不知，不能以不知为知，而强作臆解；不能明知其“未必然”，而硬要“何必不然”。因为毛泽东诗词既是伟大的革命史诗，是精深教科书，那就不容不作深思，不下苦功，而漫然处之的。但是，如果要求保证绝对不误读错解，才来读来解；那么，我们就只好永远不要读不要解了。列宁说“只有什么事也不干的人才不会犯错误”。那是懒惰、怯懦与不负责任，不是真正的严肃认真的态度。我们现在要阅读和学习毛泽东的诗词，要把它作为伟大的诗篇来欣赏和享受，这也如同“在科学探索上，错误认识往往是正确认识的先导。正是从错误中接受教训，纠正错误，才能逐渐获得正确的认识”。我们只是本着“不怕犯错误而又勇于改正错误的”精神，来“奇文共欣赏，疑义相与析”吧。

以上这些话，本是仅就“十首”说的；而移植于此，以冠“三十七首”之前，基本上还是适用的。只是在这里，篇目不仅是10首而是37首了；写作时间也不仅是14年而是38年了。涉及的人与事更复杂了，反映的社会生活更丰富了。阅读与说解起来，如果说一定会遇到困难，这困难无疑是更增加了；如果说难免会发生错误，这错误定然要更易犯了。怎么办呢？只有更多努力吧。学习，是我们的责任；何况读毛泽东的诗词，这不是一般的学习，这乃是最大享受。“无限风光在险峰。”正因其是险峰，在攀登的过程中，纵然气喘吁吁，纵然大汗淋漓，而自然乐在其中。让我们共同来享受这至高至大的快乐吧！

××××年××月××日

◎笔　记

【范例一】

读书心得

在知识方面的任何征服、任何进步，乃是勇气、自制的结果。

——尼采《瞧！这个人》

精要摘录法，应注意三点：一是要切实抓住重点，所摘录的部分必须有参考价值，是可靠的，准确的。否则，参考或引用会造成谬误，乃至以讹传讹。二是要少而精，经过认真选择，择其精华而录之。如果抄得多而广，那就会白白浪费时间和精力，写读书笔记的意义就会适得其反。三是要在摘文后面详细注明出处，以便必要时进行核对。

概述摘要法，就是用缩写的方法概括地写出一篇文章的主要内容，即将一篇长文章压缩成短文。根据读者的不同要求，有的缩写全文，有的缩写某些段落。

心得体会法，读完一本书或一篇文章后，总会有一些体会和感想，将这些体会和感想记下来，整理成文，就是心得体会。读书笔记的种类和方法，不完全只有以上几种。而这几个类型和方法，可以各自单独使用，也可交叉使用；但不论使用哪一种，关键是要长期日积月累，才会收到真正的成效，使自己的学识大为丰厚起来。

【范例二】

格言摘抄

“人最宝贵的东西是生命，生命属于我们只有一次。一个人的生命是应当这样度过的：当他回首往事的时候，他不因虚度年华而悔恨，也不因碌碌无为而羞耻。——这样，在临死的时候，他就能够说：‘我整个的生命和全部的精力，都已献给世界上最壮丽的事业——为人类的解放而斗争。’”

——《钢铁是怎样炼成的》

◎读书笔记

很值得研究

刘法绥

影射，作为一种斗争艺术，大概可以一直追溯到《尚书·汤誓》中的“时日曷丧，予及汝皆亡”。而作为旨在迫害的罪名，那么，至少可溯至西汉宣帝之时：司马迁的外孙杨恽在《报孙会宗书》里，写田园生涯时有“荒秽不治”一词，宣帝认为他是在谤讥朝廷慌乱，把他腰斩了。还有，大业五年（公元609年），隋炀帝杀薛道衡也是属此例。那一年，薛道衡想当官，写了篇《高祖文皇帝颂》，不料，炀帝说文中“有鱼藻之义”，是以古谤今，把他绞死了。明清以降，因“影射”罪而遭抄家、杀头、灭族的，则举不胜举。即便新中国成立以后，因被视为影射而受批判、戴帽子甚至身败名裂，家破人亡的，也不乏其例。

以上对影射的简短而零星的回顾，是读《深斟浅饮“三家村”》（《读书》第4期，李辉文）时即兴想到的。该文提到吴晗、邓拓、廖沫沙、田汉、孟超等人的作品，说“把这些作品说成完全没有现实影射意味，则未必符合实际”，并对田汉、邓拓的写作作了具体的分析。该文还说，“承认‘影射’，并不意味着赞同加在他们身上的批判，而是对他们的文化价值的肯定”。我认为，这是一个值得研究的大问题。因为：承认影射，那么，那场“批判”的性质，是现实的维护者与反对者或不满者的斗争；反之，则是暴戾者对无辜者的摧残。从文化价值着眼，前者是启蒙著作，后者是被罗织罪名、无限上纲。从作者方面说，前者是先知先觉者，应有从容作楚囚的心理准备；后者则是惨罹猝不及防的天降之祸。真与假、善与恶、美与丑、正确与错误的斗争，将贯穿人类历史的始终，是不是凡涉及假、恶、丑、错误内容的言论和文字，都是对现实的微讽、婉谏和影射呢？这也是很值得研究的。

1958年，邓拓因毛泽东同志批评他是“书生办报”“死人办报”而调离《人民日报》社。当时，他心情郁悒地写了一首诗：“笔走龙蛇二十年，往事非云亦非烟。满纸文章书生累……”八年之后，他真的被自己的文章“累”死了。如果他有意为之，那么，他是求仁得仁的殉道者；如果不是，他就是林彪、江青集团祭乱党祸国殃民的黑幡的牺牲品。前者是悲壮的，后者是悲凉的。

◎读书摘记

类：心理表情　　　　　　　　　　　　　　　　目：喜悦

高兴　欢欣　欢喜　快乐　喜滋滋　欢天喜地　喜从天降　喜出望外　欢欣鼓舞　喜不自禁　沾沾自喜　喜上眉梢　喜气洋洋　喜笑颜开　喜闻乐见　喜不

自胜 喜形于色 乐天知命 乐不思蜀 乐而忘返

类：景物描写　　目：春雨

雨是最寻常的，一下就是三两天。……像牛毛，像花针，像细丝，密密地斜织着，人家屋顶上全笼着一层薄烟。树叶儿却绿得发亮，小草儿也青得逼你的眼。

（朱自清：《春》）

类：肖像描写　　目：中年女人

……一个凸颧骨，薄嘴唇，五十岁上下的女人站在我面前，两手搭在髀间，没有系裙，张着两脚，正像一个图仪器里细脚伶仃的圆规。

（鲁迅：《故乡》）

注：类，即大类；目，即大类中的小类。

◎读书提要

小说《醉人的春夜》情节提纲

全文共八段，根据情节可分四部分。

一、（第一段）

开端：陈静的自行车坏了。

二、（第二段至第三段）

发展：陈静路遇小伙子。

三、（第四段至第六段）

高潮：小伙子热情为陈静修好了车。

四、（第七段至第八段）

结局：陈静一扫“无可奈何的喟叹”，顿觉这春夜“有种醇美的甜味”。

原文：

醉人的春夜

吴金良

“再遇到人，一定开口。”陈静想着，抬头望了望胡同里昏黄的路灯。夜深了，到处都是一片黑黝黝的怪影。“唉！这倒霉的自行车！”她从心底发出一声无可奈何的喟叹。

身后传来一串自行车铃声，陈静只来得及“哎”了一声，骑车的小伙子已经擦身而过。

咦！骑车的小伙子又回来了。陈静心里却紧张起来：“这么晚了，他……”“你刚才喊我？”小伙子跳下车。“啊，没。”矜持和自卫的心理占了上风，她语无伦次了。“是车子坏了吧？”一双似笑非笑的细长眼睛望着她，陈静稍稍镇静了一下：“链子卡在大链套里了。”她讷讷着，低着头，心里升起一线希望的光。“那，我也爱莫能助了。没工具，谁也拆不开大链套呀。”陈静心里又是一片黑暗。“你家远吗？”“我家？”她没了主意，下意识地推着车子往前走了几步。“这样吧，胡同口外左边，有个车铺，这会儿可能还有人，你去看看吧！”小伙子在她身后跨上车子，边说边飞快地骑跑了。“这号人！”陈静差一点哭了。十一点了，哪家的车铺这时候还有人？她心里咒那小伙子：“骗人！叫你今晚做个噩梦。”

不信归不信，出了胡同口，陈静忍不住真朝左手方向看了一眼。便道上，竟然有间小屋还亮着灯。她踌躇地站住了。小屋里走出一位二十来岁的姑娘，冲着陈静喊：“同志，来吧！”“哎呀，真是车铺！”陈静觉得周围一下子亮了起来，沮丧，恐惧，一股脑儿没了。

这是间临街筒子房，通里屋的门关着。外面这间，只有一桌一床和一辆自行车。一个年轻人正蹲在桌边翻着什么。“请进，就是地方小了点。”年轻人站起身，手里拿着把改锥。陈静一愣：“是你？”“是我。”年轻人笑了：“我说有人嘛，还能骗您？”他狡黠地眨了眨细长的眼睛。“我哥送我嫂子上夜班，回来就急火火地把我叫起来说有要事，原来是……”跟在陈静后面的姑娘像是放机枪。“还是个体户好。”陈静心里想着，感激地冲着那姑娘笑了笑：“太麻烦你们了。”“没什么。我哥怕你不敢来，才让我起来招呼您。其实您也是胆子太小，我就不怕。”说得陈静怪难为情的。

会者不难，车很快修好了。“多少钱？”陈静打心里希望这小伙子多收她点儿钱。“钱？”小伙子一愣，旋即笑了：“给五块钱吧。”一只大手，满是油污，伸到陈静面前。“五块？敲诈！”陈静心里一惊，却无可奈何地掏出钱包。“哥——”快嘴的姑娘拉长了声音叫着，“这么晚了，你还开玩笑！”她娇嗔地把那只油污的手打下去，转头对着陈静：“同志，您别多心，他就这样，跟谁都瞎逗，我们又不是修车的，哪儿有帮帮忙就要钱的？”姑娘有点不好意思了，脸上泛着红潮。“好了，不开玩笑了。”小伙子搓了搓手，咧开嘴笑着，露出一排洁白整齐的牙齿。

一路上，微风吹着陈静的长发，拂在脸上，怪痒痒的，又很舒服。她觉得今天晚上的路灯格外地亮，亮得耀眼，空气中，也仿佛有种醇美的甜味。

啊，这醉人的春夜！

××××年××月××日

◎读后感

看《祸从天降》想到的

我从《哈哈伯》第4集（孙泽良编绘，新世纪出版社出版）这本书上看到《祸从天降》这个小故事，这个故事说了这么一件事：

一天，哈哈伯的鹦鹉看到街上一堵墙上贴着通缉令，通缉一个像哈哈伯但没有胡子的人。鹦鹉看了飞回家叼来了一支笔，给通缉令上那个人像加上了胡子，扬扬得意地走了。

当哈哈伯走在大街上时，让一个路人抓住了。那个人把他扭到通缉令前，左右对照，以为抓住了。鹦鹉在一旁大笑，得意极了。

这个故事讽刺了社会上乱画、乱改、乱涂的人。这使我想到，上次我们学校过道里黑板上写着值日老师的名字“方大本”三个字，后来不知被谁涂改成：万人木。为这事，我们校长在全校集会上批评了这种行为。

乱改、乱画、乱涂真不文明，弄不好还会出大错呢。

有一次，一家商店门口牌子上写着：西服一套100.00元，不知哪个小孩把它改成1000.00元，还以为好笑。结果一个人也没来买。店主莫名其妙，无意中抬着看到牌上100.00被改为1000.00，才恍然大悟，而且很恼火，狠狠地抹掉一个“0”，牌子上又明明白白地写着：西服一套：100.00元。

还有的人在游览胜地的树上、墙上、地下乱画，既影响景色，又损坏了公物。

乱写、乱画、乱改真不好，我们可不能这样做呀！

××××年××月××日

◎观后感

校园剧《青春放飞》观后

曹琳

著名导演胡伟民先生，曾于1984年在上海的话剧舞台上首推青春剧《放鸽子的少女》，给十五六岁的少男少女开拓了一块释放情感、倾诉心声的芳草地。如今，在这块活泼的土地上，又添一抹鹅黄嫩绿，这就是南通市话剧团的新作《青春放飞》。

从戏剧创作层面说，抓住一个贴近生活的政治题材，就抓住了题材的优势，但题材优势的政治性不等于作品深刻的思想性。同样，一个剧目的戏剧性不等于作品的艺术性。只有在政治题材与戏剧性的结构的横纵座图上，寻觅到精当熨帖的交汇点，使政治的理念与戏剧的意蕴浑然一体，才可能升华成一个思想性、艺术性、人民性相统一的优秀作品。话剧《青春放飞》就此作出了认真的探索——对学子前瞻心态和精神世界的剖析：千百年来，穷苦的孩子读书，最通俗最实惠的期望莫过于古训："书中自有颜如玉，书中自有黄金屋，书中自有……"说到底强调的是个人文化立场；而《青春放飞》剧中，陈新龙等一群世纪之交的中国学子，他们勤奋苦读，面对竞争、挫折，敢作敢为、敢思敢辩，在集体主义、民族尊严的精神层面上升华；在人格自我完善的过程中，自觉地将自我存在和现实生活联系起来，将自我的生存发展与民族群体的发展相契合，将学子苦学苦读与崇高的社会责任和使命感相勾连。

从剧作排演的角度看，我认为导演与编剧的关系，好比数学 1+1 的关系。若是导演对剧本仅仅是照本宣科，成为变相的克隆，那么，最后呈现在舞台上的作品的艺术形象十有八九是 1+1 等于或小于 1 的单调与暗淡；若导演以剧本为蓝本，调动视觉和听觉诸种艺术因素进行再创作，那么，最终传递给观众的艺术享受有可能是 1+1 大于 2 的几何级数。《青》剧采用了影视蒙太奇结构样式的新尝试，具有极大的冲击力和挑战性。二度创作的叙述方式，也是一反常规，舞台上采用了框架结构的中性景，构成三层演出平台，出现了不同高度的多层演区，打破了"话剧话剧说话的戏剧"，"平面舞台，你横着走过去，你竖着走过来"的旧模式，得体地将现代舞、流行歌曲、体育竞技与戏剧化而合之。全剧中着力铺陈了"孔融让梨""龟兔赛跑"两则中华古老的寓言故事，作者将其约定俗成的哲理内涵赋予新的解释。剧本中充满理性思辨的对话，在舞台上衍化成一个奇妙的游戏：随着男主角思绪的延伸，舞台被悄悄地偷换成男主人公的心理时空——古老寓言故事中的角色，踩着溜冰鞋飞驰而来。现代竞技性体育运动溜冰，闯进了传统的镜框式舞台，展开了一场今天与古人超越时空的对话，而传统理念和当代中学师生逆向思维的戏剧性撞击，则给人以多种思索。

这个戏的舞台直观形态，是点线面的有机组合。围绕主人公陈新龙成长的线性轨迹，含辛茹苦的父母、言传身教的老师、面对死亡乐天豁达的灯塔工……成了陈新龙不同的心理停泊点。他的同班同学，一群十六岁的中学生是剧情推进、魅力四射的情绪板块。他们疯就疯个天翻地覆，乐就乐个忘乎所以，哭就哭个死去活来，吼就吼个天地呼应，争就争个面红耳赤，爱就爱个不怨不悔。他们情浓如火，心淳似泉，如诗如歌，是青春年华诱人的绿色精灵。

××××年××月××日

◎随　笔

“就”字用得妙

明代杨慎《升庵诗话》云：“孟集有，‘待到重阳日，还来就菊花’之句，刻本脱一‘就’字，有拟补者，或作‘醉’，或作‘赏’，或作‘泛’，或作‘对’，皆不同。后得善本，是‘就’字，乃知其妙。”“就”字下得确实妙，为什么这个字用在这里就“妙”呢？杨慎没有说明。今试析如下：

如果只从赏菊的角度上看，用“醉”“赏”“泛”“对”等字，皆可以。要是真正了解《过故人庄》这首诗的主题思想和当时深层的心理情绪，就觉得唯有“就”字下得精妙。“就”字有走向、靠近的意思，不但形象地表现了诗人孟浩然走向、靠近“菊花”的行动，而且生动地反映了诗人向往田园生活的感情。这首诗的主题思想是，赞美友情和田园，抒发诗人从仕途走向归隐的情怀，同时也淡然地蕴含着失意的感慨。这个“就”字与主题相吻合，还深化了主题。此字生动地表明：诗人孟浩然怀才不遇，幻想破灭，因而志向转变了，要从仕途转向田园，靠近“菊花”。这个“就”字，既表达了高洁的象征——“菊花”，对诗人孟浩然来说，具有多么大的吸引力！又表达了诗人躬耕归隐的决心，从而显示出诗人追慕陶渊明的意向、清高的情操和刚强的性格。由此可知，妙哉“就”字。

××××年××月××日

◎杂　记

汉武帝时，幸李夫人。夫人卒后，帝思念不已。方士齐人李少翁，言能致其神。乃夜施帷帐，则灯烛，而令帝居他帐，遥望之。见美女居帐中，如李夫人之状，还幄坐而步，又不得就视。帝愈益悲感，为作诗曰：“是耶？非耶？立而望之，偏。娜娜何冉冉其来迟！”令乐府知音家弦歌之。

××××年××月××日

◎游　记

长江三峡

刘白羽

在信中，我这样叙说：“这一天，我像在一支雄伟而瑰丽的交响乐中飞翔。

我在海洋上远航过，我在天空上飞行过，但在我们的母亲河流长江上，第一次，为这样一种大自然的威力所吸摄了。”

蒙眬中听见广播到奉节。停泊时天已微明。起来看了一下，峰峦刚刚从黑暗中显露出一片灰蒙蒙的轮廓。启碇续行，我到休息室里来，只见前边两面悬崖绝壁，中间一条狭长的江面，已进入瞿塘峡了。江随壁转，前面天空上露出一片金色阳光，像横着一条金带，其余天空各处还是云海茫茫。瞿塘峡口上，为三峡最险处，杜甫《夔州歌》云：“白帝高为三峡镇，瞿塘险过百牢关。”古时歌谣说：“滟滪大如马，瞿塘不可下；滟滪大如猴，瞿塘不可游；滟滪大如龟，瞿塘不可回，滟滪大如象，瞿塘不可上。”这滟滪堆指的是一堆黑色巨礁。它对准峡口。万水奔腾，冲进峡口，便直奔巨礁而来。你可想象得到那真是雷霆万钧，船如离弦之箭，稍差分厘，便撞得个粉碎。现在，这巨礁早已炸掉。不过，瞿塘峡中，激流澎湃，涛如雷鸣。江面形成无数漩涡，船从漩涡中冲过，只听得一片哗哗啦啦的水声。过了八千米的瞿塘峡，乌沉沉的云雾，突然隐去，峡顶上一道蓝天，浮着几小片金色浮云，一柱阳光像闪电样落在左边峭壁上。右面峰顶上一片白云像白银片样发亮了，但阳光还没有降临。这时，远远前方，无数层峦叠嶂之上，迷蒙云雾之中，忽然出现一团红雾。你看，绛紫色的山峰，衬托着这一团雾，真美极了。就像那深谷之中向上反射出红色宝石的闪光，令人仿佛进入了神话境界。这时，你朝江流上望去，也是色彩缤纷：两面巨岩，倒影如墨；中间曲曲折折，却像有一条闪光的道路，上面荡着细碎的波光；近处山峦，则碧绿如翡翠。时间一分钟一分钟过去，面前那团红雾更红更亮了。船越驶越近，渐渐看清有一高峰亭亭笔立于红雾之中，渐渐看清那红雾原来是千万道强烈的阳光。八点二十分，我们来到这一片晴朗的金黄色朝阳之中。

抬头望处，已到巫山。上面阳光垂照下来，下面浓雾滚涌上去，云蒸霞蔚，颇为壮观。刚从远处看到那个笔直的山峰，就站在巫峡口上，山如斧削，隽秀婀娜，人们告诉我这就是巫山十二峰的第一峰，它仿佛在招呼上游来的客人说：“你看，这就是巫山巫峡了。”“江津”号紧贴山脚，进入峡口。红彤彤的阳光恰在此时射进玻璃厅中，照在我的脸上。峡中，强烈的阳光与乳白色云雾交织一处，数步之隔，这边是阳光，那边是云雾，真是神妙莫测。几只木船从下游上来，帆篷给阳光照得像透明的白色羽翼，山峡却越来越狭，前面两山对峙，看去连一扇大门那么宽也没有，而门外，完全是白雾。

八点五十分，满船人都在仰头观望。我也跑到甲板上来，看到万仞高峰之巅，有一细石耸立如一人对江而望，那就是充满神奇缥缈传说的美女峰了。据说一个渔人在江中打鱼，突遇狂风暴雨，船覆灭顶，他的妻子抱了小孩从峰顶眺望，盼他回来，一天一天，一月一月，他终未回来，而她却依然不顾晨昏，不顾风雨，站在那儿等待着他——至今还在那儿等着他呢……

如果说瞿塘峡像一道闸门，那么巫峡简直像江上一条迂回曲折的画廊。船随山势左一弯、右一弯，每一曲，每一折，都向你展开一幅绝好的风景画。两岸山势奇绝，连绵不断。巫山十二峰，各峰有各峰的姿态，人们给它们以很高的美的评价和命名，显然使我们的江山增加了诗意，而诗意又是变幻无穷的。突然是深灰色石岩从高空直垂而下浸入江心，令人想到一个巨大的惊叹号；突然是绿茸茸草坂，像一支充满幽情的乐曲；特别好看的是悬岩上那一堆堆给秋霜染得红艳艳的野草，简直像是满山杜鹃了。峡窄江陡，江面布满大大小小漩涡，船只能缓缓行进，像一个在崇山峻岭之间慢步前行的旅人。但这正好使远方来的人，有充裕时间欣赏这莽莽苍苍、浩浩荡荡长江上大自然的壮美。苍鹰在高峡上盘旋，江涛追随着山峦激荡，山影云影，日光水光交织成一片。

十点，江面渐趋广阔，急流稳渡，穿过了巫峡。十点十五分至巴东，已入××境。十点半到牛口，江浪汹涌，把船推在浪头上，摇摆着前进。江流刚奔出巫峡，还没来得及喘息，却又冲入第三峡——西陵峡了。

西陵峡比较宽阔，但是江流至此变得特别凶恶，处处是急流，处处是险滩。船一下像流星随着怒涛冲去，一下又绕着险滩迂回浮进。最著名的三个险滩是：泄滩、青滩和崆岭滩。初下泄滩，你看着那万马奔腾的江水会突然感到江水简直在旋转不前，一千个、一万个漩涡，使得“江津”号剧烈震动起来。这一节江流虽险，却流传着无数优美的传说。十一点十五分到秭归。据袁崧《宜都山川记》载：秭归是屈原故乡，是楚子熊绎建国之地。后来屈原被流放到汨罗江，死在那里。民间流传着：“屈大夫死日，有人在汨罗江畔，看见他峨冠博带，美髯白皙，骑一匹白马飘然而去。”又传说：屈原死后，被一大鱼驮回秭归，终于从流放之地回归楚国。这一切听起来过于神奇怪诞，却正反映了人民对屈原的无限怀念之情。

秭归正面有一大片铁青色礁石，森然耸立江面，经过很长一段急流绕过泄滩。在最急峻的地方，“江津”号用尽全部精力，颤抖着，震颤着前进。急流刚刚滚过，看见前面有一奇峰突起，江身沿着这山峰右面驶去，山峰左面却又出现一道河流，原来这就是王昭君诞生地香溪。它一下就令人记起杜甫的诗：“群山万壑赴荆门，生长明妃尚有村。”我们遥望了一下香溪，船便沿着山峰进入一道无比险峻的长峡——兵书宝剑峡。这儿完全是一条窄巷，我到船头上，仰头上望，只见黄石碧岩，高与天齐，再行驶一段就到了青滩。江面陡然下降，波涛汹涌，浪花四溅，当你还没有来得及仔细观看，船已经像箭一样迅速飞下，巨浪为船头劈开，旋转着，合在一起，一下又激荡开去，江水像滚沸了一样，到处是泡沫，到处是浪花，船上的同志指着岩上一片乡镇告我：“长江航船上很多领航人都出生在这儿……每只木船要想渡过青滩，都得请这儿的人引领过去。”这时我正注视着一只逆流而上的木船，看起来这青滩的声势十分吓人，但人从汹涌浪涛中掌握了一条前进途径，也就战胜了大自然了。

中午，我们来到了崆岭滩跟前，长江上的人都知道："泄滩青滩不算滩，崆岭才是鬼门关。"可见其凶险了。眼看一片灰色石礁布满水面，"江津"号却抛锚停泊了。原来崆岭滩一条狭窄航道只能过一只船，这时有一只江轮正在上行，我们只好等下来。谁知竟等了那么久。可见那上行的船只是如何小心翼翼了。当我们驶下崆岭滩时，果然是一片乱石林立，我们简直不像在浩荡的长江上，而是在苍莽的丛林中找寻小径跋涉前进了。

××××年××月××日

中编

通用公务类公文写作

第一章　知照性公文写作

第一节　通报公文写作

一、通报的写作概述

1. 通报的概述

通报是指党政机关和社会团体为表彰先进、批评错误、传达重要情况所发的一种下行文。通报可以对生产、工作、科研和学习中的好人好事进行表扬，介绍先进经验；也可以批评在上述各项活动中的缺点和错误。通报比较灵活，使用频率颇高。

2. 通报的特点

①典型性。

②普发性和限制性。

③教育性和指导性。

3. 通报的作用

①互通情况，沟通信息，使有关单位或组织了解工作进程，安排好自己的工作。

②学习先进的典型经验，指导和推进工作。

③吸取他人教训，警惕类似问题发生。

4. 通报的写作格式

（1）标题

有规范完整的标题，也有不完整只有事由加文种的标题。如《关于纠正省政府机关建房分房中不正之风的情况通报》。有时也可以只写“通报”二字。

（2）主送单位

一般通报都有主送单位，少数普发性通报可以不写主送单位。

（3）正文

一般由四部分组成：

①引言。主要是概括通报的内容、性质、作用和要求。

②事实。表扬性通报写先进事迹；批评性通报写错误事实。写作时应注意的问题是：既要把主要事实写清楚，又要写得概括精练。

③分析及处理。对先进事迹的先进性或错误事实的本质进行恰如其分的分析，有的还可以写出先进事迹或所犯错误的原因，并提出处理意见；表扬性通报写出给予精神或物质奖励的决定；批评性通报写出给予处分的决定。

④号召或要求。根据通报的精神要求接到通报的单位或个人如何去做，或者号召接到通报的单位或个人为实现什么目标而奋斗。

（4）结尾

此处写发文单位和日期。如果发文单位在标题前已加上去，此处可以只写日期。

下发或张贴的通报要加盖公章。

5. 通报的分类

（1）情况通报

情况通报是一种常用的通报形式。情况通报多数由三个部分构成。

①标题

情况通报的标题包括发文机关、事由和文种类别（情况通报）。但有时仅写事由、文种类别或直接写“情况通报”。

②正文

情况通报的正文一般分三步来写：先介绍情况；然后分析原因，指出意义或者危害；最后提出要求。如果是成绩通报，则要进一步巩固和提高；如果是失误与不良情况通报，则要改正和纠偏。

③签署

签署部分要写清发文机关和日期。但很多时候发文机关见于标题，或与日期一同标示于标题之下。

情况通报的作用是及时通报工作中的重要情况，它在撰写过程中必须充分地叙述情况，把摆事实与分析问题结合起来，使受文机关和个人能通过通报认清形势或问题的利与弊、意义或严重性。情况通报有明确的指导思想和很强的针对性，善于摆事实讲道理。这是情况通报的写作要点。

（2）表彰通报

表彰性通报是指用于表扬先进人物、先进事迹，推广先进经验，树立学习榜样，激励人们的工作热情和积极性的一种下行公文。

（3）批评通报

批评通报是指党政机关为批评某种严重错误或带有普遍性的不良风气与行为而使用的一种公文。比如对某项重大责任事故作出处理、对违纪案件作出处分等，大多采用这一公文种类。

批评通报由标题、正文和落款三部分构成。

①标题

批评通报的标题多数由发文机关、事由和文种类别（通报）三要素组成，但有时也可省略发文机关。同时，批评通报标题中事由的写作，常使用“批评”“处分”等字样，以表明其性质与种类。

②正文

批评通报的正文写作，要看是“直述式通报”还是“转述式通报”。“直述式通报”一般先介绍错误事实，然后作出处理，最后分析原因、提出要求。“转述式通报”则将主要内容作为附件随文转发。

③落款

批评通报的落款应写明发出通报的单位及日期。

批评通报的目的是要对严重错误作出处理、找出原因，以儆效尤。因此，写作时要求叙述事实真实、准确、简要；处理内容明确、具体；分析原因实事求是，评断准确，能抓住问题的本质，提出的要求具有针对性。

二、通报的写作范例

◎情况通报

××市纪委关于党员干部赌博案件查处情况的通报（节选）

市党委、政府，纪委、监察局，市委各部委、市级国家机关各部门、各人民团体：

根据中央、省委和市委的部署，我市各级纪检监察机关会同有关部门加大了对党员干部参与赌博问题的治理力度。××××年以来，已立案查处党员干部参与赌博案件××件，涉及××人。其中，开除党籍××人，撤销党内职务××人，党内严重警告××人，党内警告××人，行政记过××人，行政警告××人。现将其中几起党员干部参与赌博的典型案件通报如下：（略）

上述党员干部，无视党纪政纪，损害了党和政府的形象，在社会上造成恶劣影响，被依纪依法严肃查处。全市各级党组织和广大党员干部一定要从这几起案件中吸取教训，引以为戒，警钟长鸣，采取积极有效的措施，防止类似案件的发生。

一、全体党员干部特别是县处级党员领导干部要充分认识赌博的严重危害性，进一步增强廉洁自律意识，增强宗旨意识，一心一意为人民服务。（略）

二、各级党组织和有关部门要认真建立健全制度，堵塞漏洞，坚决防止和杜绝管钱管物的干部利用公款赌博的现象再次发生。赌博是败坏人类文明的恶习，致使人的思想麻痹、意志衰退、贪欲膨胀、行为失范；是阻碍社会进步，违反社会公德、扰

乱社会秩序、影响社会和谐的毒瘤，是党纪政纪和国法严厉禁止的行为。(略)

三、坚持惩防并举，建立健全预防党员干部参与赌博的长效机制。个别单位和部门之所以出现党员干部参与赌博的问题，既有认识、教育、监督、查处不到位等多方面因素，也有机制、制度方面的深层次原因。因此，解决党员干部参与赌博问题，必须坚持标本兼治、综合治理、惩防并举、注重预防的方针，建立健全预防党员干部参与赌博的长效机制。(略)

四、认真落实党风廉政建设责任制，确保整治党员干部参与赌博的工作取得实效。各级领导班子主要负责人要切实负起抓班子带队伍的责任，其他领导成员要抓好分管部门和单位班子和人员的监督和管理，做到以身作则，敢抓敢管，一级抓一级，层层抓落实。有关部门要按照责任分工，认真履行职责，加强联系，密切配合，形成治理合力。要严格执行责任追究制度，把查处党员干部参与赌博情况列入党风廉政建设责任制检查考核的重要内容。凡是对直接管辖范围内发生的党员干部参加赌博问题不制止、不查处，或者隐瞒不报造成严重后果的，要严肃追究领导班子主要负责人及其他有关负责人的责任。

××××年××月××日

◎表彰性通报

关于表彰××××年度依法纳税大户的通报

×政发〔××××〕××号

各县（市、区）人民政府，市政府直属各单位：

××××年，全市广大企业面对国际金融危机的严重冲击，面对国内宏观环境变化带来的种种压力，坚定信心，积极应对，锐意进取，取得了显著成绩，并涌现出一大批守法经营、主动纳税、对社会作出积极贡献的纳税大户和先进典型。为表彰纳税大户的突出贡献，鼓励诚信纳税，激发创业热情，市人民政府决定，授予××电器股份有限公司等××家企业“××××年度××市纳税百强”称号，授予××××电器股份有限公司等××家企业“××××年度××市制造业纳税××强”称号，授予××集团股份有限公司等××家企业“××××年度××市企业集团纳税十强”称号（名单略），并予以通报表彰。

希望受表彰的纳税大户珍惜荣誉，再接再厉，积极应对危机，奋力克难攻坚，努力创造更好的效益，取得更大的发展，为我市经济社会又好又快发展作出更大的贡献。

××市地税局

××××年××月××日

◎批评通报

××县人民政府关于对××××年畜禽养殖小区
建设落后乡镇进行批评的通报

×政文〔××××〕××号

各乡、镇人民政府，县政府各部门：

××××年，我县紧紧抓住国家和省、市出台一系列优惠政策，扶持畜牧业发展的历史机遇，强力推进畜禽养殖小区建设，县政府《关于进一步加快畜牧业发展的意见》（×政文〔××××〕××号）明确要求，各乡镇每年至少建成一个标准化养殖小区，重点乡镇建成××个以上，以此促进畜牧业发展上规模、上水平。一部分乡镇对此项工作高度重视，真抓实干，全县××××年新建各类畜禽养殖小区××个，实现了畜牧业发展的新突破。

但也有一部分乡镇对畜禽养殖小区建设认识不足，重视不够，措施不力，致使该项工作被动落后，没有完成既定的任务。特别是××、××、××等×个乡镇没有建成一个标准化养殖小区。为此，经县政府研究，特对上述乡镇提出批评。

希望受到批评的乡镇要认真反思，查找问题，汲取教训，在××××年的畜牧工作中，要以实施“××工程”为契机，狠抓标准化养殖小区建设，努力完成目标任务，为我县争创全省生猪调出大县和畜牧大县作出应有的贡献。同时希望其他乡镇和单位，要以受到批评的乡镇为戒，对县政府部署的各项工作任务，都要采取切实有效的措施，认真抓好落实，努力推动各项工作再上新台阶，确保实现县委提出的“三年跨入全市先进行列”的目标。

××县人民政府办公室

××××年××月××日

第二节　通知公文写作

一、通知的写作概述

1. 通知的概念

通知是指用于批示下级部门的公文、转发上级部门和不相隶属部门的公文、发布规章、传达要求下级部门办理和有关单位需要周知或共同执行的事项、任免干部的一种公文。通知具有广泛性、周知性、时效性。

2. 通知的写作要求

（1）明确行文的目的

首先要明确为什么写这个通知，通知的主要内容是什么，然后确定怎么写。最后要确定写作的范围和对象，针对什么问题，解决什么问题。

（2）提出的措施切实可行

通知主要是向下级部门发布的下行文，因而要体现对下级部门的领导与指导。既要讲任务、要求，又要讲方法、步骤、措施，语言不能空泛，以免下级部门难以理解与执行。

（3）结构严谨、层次清晰

通知的结构或采用自然段形式，或采用条文式，都须条文清晰，排列有序，段落与条文之间应杜绝出现内容交叉、重复的现象。

3. 通知的写作格式

通知一般由标题、主送机关、正文三部分组成。

（1）标题

通知的标题有两种写法，一是“发文机关 + 主要内容 + 文种”；二是“主要内容 + 文种”。

发布规章的通知，所发布的规章名称要出现在标题的主要内容部分，并使用书名号；批转和转发文件的公文，所转发的文件内容要出现在标题中，但不一定使用书名号。

（2）主送机关

通知的主送机关较多，要注意主送机关排列的规范性。

（3）正文

通知的正文由通知缘由、通知事项和执行要求三部分组成。

①通知缘由。发布指示、安排工作的通知，其缘由主要用来表述有关背景、根据、目的、意义等。

批转、转发文件的通知，根据情况，可以在开头表述通知缘由，但多数以直接表述转发对象和转发决定为开头，无须说明缘由。

发布规章的通知，多数情况下“篇段合一”，无明显的开头部分，一般也不交代缘由。

②通知事项。这部分内容是通知的主体部分，所发布的指示、安排的工作、提出的方法、措施和步骤等，都在这一部分中有条理地叙述。内容复杂的需要分条罗列。

③执行要求。发布指示、安排工作的通知，可以在结尾处提出贯彻执行的有关要求。如无必要，可以没有这一部分。其他篇幅短小的通知，一般不需有专门的结尾部分。

4．通知的分类与写作

（1）发布性通知

发布性通知是用通知发布规章，以提高规章的法定效力，使执行单位认真贯彻规章的一种带有命令性和规定性的下行公文。

（2）知照性通知

知照性通知是指向有关单位告知某件事件，交代有关事项时使用的一种告知性公文。

（3）事项性通知

事项性通知是指在安排一般性具体事项、传达信息、交流情况时使用的一种下行公文。

（4）任免性通知

任免性通知是指上级机关在任免下级机关的领导人或上级机关的有关任免事项需要下级机关知道时发出的一种下行公文。

（5）指示性通知

指示性通知是指上级机关要求下级机关办理或执行事项的通知，但限于发文机关的权限，或因其内容不宜使用命令（令）或决定文种的，可以用指示性通知。这类通知又称规定性通知或布置性通知。

（6）批转性通知

批转性通知是指批示转发下级机关发来的公文的通知。

（7）颁发性通知

颁发性通知是指用来发布行政法规、规章和印发有关文件的通知。

（8）转发性通知

转发性通知是指用来转发上级机关、同级机关和不相隶属机关的公文通知。

（9）会议性通知

会议性通知是指用于召开某次会议而提前发文通知有关与会人员做好参会准备的公文，其用途仅限于通知会议的召开及相关事项。

二、通知的写作范例

◎发布性通知

关于印发××县职工生育保险实施意见的通知

各乡、镇人民政府，×××管理区，县人民政府各部门：

《××县职工生育保险实施意见》已经县人民政府研究同意，现印发给你们，请结合实际，认真贯彻落实。

××县人民政府

××××年××月××日

◎知照性通知

关于组织推荐第一批成长型好的中小企业的通知（节选）

各市科技局，高新技术产业开发区（园）管委会：

为了贯彻落实党的十七大关于提高自主创新能力、建设创新型国家以及“以企业为主体、市场为导向、产学研结合的技术创新体系”。根据自治区人民政府的工作部署，××××年××月我厅分别与××家金融部门（银行）签订了“关于推进我区企业自主创新合作框架协议”，明确了“自治区科技厅会同有关单位，每年不定期地遴选一批需要贷款扶持的企业和项目，将清单向相关银行提供信息”的要求，为了推进这项工作，现将有关事项通知如下：

一、推荐企业的条件

（一）企业有愿望需要银行支持的；

（二）必须是国家或自治区认定的高新技术企业；

（三）企业研发的产品必须是符合国家产业发展政策；

（四）企业在自主创新、研发投入、管理水平、产品的技术水平及市场潜力等状况良好；

（五）企业具有良好经济效益增幅率，在总产值、新增产值、新增利税等方面，每年增幅率要在两位数以上。

二、推荐要求及时间

所推荐的企业，请按《成长型好的中小企业推荐表》的内容，认真填写。推荐单位要认真审核，签署意见并加盖公章。请于××××年××月××日前将《成长型好的中小企业推荐表》报送我厅高新技术发展与产业化处。

三、其他

（一）我厅收到推荐表后，组织相关专家开展企业遴选，并报送自治区相应的金融部门（银行）；

（二）请你们收到通知后，及时组织企业申报，并做好审查把关工作。

附件：成长型好的中小企业推荐表（略）

××自治区科学技术厅

××××年××月××日

◎事项性通知

关于加强奥运会期间市场价格监测预警的通知

各市价格监测中心（处）：

第29届奥林匹克运动会将于8月8日至24日在我国举办，9月6日至17日，还将举办残奥会。举办奥运会是中华民族的百年期盼，是一件世界瞩目的大事。各地要以高度的政治责任感，切实做好奥运期间的市场价格监测预警工作。根据省局领导的要求，现就有关事项通知如下：

一、密切监测市场价格动态。要按照《××省市场价格监测预警管理办法》（省政府第39号令）的规定，认真履行市场价格监测预警职责，进一步加强与人民群众生活密切相关的主副食品等重要商品和服务价格监测，继续严格执行主副食品周报等应急监测制度，关注钢材、煤炭、成品油等价格及供求变动情况。坚持实地采价，认真审核，健全市场价格实时监测体系，确保价格监测数据的真实性、准确性和及时性。

二、及时报告市场价格异动的苗头性、倾向性问题。要进一步加强市场价格监测分析，重点分析主副食品价格走势和能源原材料价格上涨的连锁反应，科学预测价格变动趋势，及时提出稳定市场价格的政策建议。健全市场价格动态快速反应机制，加大市场价格巡视力度，一旦发现争购、抢购、脱销断档等价格异动征兆，或者价格突发性上涨、非理性上涨等异常现象，要立即报告，并实施跟踪监测，随时报告市场价格警情。

三、加强市场价格监测预警值班。根据《××省价格异动预警和应急监测工作实施细则》的要求，各级价格监测机构应进入预警工作状态，保证足够的监测力量在岗，固定预警值班电话8小时畅通，移动预警值班电话24小时有人接听，以及时、高效地应对可能的突发事件。

××市人民政府

××××年××月××日

◎任免性通知

国土资源部关于×××等××人职务任免的通知（节选）

国土资任〔××××〕××号

各省、自治区、直辖市国土资源厅（国土环境资源厅、国土资源局、国土资源和房屋管理局、规划和国土资源管理局），副省级城市国土资源行政主管部门，国家海洋局，国家测绘局，解放军土地管理局，新疆生产建设兵团国土资源局，各派驻地方的国家土地督察局，中国地质调查局及部其他直属单位，部机关各司局：

部党组××××年××月××日决定：

×××任国家土地督察××局专员（试用期一年）；

×××任国家土地督察××局巡视员，免去其国土资源部办公厅副主任职务；

×××任国家土地督察××局副局长（试用期一年）；

×××任国家土地督察××局副专员（试用期一年）；

×××任国家土地督察××局副专员（试用期一年）；

（下略）

中华人民共和国国土资源部

××××年××月××日

◎指示性通知

国务院办公厅关于废止食品质量免检制度的通知

各省、自治区、直辖市人民政府，国务院各部委、各直属机构：

为了保证食品质量安全，维护人民群众身体健康，国务院决定废止××××年××月××日发布的《国务院关于进一步加强产品质量工作若干问题的决定》（国发〔××××〕××号）中有关食品质量免检制度的内容。

各地区、各部门一定要切实加强领导，狠抓落实，严格履行职责，按照有关食品质量安全的法律、法规加强对食品质量安全的检验和监督检查，确保食品质量安全。

国务院办公厅

××××年××月××日

◎批转性通知

市人民政府批转市科委关于加快我市软件产业发展实施意见的通知

各区、县人民政府，各委、局，各直属单位：

市人民政府同意市科委《关于加快我市软件产业发展的实施意见》，现转发给你们，望遵照执行。

××市人民政府

××××年××月××日

◎颁发性通知

关于印发××经济技术开发区奥运期间安全生产事故和突发事件应急救援预案的通知

各有关部门、单位，××大学城管委会，各生产经营单位：

为切实提高奥运期间安全生产事故以及突发事件的应急处置能力，及时有效地实施应急救援工作，最大限度地减少事故灾难造成的人员伤亡、财产损失和社会影响，现将《××经济技术开发区奥运期间安全生产事故和突发事件应急救援预案》印发给你们，请认真组织实施。

××经济技术开发区管理委员会

××××年××月××日

◎转发性通知

关于转发《关于统计调查突发公共事件应急预案体系建设的通知》的通知

各县市（区）民营局：

根据市里统一安排，要求上报民营企业××××年应急预案演练情况，现将有关文件及调查表转发给你们，望认真落实并于××××年××月××日××点前上报市民营局。

××市民营经济发展促进局

××××年××月××日

◎会议性通知

召开会议的通知

区属各中小学、幼儿园：

本周五（××日）下午3点，将在教育局召开教职工运动会颁奖仪式，请各校派校领导或工会主席参会（各学校单项获奖运动员一并参加）。

××区教育局

××××年××月××日

第三节　通告公文写作

一、通告的写作概述

1. 通告的概念

通告，是指社会各有关方面用来公布应当遵守或周知事项时使用的一种公文文种。

通告是行政公文的主要文种之一。

2. 通告的特点

通告是在一定范围内公布应当遵守或周知事项所使用的一种公文。这种公文，除了在公共场所张贴之外，还经常通过报纸、广播、电视等手段做公开宣传。其特点有：

①法规性。

②政策性。

③广泛性。

④使用的普遍性。

3. 通告的写作格式

（1）通告的标题

国家党政机关以及比较大的单位一般都冠以发布单位，并体现出内容，这样的标题使人一看便知。有的标题只有发布单位，而不体现内容；还有的则只写“通告”两字，这种通告形式也比较常见。

（2）通告的正文

通告的正文一般包括通告的缘由、通告事项、执行通告事项的要求等内容。

（3）通告的落款

标题有发布单位的，后面则无落款；标题没有发布单位的，落款则注明发布单位。发布通告的时间可以写在标题之后、内容之前，也可以写在落款的后面。

4. 通告的写作要求

（1）通告的撰稿者，要有政策观念，以政策衡量通告事项，确保其不与现行政策相抵触，不搞不符合法律程序的“土政策”。

（2）因为通告可以用来处理带有一定专业性的公务，所以写此内容的通告，难免使用一些术语，但要注意尽量选择大多数人熟悉的行业用语，用时也要求撰稿者有一定的专业知识。

（3）通告的内容一定要突出，给人以深刻的印象。通告的要求一定要具体，关键之处务必准确无疑，这样才能使受文者明白其要领。

(4) 通告一般可以张贴、见报，也可以以文件形式下达。

总之，写通告要“一文一事”，中心明确，符合党和国家的政策，不得与党纪国法相悖。“缘由”要有凭有据，“事项”能阐明中心。全文结构要严密，层次要清楚，有逻辑性，文字要明白确切，语气要肯定庄重，尽量少用专门术语，以便群众理解或遵守。

二、通告的写作范例

◎事项性通告

××市人民政府关于规范市中心城区市场税费征管的通告

根据《中华人民共和国税收征收管理法》及相关法律法规的规定，为进一步规范市中心城区市场税费征管秩序，现将有关事项通告如下：

一、规范目的：依法缴纳税费，公平税费负担，建立良好的税费收缴秩序，强化市场管理，保护合法经营，规范税费征收，促进市场健康发展。

二、时间安排：××××年××月××日～××月××日进行全面动员和调查摸底；××××年××月××日～××月××日集中时间开展规范工作。

三、规范范围：市中心城区各类市场。

四、规范内容：市中心城区各类市场税费征管，包括依法办理营业执照、税务登记等相关证照，依法、及时缴纳税费；清理不符合法律法规的优惠政策；规范收费项目和标准。

五、规范方式：由市人民政府统一领导指挥，××区人民政府、××经济开发区管委会、南湖风景区管委会组织，市、区财政、国税、地税、工商、公安、卫生等职能部门具体实施，实行税费分离，联合执法。

(一) 税收管理：依据《××市人民政府办公室转发市国税局市地税局〈关于加强集贸市场税收征管的意见〉的通知》(×政办发〔××××〕××号) 精神，由国税、地税部门统一办理税务登记，统一核定税基，实行联合定税，分别入库，每季度将市场经营户的纳税情况予以公示，公示期不少于××天。

(二) 收费管理：各相关职能部门规定的收费在市中心城区市场统一实行“一费制”，严禁乱收费。

六、在规范市中心城区市场税费征管工作中，各相关职能部门工作人员要文明执法。市中心城区各类市场经营户要密切配合，自觉缴纳税费。对违法、违规拒缴税费的，要依法依规严肃查处。

七、各相关职能部门要简化程序，实行“首问负责、一窗办结、限时办结”等便民措施，为市中心城区广大市场经营户提供文明、方便、快捷的服务。

××市人民政府

××××年××月××日

◎周知性通告

关于公开招考财务总监的通告

××县财务总监管理中心，为全额拨款事业单位。现因工作需要，面向全市公开招考财务总监×名，其中男性×名，女性×名。招考计划人数和报名人数的比例不足1∶3的，按比例核减招考计划。

一、招考条件、范围、对象

（一）坚持四项基本原则，热爱本职工作，遵纪守法，廉洁奉公，原则性强，具有良好的职业道德和敬业精神，社会信誉和工作业绩良好；具有财会专业知识和现代企业管理知识，熟悉国家财经法律、法规和制度，有较高的政策水平和较强的组织协调能力。

（二）身体健康，年龄为××周岁以下（××××年××月××日后出生），本市户籍人员。

（三）具有大专以上学历和会计或审计中级以上专业技术任职资格，并符合下述条件之一：

1. 担任过企业总会计师、财务会计机构负责人×年以上；

2. 具有财经类研究生毕业学历，并从事企业管理或财务会计管理工作×年以上；

3. 从事会计或审计工作×年以上。

（四）对于符合上述条件并具有注册会计师、高级会计师资格的可免笔试直接进入面试。

二、招考办法

按照公开、平等、竞争、择优的原则，采取公开报名、统一考试、严格考核、择优录用的方式进行。

（一）报名

1. 报名时间：××××年××月××日。

2. 报名地点：县财政局国资科。

3. 报名材料：本人身份证、户籍证明、职称证书、学历证书、注册会计师全科合格证书的原件及复印件、工作经历证明以及近期免冠一寸照片2张。

4. 经资格审查合格者发给准考证。

（二）考试

1. 笔试：笔试内容为专业知识（考试范围：财务会计、国有资产管理、基本建设、经济法规等相关知识），满分100分。笔试成绩不计入总成绩，仅作为进入面试资格的依据。具体笔试时间、地点见准考证。

2. 面试：参加笔试人员按笔试成绩从高分到低分取男性前×名，女性前×名进入面试；具有注册会计师、高级会计师资格人员直接进入面试。面试成绩满分100分。面试时间、地点另定。

（三）体检、考核、录用。面试后，按面试成绩从高分到低分按1∶1.5比例确定体检对象。体检标准参照《××省国家公务员录用体检标准》，体检合格者组织全面考察后从高分到低分择优录用。

（四）本通告未尽事宜，由××县财政局负责解释。

（咨询电话：××××××××）

××县人事劳动和社会保障局

××县财政局

××××年××月××日

◎**法规性通告**

关于加强奥运会期间受理公民和组织举报危害国家安全可疑情况的通告

《中华人民共和国国家安全法》及其实施细则明确规定：中华人民共和国公民有维护国家的安全、荣誉和利益的义务。公民发现危害国家安全的行为，应当直接或者通过所在组织及时向国家安全机关或者公安机关报告。

为了确保北京奥运会安全成功举办，公民和组织如发现干扰破坏北京奥运会、危害国家安全和社会政治稳定等可疑情况，请及时拨打举报电话：××××××××。

国家安全机关对作出重大贡献的将给予奖励。

××市国家安全局

××××年××月××日

第四节 公告公文写作

一、公告的写作概述

1. 公告的概念

公告是上至国家最高权力机关、党政机关向国内外宣布重要事项或法定事项，下至各级机关部门、人民团体、企事业单位向有关方面或人民群众宣布重要事项的知照性公文。

公告的发布者一般是国家立法机关或行政领导机关，具有较强的权威性，有些还具有强制性。公告的受文者十分广泛而笼统，行文关系不十分明确，原则上可以称为下行公文。

2. 公告的特点

(1) 发文机关级别较高

由于公告有向国内外宣布事项的功能，发文机关多为较高级的国家党政机关或权力机关及其授权机关。如新华社就经常被授权发布一些重大事项的公告。

(2) 发布内容特别重要

公告多用于事关全局或在国内外能产生重大影响的重要或法定事项。例如，公布宪法，公布全国人大代表人数，公布选举结果等，并非事无大小都使用公告。

(3) 发布内容公开

公告面向社会发布，告知对象包括国内和国外，影响极其广泛深远。公告一般在报纸上公布，也可通过电视台、电台广播的形式发布。

(4) 发布范围广泛

公告的广泛性表现在如下两个方面：

①公告发布范围最为广泛，有的向全国或某一地区发布，有的向全世界发布，其内容一般会产生广泛的影响。

②公告所告知的对象也很广泛，主要是面向社会公众，发布公告的机关和被告知对象之间一般无直接的隶属关系。

3. 公告的写作格式

(1) 标题

一是只写发文机关的名称加上文种，如“全国人民代表大会公告”；二是只写公文文种“公告”二字，而将发文机关的名称置于正文之后；三是“事由”加“文种”。

（2）编号

公告在标题下往往要单独编出序号如“第一号”“第二号”等。

（3）正文

公告正文内容单一，篇幅不长，一般采取一段式写法，由公告的依据和公告事项两部分组成。先写公告事项的依据，再写公告事项的内容，最后以“现予公告”“特此公告”等惯用语结尾。

（4）签署

在正文之下，空一行，居右写上发布公告机关的全名，若以个人名义发布，在姓名前要写上职务。

（5）日期

在签署下面写上年、月、日，原则上应带上发布公告的地点。

4. 公告的写作要求

（1）文字严谨，语气庄重。因为发布公告是代表国家党政机关和部门。对象又是国内外的人民群众和有关机构，所以行文要缜密严谨，做到庄重严肃。

（2）公告宣布的必须是重大事件，不能将通告的内容用公告的形式发布。写作时，要直陈其事，一事一告，就实公告；语言要严肃庄重，不发议论，不加说明，更不能抒情。

（3）公告的文风，一般是客观叙述，少加议论。要简明扼要，言简意赅。公告不必过多地陈述意义和细节，不要说一些俏皮话，更忌讳夸张、比喻等修辞手法。

（4）公告一般不编号，但当某一次会议或某一专门事项需要连续发布几个公告时，则应在标题下单独编号。

二、公告的写作范例

◎**发布性公告**

××市人民代表大会公告

（第×号）

第×届××市人民代表大会第×次会议，于××××年××月××日选出：

××市人民政府市长　×××。

现予公告

××市第×届人民代表

大会第×次会议主席团

××××年××月××日

◎知照性公告

关于选拔优秀选调生到省直机关工作的公告

为了改善省直机关公务员队伍结构，推动选调生工作与机关公务员队伍建设相结合，经研究，决定从基层选拔部分优秀选调生到省直机关工作。选拔的对象是××××年以来由组织人事部门选派到基层培养锻炼、具有国家公务员身份、国民教育大学本科以上学历、在基层工作两年以上（截至今年××月）、年龄××岁以下（××××年××月××日后出生，研究生可适当放宽）的选调生。选拔职位详见××组织工作网、××人才评价网。每人可报考两个职位，其中第二个职位供组织调剂。报名时间为即日起至××月××日。符合条件的选调生可填写《选拔优秀选调生到省直机关工作报名推荐表》（一式两份，可在上述网站下载），由所在单位党组织加具意见后，连同本人简况材料（包括基本情况、学习和工作经历、××××～××××年工作小结等），到县（市、区）委组织部报名。县（市、区）委组织部认真审核后，于××月××日前送地级以上市委组织部。各地级以上市委组织部汇总审核后于××月××日前报省委组织部。在地级以上市直属单位工作的选调生，可直接到市委组织部报名。这次选拔工作按公务员转任的有关规定进行。省委组织部、省人事厅对选调生报名材料审核后，按所报职位分类，交由用人单位按一定比例确定初选对象，经面试、考核后择优选用，办理转任手续。

中共××省委组织部

××××年××月××日

◎事项性公告

关于批准和取消环境影响评价资质有关事项（××××年第五批）的公告（节选）

根据《建设项目环境影响评价资质管理办法》（原国家环境保护总局令第××号，以下简称《资质管理办法》）的有关规定，我部对申请建设项目环境影响评价资质的单位（××××年第五批）进行了审查，现将建设项目环境影响评价资质单位批准和取消事项公告如下：

一、批准以下××家单位乙级建设项目环境影响评价资质（批准的评价范围详见附件）。（略）

二、批准以下××家单位建设项目环境影响评价资质中的评价范围调整（批准调整的评价范围详见附件）。（略）

三、批准以下××家单位建设项目环境影响评价资质证书中的机构名称变更

（批准变更后的机构名称详见附件）。（略）

四、对以下××家单位建设项目环境影响评价资质证书中的法定代表人和住所予以变更。（略）

五、因环境影响评价工程师数量不符合相应资质条件，根据《资质管理办法》第三十二条的规定，经重新核定，取消以下××家单位建设项目环境影响评价资质中的相应评价范围。（略）

请上述第一至四项中的单位于公告之日起××日内，到指定领证地点领取建设项目环境影响评价资质证书；其中第一、三项中的单位应在领取证书前，办理环境影响评价专职技术人员岗位证书变更和环境影响评价工程师登记（或变更登记）手续；第二至四项中的单位应在领证时携带原建设项目环境影响评价资质证书正、副本原件。上述第五项中的单位应于××日内携带建设项目环境影响评价资质证书正、副本原件到指定领证地点办理相关手续。

领证地点：环境保护部环境工程评估中心资质管理与培训部（中国××科学研究院对面领地商务楼××座××室）

联系人：×××　×××

联系电话：××××××××

附件：各单位批准的评价范围及变更后的机构名称情况（略）

国家环境保护部

××××年××月××日

◎**强制性公告**

关于对部分农机产品实施强制性产品认证的公告（节选）

根据《中华人民共和国产品质量法》《中华人民共和国标准化法》《中华人民共和国进出口商品检验法》《中华人民共和国认证认可条例》和《强制性产品认证管理规定》，现决定对部分农机产品实施强制性产品认证（目录见附件）。

自××××年××月××日起，凡列入本强制性产品认证目录内的农机产品，未获得强制性产品认证证书和未加施中国强制性认证标志，不得出厂、销售、进口或在其他经营活动中使用。自××××年××月××日起，委托人可以向指定认证机构提出认证产品的认证委托。

特此公告。

附件：农机产品强制性认证目录及对应HS编码（略）

国家认证认可监督管理委员会

××××年××月××日

第五节　函的公文写作

一、函的写作概述

1. 函的概念

函是平行机关或不相隶属的机关之间，商洽和联系工作、询问和答复问题时所经常使用的一种公文文体。这种平行公文，一般不具有指挥或指示的作用。但实际工作中，上下机关之间联系工作，询问、答复或通知某些政策性问题时，往往也使用函，这时函件则具有一定的指示性和指挥性。

2. 函的特点

（1）沟通性

函对于不相隶属机关之间相互商洽工作、询问和答复问题，起着沟通作用，充分显示平行文种的功能，这是其他公文所不具备的特点。

（2）灵活性

表现在两个方面：一是行文关系灵活。函是平行公文，但是它除了平行行文外，还可以向上行文或向下行文，没有其他文种那样严格的特殊行文关系的限制。二是格式灵活，除了国家高级机关的主要函必须按照公文的格式、行文要求行文外，其他一般函，比较灵活自便，也可以按照公文的格式及行文要求行文。可以有文头版，也可以没有文头版，不编发文字号，甚至可以不拟标题。

（3）单一性

函的主体内容应该具备单一性的特点，一份函只宜写一件事项。

3. 函的写作格式

（1）标题

通常要求写明发文机关、内容与文种，如“××××关于联系临时借房问题的函”。如属回复问题的函，则多在“函”字前加“复”字。如“关于建设单位为动迁户建房问题的复函”。

（2）发文字号

函要有正规的发文字号，写法与一般公文相同，由机关代字、年号、顺序号组成。大机关的函，可以在发文字号中显示“函”字。

（3）主送机关

函的行文对象一般情况下是明确、单一的，所以多数函的主送机关只有一个。但有时内容涉及部门较多，也有排列多个主送机关的情况。

（4）正文

正文需要写明下述三部分内容。

①制发函的根据与理由。如："根据国务院国发〔××××〕×××号文件关于凡新建（包括统建和自建）、扩建宿舍，都应把必需的生活服务设施包括进去，商业服务网点应占新建扩建面积的7%左右的规定，请你局……"

②商洽或询问（答复）以及请求批准的具体事项。要求中心明确、内容具体，方便对方办理或答复。

③结尾。通常适宜使用致意性的词语，如"致以敬礼""谨致谢忱"，或以"特此函告""特此申请""为盼""为荷"等专用语结束上文。

4. 函的写作要求

（1）以简要的文字，将需要商洽、询问（答复）、申请、知照的事项（问题）明确具体地交代清楚。

（2）用语谦和，讲究分寸。函，应用于平行机关之间相互协商、配合与互通信息。因此，用语要讲究礼节，不使用告诫、命令性的词语，语气应委婉得体。涉外公函或不相隶属机关之间的公函，必要时还要使用尊称与致意性词语。但公函与私人信件之间有严格区别，机关之间的函诚恳致意是必要的，但不要形成客套；尊重对方是应当的，但不可过分。用语应当适度，掌握分寸。

（3）用于说明有关事项与提出要求的函，一般采用信函格式。

（4）函是正式公文的文种，必须行文郑重。必须具备正式公文的规范格式，使用印有发文机关名称的信纸，拟定标题，编制发文字号，结构要完整。

5. 函的分类

（1）告知函

告知函是指主要用于把某些具体事项告知有关单位，仅让对方知道或协助办理，而无须回复的主动函。

（2）请求函

请求批准的函，主要用于向平行或不相隶属的主管机关请求批准有关经费、物资、人员编制、机构设置、调配干部、税收、营业执照、招生、专业增减等事项。属于平行文。

撰写这种公函，要求理由充分，请求批准的事项明确清楚；一文一事，即一份公函集中请求批准一件事情；用语简明得体，力求征得对方的支持。在结尾还应进一步明确行文目的。表明"请予批准""请予回复"或"请予协调解决"的具体要求。

（3）答复函

答复问题的函，要求针对来函内容给予确切答复，首先应表明是否同意的意见，然后说明理由或提出具体的处理办法，切忌发表无针对性的空说议论。答复函要求用语准确、对策明确可行。结尾处，可以写"特此复函"或"此复"。

(4) 审批函

审批函是指主管部门对来文请批的事项审批后作出答复的函。

二、函的写作范例

◎告知函

告知函

××市××区国人培训中心：

我司兹于××××年××月××日与贵方签订的《“××工商管理学院”课程订购合同》有效期为一年，到××××年××月××日止。但贵方在履行合同过程中出现多次违约行为，给我司造成了极大的损失。现将贵方违约事项告知如下：

一、按合同规定贵方应提供我司××个直播课程，并提供课程刻录服务。而贵方在培训计划中只安排了××个直播课程，实际播放只有××个课程，与合同规定相差××个；现已经刻录的课程也只有××个，还差××个。

二、按合同规定贵方应提供××个精品重播课程，现只提供××个课程，还差××个。

三、贵方在没有告知和征得我司同意的情况下，私自将原由××视野教育科技发展有限责任公司为我司提供的课程服务，更换为××文化发展有限公司完成其后续培训服务。

四、在我司交付第二期款额以后，贵方却不能为我司提供课程录制服务。我司多次向贵方咨询情况，贵方向我司表示，不能录制是因为××视野的系统问题，正在维修。后又经过多次交涉，贵方答应补××个课程给我司，此课程中有××个课程，我方已有资料，实际补给××个课程，而且此课程还需要用到U盘解码才能播放。但是，至今为止，贵方仍未向我司提供此解码U盘。

五、与贵方反映的不能刻录视频课程和课程补给问题，贵方至今未给我司回复。

综上述，贵方未按合同规定提供应有的学习课程和刻录权利，及未经我司同意私自更换课程服务公司，应属违约行为，并有隐瞒故意，严重损害了我司的合法权益，使我司不能开展正常的培训工作。依据有关法律法规及双方签署的《“××工商管理学院”课程订购合同》第五条第四款规定，现我司向贵方提出以下索赔：

一、贵方理应返还尚未提供的学习课程和录制课程的费用。

二、按约规定，贵方应支付给我司违约金人民币××元。

请贵方于本函收到之日起×个工作日内给予回复，否则，我司将通过法律途径保护自己的合法权益。

特此告之

××机电集团有限公司

××××年××月××日

◎**请求函**

××省人民政府办公厅
关于申请拨款维修省府机关办公室的函

省财政厅：

省府机关办公室多是20世纪五六十年代修建的，不少门窗破烂，漏水严重，急需维修。为保证省府机关正常办公，请拨给房屋修缮费××万元。

××省人民政府办公厅

××××年××月××日

◎**答复函**

关于同意成立××市劳动力市场工会分市场的复函

××市总工会：

你会《关于申请成立××市劳动力市场工会分市场的函》（×工函〔××××〕××号）已收悉。经研究，现就有关问题答复如下：

一、同意你会成立××市劳动力市场工会分市场。请根据《××市劳动力市场管理条例》有关规定，办理申领《公益性劳动力中介服务许可证》的相关手续，为社会提供公共就业服务。

二、××市劳动力市场工会分市场须按照《××市劳动力市场建设指引》设计布局。

三、成立××市劳动力市场工会分市场所需经费请自行解决。

××市劳动和社会保障局

××××年××月××日

◎审批函

××省住房和城乡建设厅
关于开展××××年工程勘察资质换证工作的通知（节选）

×建审批函〔××××〕××号

各工程勘察单位：

现将住房和城乡建设部办公厅《关于工程勘察资质换证工作的通知》（见附件）转发给你们，请现持有甲、乙、丙级《工程勘察资质证书》的单位，先根据《工程勘察资质标准》和《工程勘察资质标准实施办法》进行自查，并按照该《通知》中“换证申报材料”准备材料。甲级工程勘察企业于××××年××月××日前通过住建部网站下载“企业资质申请受理信息填报软件”，填写《建设工程企业资质申请受理信息采集表》，并于××××年××月××日前将材料报省政务中心我厅审批窗口审核。乙、丙级工程勘察企业于××××年××月××日前将材料报省政务中心我厅审批窗口审核。

附件：住房和城乡建设部办公厅《关于工程勘察资质换证工作的通知》（略）

××省住房和城乡建设厅
××××年××月××日

第六节　会议纪要公文写作

一、会议纪要的写作概述

1. 会议纪要的概念

会议纪要是记载和传达会议情况与议定事项的公文。会议纪要对上级机关、单位可作情况汇报；对下属机关、单位可指导工作；对与会机关、单位可作为开展工作的依据，要求共同遵守、执行；对友邻机关、单位可起到互通情报的作用。

2. 会议纪要的适用范围

会议纪要适用于记载和传达会议情况和议定事项。就其基本特征而言，会议纪要应当算是一种实录性公文，是在对会议讨论的事项加以归纳、整理的基础上，将会议内容反映出来的公文文种。除了能够起到通报会议精神的作用，上报上级机关的会议纪要往往还能起到反映情况、汇报工作的作用；下发下级机关的会议纪要，往往具有统一认识、指导工作的作用；抄送平行机关或不相隶属机关的会议纪要，则能起到交流信息、沟通情况、知照事项的作用。会议纪要是会议文件，但并非所有的会议都要形成会议纪要。通常只有大中型会议或比较重要的会议，才要求写会议纪要。特别是尚未形成正式决定，而讨论事项又要求有关人员了解的会议，则更需要写会议纪要了。

3. 会议纪要的特点

（1）具有纪实性

会议纪要是根据会议的宗旨、议程、决议等整理而成的公文，它是对会议基本情况的纪实。会议纪要的撰写者不能更改会议议定的事项，更不能随意改动会议上达成的共识和形成的决定。

（2）具有概括性

会议纪要要在“要”字上下功夫，不是把会议的所有内容都原原本本地记录下来，它要有所综合、有所概括、有所选择、有所强调。会议纪要需要在会议后期甚至会议结束之后，对整个会议的各种材料和观点，进行分析、研究、综合整理，将主要精神、主要议决事项、主要观点，按一定逻辑顺序撰写出来，而不像会议记录那样随会议的进行自然而然地产生。

（3）具有指导性

会议纪要对工作有一定的指导作用，它要传达情况、会议精神，要求与会单位相关部门以此为依据开展工作。

4. 会议纪要的写作格式

会议纪要一般由标题、开头、正文、结尾四部分组成。

（1）标题

标题是会议纪要一个不可或缺的组成部分。会议纪要的标题有以下几种写法：

①会议名称＋文种。如“××学会第×届年会纪要”。

②会议名称＋纪要内容＋文种。如“××学会第×届理事会第×次会议决议事项纪要”。

③发文单位名称＋会议名称＋文种。如“×市日用杂品公司进一步做好黑沙锅市场供应工作会议纪要”。

④正题＋副题。正题阐述会议主旨、意义。副题交代会议名称、文种。如：

维护财政制度　加强经济管理

——在×部召开的《××法》座谈会上的发言纪要

作为一种正式的公文，会议纪要的标题必须写得明确，绝不能仅以“会议纪要”为题。

（2）开头

简要介绍会议的基本情况，叙述召开会议的根据、目的、会议的起止时间、地点、参加会议的人员、会议的基本议程、主要活动和会议的结果。

（3）正文

会议纪要的正文主要有三种写法：

①条项式写法。即把讨论的问题和决定的事项，分条分项写出。会议讨论了几个问题，会议纪要就以几个问题各自成一点写出。工作会议纪要大多都用这种写法。这种写法，条条项项井然有序，便于理解、记忆、执行。

②综合式写法。即把会议内容，按性质综合为若干部分，然后逐一写出。工作经验交流会纪要、学术问题研讨会纪要，一般都用这种写法。这种写法有一定的难度，但有利于概括丰富的内容，有利于从原则高度把问题说深讲透。

③摘录式写法。即摘要只记录会上发言内容，按发言顺序或按内容性质归类写出。这种写法，通过摘录发言人的话，反映发言人的观点，使人觉得客观、真实。先写发言者的姓名，再记其发言内容。记发言者的第一次发言时，在姓名后可注明其所在单位、职务。要注意不要全文、原话尽录，要摘其要点。

（4）结尾

一些会议纪要不单独写结尾，主体部分的最后一个问题写完即结束全文。有些会议纪要要单独写一段结尾，或是写会议主持人或其他领导人的总结讲话；或是对会议作出一些基本评价，发出号召，提出希望。

5．会议纪要的分类

（1）工作会议纪要

工作会议纪要是指有关部门、单位召开的各种工作会议之后经过整理而形成的会议纪要。

（2）座谈会议纪要

座谈会议纪要是指专门研究解决思想、理论、科技、教育、文化、生产等某一重要问题而召开座谈会之后形成的会议纪要。

（3）专题会议纪要

为解决某一重大问题，有关部门或单位召开以该重大问题为中心议题的专题会议，专题会议结束后形成的会议纪要。

（4）交流会议纪要

以思想沟通或情况交流为主要内容的会议纪要，属于交流会议纪要。它的主要特点是：以统一思想、达成原则共识或树立学习榜样为目的，而不布置具体工作，有明显的思想引导性，但没有明显的工作指导性。一些理论务虚会、经验交流会形成的会议纪要，大多属于这种类型。这样的会议纪要，往往多处采用“会议认为”的说法来表达会议在原则问题上达成的共识，或者将会议上介绍的先进经验以及与会单位的评价、态度作为主要内容。

(5) 指示性会议纪要

指示性会议纪要是指反映工作安排事宜，因而对工作具有指导性作用的会议纪要。

(6) 决议性会议纪要

决议性会议纪要是指要求与会单位或人员共同遵守、贯彻执行的会议纪要。此类会议纪要具有较强的权威性、政策性和指示性。

二、会议纪要的写作范例

◎工作会议纪要

××××年度安全工作会议纪要

××××年度安全工作专题会议于××月××日下午在食堂三层学院会议室召开。会议纪要如下：

一、会议由×××副院长主持。

二、参会人员有：×××副院长，院党政办、教务处、学工处、团委、继教中心、图书馆、后勤处、财务处、保卫处、外语系、国贸系、工商系、物流系和网络中心的有关人员。基建办、人事处、招生就业办、人文系和军体部没有派代表参加。

三、会议传达了省五部委印发的《福建省高等学校校园及周边秩序管理若干规定》。

四、保卫处在会上做了××××年度安全工作总结。

五、保卫处向与会人员通报了期末安全检查的情况并就寒假安全工作进行了部署。

六、会议通知各部门根据各自的具体情况重新设置安全员。

七、会议宣布了××××年度创建“平安校园”工作领导小组的成员名单。

八、会议就《校园安全工作考核评分标准》（试行）进行了讨论。

九、在会上各部门负责人与法人代表签订了××××年度校园安全工作责任书。

××对外经济贸易职业技术学院

××××年××月××日

◎座谈会议纪要

市委召开“双月座谈会”会议纪要

——向市级各民主党派、工商联和无党派代表人士征求精准扶贫工作意见建议

××月××日，市委召开今年第×次“双月座谈会”，就我市精准扶贫工作向市级各民主党派、工商联和无党派代表人士征求意见建议。市委常委、组织部长×××主持会议并讲话，副市长×××报我市精准扶贫工作情况。

××市委会主委×××、市工商联主席×××及无党派代表人士×××等参加会议并先后发言。

实施精准扶贫、打赢脱贫攻坚战是实现全面建成小康社会目标的重大任务。会上，大家立足当前，着眼长远，提出了许多符合实际、操作性强的意见和建议：将加快农村基础设施建设和康养产业与扶贫攻坚的总体规划相结合；加快对口扶贫资金聚集到位，明确帮扶资金使用管理；加大劳务输出和培训的力度，提高培训的针对性和有效性；完善新农合等兜底措施，多元化精准扶贫；对贫困地区干部特别是党外干部给予更多关注和鼓励等。

×××要求，要进一步深入研究精准扶贫工作，不断提出更有操作性的办法措施，持续聚焦和跟进全市扶贫攻坚工作；要扎实开展“双学一跟”活动，做到认识更高、办法更好、效果更实；要严明换届纪律，圆满完成各民主党派太原市委会、市工商联换届工作。他强调，今年是“十三五”和全面建成小康社会的决胜阶段开局之年，也是推进结构性改革的攻坚之年，希望各民主党派、工商联和无党派代表人士深入学习贯彻习近平总书记系列重要讲话精神，认真落实中共××市委×届×次全会精神和全市经济工作会议精神，全面贯彻五大发展理念，适应经济发展新常态，把握形势、坚定信心，发挥优势、凝心聚力，为抓好“五个一批”、实现“三个突破”、推动“六大发展”作出新的更大贡献。

××市政府办公厅

××××年××月××日

◎专题会议纪要

食品药品安全工作会议纪要

××××年××月××日上午××点，市政府在行政办公大楼会议室召开全乡食品药品安全工作会议，会议由市委书记、人大主席××同志主持，市人民政

府市长××同志出席会议并做重要讲话。

会上，市人民政府副市长××同志传达了市、县会议精神。

市长××同志做了重要讲话，×市长充分肯定了近期全市食品药品安全工作所取得的成绩。他强调指出，食品药品安全是政府关心、百姓关注、社会关切的热点问题，是老百姓最直接、最现实、最根本的利益所在。各级各有关部门一定要牢记使命，居安思危，站在政治和全局的高度，深刻认识新形势下做好食品药品安全工作的重要政治意义和经济意义，深刻认识当前食品药品安全监管工作的新任务、新要求，增强忧患意识，居安思危，加大措施，确保我市食品药品安全工作再上新台阶。

关于××××年后期全市食品药品安全工作，×市长指出，各级各有关部门要紧紧围绕确保食品药品安全这一根本目标，全面提高食品安全监管水平，深入推进药品安全科学监管，突出抓好农村食品药品安全监管，进一步提高食品药品监管保障水平，全力做好创建“县级食品安全示范乡”工作，构建食品药品监管长效机制，坚决防止重大食品药品安全事件发生。他要求，各区食品药品安全委员会要在市委、政府的正确领导下，严格落实责任，强化措施，加强配合，形成合力，确保食品药品安全工作的各项目标任务落到实处，为保障全市人民群众饮食用药安全有效，促进全市社会经济又好又快发展作出新的更大的贡献。

××市人民政府

××××年××月××日

◎**交流会议纪要**

党委办公交流会会议纪要

××××年××月××日，镇党委书记、镇长×××同志主持召开了××月份党政月度工作例会。会议听取了各线前段时间所做工作情况汇报，突出强调了××月份工作重点，并对各线××月份具体工作进行了安排部署。×××书记着重对当前学习实践科学发展观活动和计划生育工作进行了专题部署，现纪要如下：

一、四月份工作重点

(1) 认真组织开展好学习实践科学发展观活动。要做到“三点”，即打好基点，突出亮点，解决难点。要通过这次活动，真正达到党员干部受教育、科学发展上水平、人民群众得实惠的目的，以学习实践活动为契机，推动我镇经济社会又好又快发展。

(2) 全力以赴做好省、地、市半年计划生育考核迎检准备工作。一是进一步认清形势，统一思想，深刻认识当前计生工作的严峻形势；二是强化班子成员包保责任，严肃纪律，落实奖惩；三是突出工作重点，当前主要是“三查四术”要及时到位、搞好“六清理”。

（3）加大安全生产管理力度。要开展一次安全生产大检查，特别是对矿山、石灰窑，加大隐患排查力度，该整改的坚决整改，确保全年无安全生产事故。

二、各办四月份工作安排

1. 工业招商办公室

（1）深入开展学习实践科学发展观活动第一阶段的工作，对各村、镇直属单位、企业进行督办指导；

（2）开展党委班子成员对所联系企业进行上门调研活动，对所挂企业进行走访，了解企业生产运营情况，帮助解决企业生产经营中存在的困难和问题；

（3）狠抓安全生产。加强安全生产日常管理，完善矿山管理方案，坚持对矿山进行定期或不定期的检查，加大隐患排查力度，尤其是加大对石灰窑的检查管理力度；

（4）搞好招商引资工作。做好新引进的恒通钙品、纺器厂竹炭项目和楚清矿粉厂等项目的跟踪协调服务工作。

2. 农业农村办公室

（1）做好××村农村能源沼气建设工作，确保有序推进，跟上进度；

（2）继续做好全镇自来水引水改造工作，争取月底完工；

（3）做好土地整理项目建设协调工作；

（4）做好××、××水库整险工程煞尾工作；

（5）继续做好森林防火工作，严格控制火源，加大打击处理力度，确保不发生火灾；

（6）加大农村山林纠纷的调处力度。

3. 党政综合办公室

（1）加强机关日常管理，加强机关院内环境管理，坚持社会稳定和护林防火 24 小时值班制度，确保政令畅通、机关正常运转；

（2）继续搞好农村低保扩面核查工作，确保公开、公正、公平；

（3）做好市综治委第一季度迎检准备工作。

4. 城建社会事务办公室

（1）认真做好××采石厂重新发包工作；

（2）加强沟通协调，尽快启动中心客运站的建设；

（3）开展文明卫生城镇创建活动，在全镇范围组织开展一次卫生大扫除；

(4) 做好××居委会的筹备成立工作；

(5) 继续做好街道日常管理工作，重点搞好街道卫生的清运工作。

中共××镇委员会

××××年××月××日

◎指示性会议纪要

关于协调解决××大街××号首层房屋使用权问题的会议纪要

××××年××月××日上午，市政府办公厅×××主任主持召开会议，协调解决××大街××号首层房屋使用权问题。参加会议的有省政府办公厅交际处、××宾馆、市商委、市国土房管局、二商局、市外轮供应公司等有关部门的负责同志。

会议认为，××大街××号首层房屋使用权的问题，是在过去计划经济和行政决定下形成的历史遗留问题。早几年曾多次协调，虽有进展，但未有结果。最近，按照省、市领导同志“向前看”“了却这笔历史旧账”的批示精神，在办公厅的协调下，双方本着尊重历史、面对现实、互谅互让的原则，合情合理地提出解决这宗矛盾的方案。

经过协商、讨论，双方达成了一致的认识。会议决定如下事项：

一、市外轮供应公司应将××大街××号房屋的使用权交给××宾馆。

二、考虑到市外轮供应公司在××号经营了××多年，已投入了不少资金，退出后，办公地方暂时难以解决，决定给予其商品损耗费、固定资产投资和搬迁费等一次性补偿费用共××万元。其中省政府办公厅和××宾馆负责××万元；考虑到省政府领导曾多次过问此事和省、市关系，另××万元由××市政府支持补助。

三、省政府办公厅和××宾馆的补偿款于××××年××月××日前划拨给市外轮供应公司。市政府的补助款于××月××日左右划拨，市外轮供应公司应于××月××日开始搬迁，××月××日前搬迁完毕并移交钥匙。

四、市外轮供应公司原搭建的楼阁按房管部门规定不能拆迁。空调器和电话等××月××日前搬迁不了的，由××宾馆协助做好善后工作。

会议强调，双方在房屋使用权移交中要各自做好本单位干部群众的工作，团结协作，增进友谊，保证移交工作顺利进行。

××市人民政府办公厅

××××年××月××日

第二章　报请性公文写作

第一节　报告公文写作

一、报告的写作概述

1. 报告的概念

报告，是下级机关或部门、企事业单位向上级机关或部门汇报工作，反映情况，答复上级机关的询问时使用的一种公文文种。它是党政机关和企事业单位、团体组织都广泛采用的重要上行文。

2. 报告的适用范围

报告适用于向上级机关汇报工作，反映情况，答复上级机关的询问。报告是下级机关呈送上级机关的上行文种，中下级机关特别是基层单位和部门常会用到这一文种。

3. 报告的特点

（1）内容的汇报性

一切报告都是下级向上级机关或业务主管部门汇报工作，让上级机关掌握基本情况并及时对自己的工作进行指导，所以，汇报性是报告的一大特点。

（2）语言的陈述性

因为报告具有汇报性，是向上级讲述做了什么工作，或工作是怎样做的，有什么情况、经验、体会，存在什么问题，今后有什么打算，对领导有什么意见、建议，所以行文上一般都使用叙述方法，即陈述其事，而不是像请示那样采用祈使、请求等法。

（3）行文的单向性

报告是下级机关向上级机关行文，是为上级机关进行宏观领导提供依据，一般不需要受文机关的批复，属于单项行文。

（4）成文的事后性：多数报告都是在事情做完或发生后，向上级机关作出汇报，是事后或事中行文。

（5）双向的沟通性：报告虽不需批复，却是下级机关以此取得上级机关的支持指导的桥梁；同时上级机关也能通过报告获得信息，了解下情，报告成为上级机关决策指导和协调工作的依据。

4. 报告的写作格式

报告由标题、主送机关、正文、落款和日期四部分组成。

（1）标题

报告的标题有两种写法：一是“事由＋文种”；二是“发文机关＋事由＋文种”，如“××分行关于××的报告”。有的报告内容紧急，则在标题中的“报告”前冠以“紧急”字样。

（2）主送机关

行政机关的报告，主送机关尽量要少，一般只送一个上级机关即可。但行政机关受双重领导的情况比较多见，只报送其中一个上级机关显然不妥，因此，有时主送机关可以多报一个。

（3）正文

报告的正文分引据、主体、结语三部分。

①引据。概括说明全文主旨，可用起句立意法。即一开始就简明扼要地将一定时间内工作的有关情况如依据、目的、总的行动及对整个工作的估计、评价等作一概述，以点明全文主旨。通常用“现将有关情况报告如下”承上启下，领起下文。

②主体。即报告事项部分，也是正文的核心，要叙述报告的具体内容。如果内容多、篇幅长，可采用分题式、分条式或两者相结合的方法进行叙述。对于工作报告，应将各方面工作的主要情况并列分段地一一加以表述，即阐明各方面工作的进展情况、主要做法、取得的效果等。再写明存在的主要问题和下一步工作意见，然后概括出基本经验。要以数字和事实说话，内容既翔实又概括。对于问题报告，侧重写明问题状况及其来龙去脉，分析问题产生的原因，说明其后果，并提出解决问题的方法和措施。对于答复报告，则应强调针对性，紧紧围绕上级的询问和要求，写清问题，表明态度，提出意见。

③结语。报告的结语应根据报告的不同内容采用与之相应的不同结语。常用的有“特此报告”“专此报告”“请审核”“请审示”“以上报告，如有不妥，请指正”等。

（4）落款

写上发文单位（加盖印章）和成文日期。

5. 报告的写作注意事项

（1）材料要真实。向上级机关汇报工作，应该本着实事求是的态度，如实汇报。无论是成绩还是失误，都应该全面、真实地反映，不能报喜不报忧，也不能夸大和虚构。上报的公文应该在调查研究，全面掌握本单位情况的基础上撰写。

（2）主旨鲜明。报告的内容，一般涉及面宽而且复杂，很容易写得篇幅较长而又重点不够突出，流于泛泛而谈。这就要求在撰写时，力求写得观点鲜明，简洁、深刻，一般应控制在3000字以内，否则，必须写出内容提要。

（3）严格使用文种，尤其应当注意不要与请示混用。报告内容不得夹带请示事项，否则会因“报告”不需批复而影响请求事项的处理和解决。

6. 报告的写作要求

（1）要总结出有规律的东西

写报告要用正确的立场、观点、方法对事实进行分析，从中总结出一些带有规律性的东西。这些规律性的东西，无论是成功的经验，还是失败的教训，对今后的工作都具有重要的指导意义。

（2）注意个体材料和整体材料的配合使用

报告的容量大，涉及的材料众多，因此，在写作时一定要注意个体材料和整体材料的配合使用。尤其是综合报告，涉及的方面多，内容复杂，更要注意个体材料和整体材料的配合使用。有个体材料没有整体材料，会使报告零碎，缺乏整体印象；反之，有整体材料没有个体材料，则会使报告内容空泛，缺乏力度和深度。

（3）报告所反映的情况要真实、具体

报告的用途是帮助上级机关了解下情，从而作出正确的决策。因此，写报告要做到如实地反映情况。如果报告反映的情况失实，就有可能影响上级机关决策的准确性和科学性。真实性是对公文写作的普遍要求，但鉴于目前有些报告存在着弄虚作假的现象，所以特别需要引起重视。起草报告的人员，要深入调查研究，尽可能地亲自调查了解，掌握第一手材料，然后进行分析归纳，去伪存真。材料要具体，要有概括性的材料，也要有典型的具体事例。

（4）写作报告的立意要新

提炼主题，应该在占有大量材料的基础上进行分析研究，归纳出新颖的观点，从而形成主题。主题，即报告的主旨。在提炼主题和观点的过程中，要有敏锐的眼光，发现新的有价值的材料，从新的角度、新的立足点去分析取舍材料，这样才能提炼出立意新的主题，反映出本质的、带规律性的问题。

（5）写作报告的重点要突出

报告的内容要根据主题的要求来安排，分清主次轻重。重点的、主要方面的内容，安排在前面，详细写；非重点的、次要方面的内容，简略写；可写可不写的内容，就不写。同时，要注意处理好点和面的关系，比如有典型的事例，也要有面上的综合性情况，做到点面结合、眉目清楚、说服力强。

（6）报告中不得夹带请示事项

上级机关对报告不负答复责任，因此，报告中夹带请示事项会影响事项的处理。如有请示事项，宜另用请示文种行文。

（7）尽量把报告写短些

要想将报告写得简短，就要做到以下几点：

①重点突出。

②毫不犹豫地舍弃那些不能说明问题实质的一般性材料。

③善于综合归纳，从宏观着眼，总体上把握，把问题表述清楚。

④语言表达要做到简洁、凝练。

二、报告的写作范例

◎情况性报告

××县交通局关于“十件实事”县通镇公路工程建设的情况报告（节选）

××县政府：

在县委的正确领导下，公路工程项目建设有了较大的改观，项目管理程序得到有效规范，工程质量得到有效的控制，工程进度明显加快。各项工作全面有序地展开，现将××县公路工程项目建设情况报告如下：

一、县养××千米建设的情况

1. 建设里程共××千米。其中：××线××段××千米，××国道至××镇××千米；××线××段××千米、××段××千米，××大桥一座；××线××段××千米；××旅游专用公路××千米，××大桥一座；××线××至××段××千米；××线××至××段××千米。

2. 工程建设投资预算。（略）

3. 工程进展及完成投资。至××月××日止，地养县通镇公路建设完成工程量：建好路基××千米，占应建设的××%；完成路面××千米，占任务的××%；完成建设投资××万元，占已投标工程投资××%。

4. 工程投资款拨付情况。××月××日止累计拨付工程进度××万元。其中：××线附城段××万元；××线××段××万元，××段××万元；××线××段××万元；××线××至××段××万元；××线××万元。

二、省养××千米建设情况

1. ××线：××千米，路基工程全面完成，已完成水泥路面××千米。

2. ××线：××千米，路基工程全面完成，已完成水泥路面××千米。

3. ××线：××千米，已全面竣工。

三、当前地养县通镇公路建设存在的困难和问题

1. 工程进度缓慢，实际完成工程建设投资仅占××%，达不到预期的目标和效果。施工工期远远超过工程招投标合同规定的时间要求。如××线××段，A、B两标施工期限为×个月，而两标段施工单位从××××年××月中旬进场

施工至现在已有××个月时间，A标段××千米已铺设水泥路面××千米（双边），仍有××千米未铺路面；B标段××千米仅完成路基，中桥一座未动工。××公路三标段基本完成路基××千米，第一标段仍未进场。按预定在今年12月底完成80%县通镇公路建设任务差距较大。

2. 征地折迁难度大，影响工程进度。如××旅游专用公路设三个标段，全长××千米，途径××镇××千米、××镇××千米、××镇××千米，征地折迁工作除××镇××千米已完成外，其余镇未完成。第三标段×千米施工单位虽然基本完成路基工程，目前仍然步履维艰，直接影响施工的弃土场地征用，个别钉子户的土地征用仍未解决和征用；第二标段工程队“两进两出”因征地折迁问题现已停工，成为了直接影响工程进展的障碍；第一标段虽然经招投标签订了合同，目前施工队还是无法进场施工建设。

3. 解决建设资金缺口部分，途径少、目标渺茫、建设业主心中无数。根据调查了解，地养县通镇公路除××线、××线、××线××段建设资金上级补助部分（每千米××万元）基本上能满足建设外，其他各线都存在建设资金的缺口，而且缺口资金较大，如××线、××旅游公路等。各业主对如何解决建设的缺口资金心中无数，缺少筹资的渠道和措施，甚至个别业主把建设工程上级补助款当成是公路建设的一切费用开支的资金来源，工程建设使用上级补助、征地用上级补助、质量监理用上级补助等，很难做到专款专用。筹集建设缺口资金单纯依靠上级解决，业主心中无数。

××××年××月××日

◎**总结性报告**

××市关于做好环境优美乡镇创建工作的报告

××省政府：

创建环境优美乡镇是贯彻科学发展观在农村环保工作中的具体体现，也是我市建设生态市的重要基础和构建和谐社会的细胞工程。建设生态市的必要条件之一是××%乡镇建成环境优美乡镇，为了落实这一工作任务，全力推进生态市建设，全市生态市建设工作会议以来，全市各级党委、政府，各级环保部门采取有效措施，扎实做好环境优美乡镇创建工作。

一是加强对创建工作的组织领导。为抓好创建工作，市环保局领导亲自研究部署，组织各镇积极开展省级和国家级环境优美乡镇申报工作。各镇成立了领导小组，完善工作机制，建立目标责任制，积极落实创建工作任务。

二是加大对创建工作的宣传和指导。市环保局加强对全市各镇的广泛宣传发动，提高了基层镇党委、政府对创建工作的重视和认识。为推动创建工作，市环保局先后多次向国家环保总局及省环保局汇报我市创建环境优美乡镇情况。同时深入基层，认真组织、指导编制申报材料，开展创建工作。

三是精心组织、认真实施，全力做好创建工作。按照创建工作标准和要求，各镇以《小城镇规划编制导则》为指导，加快镇村环境基础设施建设，开展镇村环境综合整治，精心编制乡镇环境规划、工作报告、技术报告、认真做好申报验收的各项准备工作。截至目前，全市有××镇、××镇、××镇、××镇申报了省级、国家级环境优美乡镇。

××市人民政府

××××年××月××日

◎**调研性报告**

××县关于加强流动党员管理服务工作的调研报告（节选）

××市政府：

近年来，我县不断加强和改进对流动党员的管理服务工作，切实解决流动党员教育难见效、管理难到位、作用难发挥等问题，使流动党员能够及时参加党的组织生活，接受党组织的管理、教育和监督，更好地发挥共产党员先锋模范作用。按照市委组织部的统一部署，对全县加强和改进流动党员管理服务工作进行了调研，进一步总结经验，探索建立切实可行、行之有效的流动党员管理机制，建立城乡一体的党员动态管理体系。

一、我县流动党员管理的现状

截至目前，我县在外共有流动党员××名，全部持有流动党员活动证和流动党员小读本，约占全县党员总数的××%。其中，妇女党员××名，占全部外出党员的××%。接收流入党员××人，本市××名，本省跨市××名，外省××名。我县外出流动党员主要呈以下几个特点：一是外出流动党员以中青年为主。其中××岁以下的××名，占外出党员总数的××%，××～××岁的××名，占外出党员的××%。二是文化素质较高。其中高中文化程度××名，占外出党员总数的××%，大专以上的××名，占外出党员总数的××%。三是流动时间较长。外出××个月以内的仅××名，占外出党员总数的××%，外出一年以上的××人，占外出党员总数的××%。四是组织生活较为正常。我县在外出流动人员较为集中的地方成立了××个流动党员党支部，目前基本正常运转，通过集体维权、困难帮扶等活动，增强了流动党员党支部的凝聚力和向心力，组织生活正常参加的××人，占流动党员总数的××%，多数参加组织生活的××人，占流动党员总数的××%，很少参加组织生活的××人，占流动党员总数的××%，从未参加组织生活的××人，占流动党员总数的××%。五是流出地集中在外省，尤其是××、××为主。在外出流动党员中，市内流动仅××人，占流动党员总数的××%；本省跨市××人，占流动党员总数的××%；外省××人，占流动党员总数的××%。外出流动党员占据了我县农村青壮年的主力，且文化层次、思想观念、综合素质明显高于留守在农村的其他人群，这对我县的新农村建设、县域经济发展的劳动力支撑、农村基层组织建设均提出了新的要求。

二、我县流动党员管理的做法

（一）健全组织，强化管理责任（略）

（二）坚持分类指导，完善管理制度（略）

（三）成立服务中心，加强咨询服务（略）

（四）主动靠前扶持，促进返乡创业（略）

（五）加强教育管理，服务流入党员（略）

三、流动党员管理工作建议（略）

建立城乡一体的流动党员信息管理系统，夯实流动党员管理服务信息基础。一是加强流动党员基础信息化建设，建立信息化即时联系机制。一方面通过流出地党组织对流动党员的变化实时进行登记、发证、建档，建立基本信息库；另一方面通过基层公安户籍部门，对流动人员的政治面貌进行登记，并建立起公安户籍部门与组织部门的定期反馈制度，及时更新流动党员的变化信息。同时，由中组部将各地建立的流动党员基本信息库进行集成，升级为网络版，形成覆盖全国的流动党员信息化系统，全国组织部门之间，通过系统网络进行即时沟通联系，做到党员走到哪里，其信息变化就更新到哪里，确保党组织对流动党员情况清楚。二是建立党员一体化网络管理平台，在组织关系接转、活动证发放、党费缴纳、提示告知服务等方面实行党务工作网络化管理，通过网上平台实现系统党组织之间的互动沟通，使党员无障碍流动和接收。同时，平台可开展网上党校及其教育活动，实施柔性教育方式。所有的管理网络连接并网，形成纵横结合的一体化管理平台，设置不同级别的管理权限，方便各级组织部门。

中共××县委员会

××××年××月××日

◎建议性报告

××镇关于加强流动党员管理工作的报告

林区党委组织部：

根据林区党委组织部关于加强流动党员管理工作的相关要求，××镇党委按照流动党员“七个一”管理办法，结合××镇实际，切实开展流动党员管理工作，现将我镇流动党员管理工作报告如下：

一、认真开展流动党员调查摸底工作

在××××年春节前，镇党委统一印发了《外出流动党员花名册》发放到各村支部，要求全镇××个村支部切实掌握本村外出党员的基本情况，各村将掌握的情况按月向镇党委报告，镇党委对全镇流动党员动向做到了底数清、去向明。截至××月××日，××镇共有××名党员外出，其中流向××省××名、流向××省××名、流向××省××名。

二、切实开展流动党员“七个一”管理

为切实加强流动党员管理，××镇党委于××××年出台了《××镇流动党员管理制度》，制度要求各村严格执行林区党委组织部关于流动党员“七个一”管理办法，对流动党员实行管理，同时还实行流动党员结对包人的方式，由各村支部包人结对管理，定期深入流动党员家中走访慰问，与流动党员加强联系沟通，使流动党员外出务工放心，流动党员家属在家舒心。

三、流动党员小读本发放情况

根据组织部统一要求，××镇将《流动党员活动证》《流动党员小读本》在××月××日前已发放到××名流动党员所在的支部，由各村支部书记分别送到流动党员家中，委托其家属将该《流动党员小读本》邮寄到流动党员手中，目前，××镇《流动党员小读本》已全部发放到位。

以上情况，特此报告。

中共××镇委员会

××××年××月××日

第二节　请示公文写作

一、请示的写作概述

1. 请示的概念

请示是下级机关向上级机关请求对某项工作、问题作出指示，对某项政策界限给予明确，对某事予以审核批准时使用的一种请求性公文，是应用写作实践中的一种常用文体。请示可分为解决某种问题的请示，请求批准某种事项的请示。

2. 请示的适用范围

（1）急需办理某件事，须经上级批准后才可以办理，要写请示。

（2）工作中发生了比较重大的问题，本机关无权解决，先提出处理意见，请求批示。

（3）对上级颁发的法律、法令、方针、政策、规定和上级指示精神中有不了解、疑问或不同理解的问题，需要上级机关解释和进一步明确时，要用请示。

（4）上级有文件规定不经请示不允许办的事情而本单位又不能不办，此时要写请示。

（5）上级虽有统一规定，由于本单位情况特殊难以执行，需要灵活掌握或变通处理，此时需要请示。

3. 请示的特点

请示与报告有反映情况、提出建议的共同性。但两者比较，请示存在如下特点：

（1）请求性。从行文的目的看，请示写作是带有迫切性的，并需要上级机关批示、批准的事项，要求上级机关给予批复；报告只着眼于汇报工作、反映情况，以达到下情上达的目的，一般不要求批复。只有呈转性报告才要求上级机关“批转”有关部门执行。

（2）单一性。请示一般一文一事，即内容要单一，不可将多项内容放在同一个文中请示。

（3）预先性。从行文的时间看，请示必须在事前行文，不允许“先斩后奏”；报告则在事前、工作进程中和事后均可行文。

（4）定向性。请示是一种上行文，只在向上行文时使用，是请而示之。对不是上级领导机关的业务主管机关或其他不相隶属单位，一般不使用请示文种。

4. 请示的种类

（1）请求上级领导解决本单位、本部门的某些困难和某个问题的请示。这种请示，一般不涉及本单位本地区的平行机关和下级机关。

（2）对上级制定的方针、政策、法律、条例、规章制度或对上级的某个指示有不同理解，希望上级明确解释。

（3）某一部门在实际工作中遇到一些新情况、新问题，经过认真研究，提出了解决的措施和办法，希望上级审核肯定，并批转有关单位照办。

5. 请示的写作格式

（1）标题

请示标题大致有两种：一是写明请示事项和文种；二是写明请示机关、请示事项和文种。如林业部《关于审定国家级森林和野生动物类型自然保护区的请示》。标题制作尤其注意事由（请示事项）要写得简要明了，文种不能写成“请示报告”。

（2）正文

正文通常包括三部分：

①请示缘由。请示开头首先写明请示的原因或理由。有的请示还需要用稍多一点的篇幅来陈述理由，把原因说清楚，特别是请求具体帮助的请示，有些请求核准、审批的请示，缘由可以写得很简单甚至不写。

②请示事项。请示事项内容有时篇幅不长，但必须注意写得明确、具体。有时请示事项只有一句话，如一份请求拨给会议经费的“请示”：“请拨给会议经费3000元。”

③结束语，通常用套语结束，如例文的“当否，请批示”。常用的请示结束语有“妥否，请批复”“以上请示，请予审批”“以上请示，请予批准”等。结束语要写得谦和得体，不宜用“请即从速批复”“请尽快拨款，以解燃眉之急”这类的结束语。

6. 请示的写作要求

（1）标题不要写成“请示报告”。

（2）不要在“报告”等非请示公文中夹带请示事项（报告中写“以上报告，当否请指示”的不在此列）。

（3）必须事先请示，不能“先斩后奏”，像个总结报告。

（4）必须坚持一事一请示，不能将许多事搅在一起，像个综合报告。这是一个基本的原则要求。请示的事情过多或把不相干的问题放在一起请示，不利于上级机关受理。

（5）要向主管部门请示，不要越级请示，也不要多方请示。

（6）请示在未获批准前，不得对下属单位发送。向上级机关的请示，未获批示（或批准）前，就向其他机关或下级机关抄送或下发，这也是撰写请示的一大忌讳。

（7）如需向两个上级单位同时请示，只能采取一个主送和一个抄送的办法（请示公文的主送单位只能是一个），由主送机关负责解决或答复，而抄送有关机关、领导。不可多头报送，以免造成误会而贻误工作。

（8）请示事项涉及其他部门业务范围时，应当经协商取得一致意见后上报，未能取得一致意见时，应在“请示”中写明。

（9）请示语言既要简明扼要，还要注重行文语气，选用语句要谦恭，把握好分寸。

（10）请示类公文，必须注明联系部门及联系人姓名和电话。该联系人一般为公文起草部门的负责人。

7. 请示的分类

(1) 请求性请示

请求解决问题的请示是请示单位呈报因工作中遇到无力解决的困难，要求上级提供具体帮助的一种上行公文。

(2) 申述性请示

申述性请示是指就某些需要解决的事项向上级领导机关申诉具体解决缘由的请示公文。

(3) 安排性请示

安排性请示是指一些机关、单位就某项工作作出具体安排，请求上级领导机关予以批准的上行公文。

(4) 批转性请示

批转性请示是请求上级对自己单位给下属机关或其他不相隶属的同级机关的指示、文件予以批准，并转发的一种公文文种。

撰写批转性请示，要对实际工作中遇到的新情况、新问题经过认真调查研究之后开始动笔。请示的事项要有解决问题的具体措施和办法。因这类请示一旦上级批准转发，便具有法定的权威性和约束力，要有关部门遵照执行，所以，措辞的分寸感特别重要。

二、请示的写作范例

◎请求性请示

××市农业局关于参照公务员法管理的请示

××市人事局：

根据《××省参照〈中华人民共和国公务员法〉管理的单位审批办法》（×发〔××××〕××号）和《××省事业单位参照公务员法管理和人员登记工作细则》精神，结合我局实际，经研究，确定我局下属事业单位植保植检站、园艺工作站、种子管理站、农村合作经济经营管理站、农村能源环境保护管理站、农业技术推广中心、××省农业广播电视学校××市分校，申请参照公务员法管理。特此请示。

妥否，请批示。

××市农业局人事处

××××年××月××日

◎申述性请示

关于要求建立××市××区外国语实验学校的请示

×教〔××××〕××号　签发人：×××

区编委：

地处××市××区××××小区内的配套学校已竣工，为保证今年秋季如期开学，要求在小区内建立××市××区外国语实验学校。新建的××区外国语实验学校是一所集学前教育和小学教育于一体的公立学校，其中小学教育部××个班，学前教育部××个班，按规定可配教职工××人。

当否，请批复。

××市××区教委

××××年××月××日

◎安排性请示

关于组织部分人员到××市进行培训的请示

市粮食局：

自××××年开展仓储管理年以来，在经历了标准化、规范化等几个阶段以后，我库仓储管理水平明显提高，仓储面貌发生了根本性的变化。但在硬件建设达到一流的同时，存在着软件与硬件建设发展不相配套的问题。为切实提高我库仓储职工的业务技术素质，全面解决软硬件建设不相配套的问题，经库党委研究，我库拟组织选派部分人员到××市粮食管理学院进行培训。现将有关事宜请示如下：

一、培训人员及费用

拟从库全体职工中选拔仓储业务骨干××人参加培训学习。培训费用为××元/人。

二、时间安排

培训时间初步定于××××年××月××~××日。

三、拟培训内容

（一）国内外储粮新技术的应用；

（二）储粮害虫防治；

（三）储粮四项新技术的应用；

（四）粮食物流方面的业务知识；

（五）储粮生态系统知识。

四、其他相关问题

为切实组织好此次培训，我库准备安排库副主任×××同志带队参加培训，全面负责解决培训过程的问题。

当否，请批复。

××粮食储备库

××××年××月××日

◎**批转性请示**

共青团××县委关于召开共青团××县第十四次代表大会的请示（节选）

中共××县委：

共青团××县第十三次代表大会于××××年××月召开，已届满。九年来，共青团××县委在县委和团市委的领导下，团结带领全县××万团员青年，积极推进我县“三个文明”建设，切实服务经济社会健康有序发展。为认真贯彻落实党的“十八大”、省第十二次团代会和县委十一届五次全会精神，将广大团员青年凝聚到把××县建成“中国西部天然气开发中心、××天然气能源化工基地、川东文化生态旅游基地和××特色农产品生产加工基地”伟大实践中来，促进××青少年事业不断发展进步，根据《中国共产主义青年团章程》（以下简称《团章》）第四章第二十条关于“团的县（市、旗）、自治县、市辖区代表大会每三年举行一次”的规定，经共青团××县委党组研究，拟定于××××年××月底召开共青团××县第十四次代表大会。现将有关事宜请示如下：

一、大会主要任务

本次大会以“坚持科学发展、建设和谐××”为主题，学习贯彻党的“十八大”、省第十二次团代会和县委十一届五次全会精神，总结县第十三次团代会以来共青团工作和青少年事业发展情况，审议和批准共青团××县第十三届委员会的工作报告，讨论和确定今后三年的工作目标任务，民主选举产生共青团××县第十四届委员会。在县委和团市委的正确领导下，团结带领广大团员青年高举旗帜跟党走，为推动全县经济社会加快发展、科学发展、又好又快发展作出新的更大的贡献。

二、代表名额及产生办法

1. 代表条件：政治立场坚定，是中国共产主义青年团团员或中国共产党党员，在社会主义现代化建设中发挥先锋模范作用，为广大团员青年所拥护、信任。

2. 代表名额及比例：按照有关规定

（1）县团代会。县第××次团代会正式代表××名，列席代表和特邀代表××名。正式代表中，团的专（兼）职干部（含少先队工作者）占××%～××%，各条战线的先进模范人物和先进集体代表占××%～××%；女性代表比例不低于××%，党员代表比例不高于××%，××周岁以下代表应达到××%，代表平均年龄不超过××周岁。

（2）乡镇（含中学、厂矿企事业单位等基层团委）团代会。团员在××人以下的基层团委团代会不选代表，所有团员全部参会；团员在××名至××名的基层团委团代表不少于团员数的××%；团员在××名至××名的基层团委团代表不少于团员数的××%；团员数在××名以上的基层团委团代会代表不少于团员数的××%，乡镇团代会代表的名额分配一般不规定代表的构成比例，代表人选要注意先进性和广泛性。

3. 代表产生办法：根据《团章》和共青团中央关于《地方各级代表大会组织选举规则（暂行）》等有关规定，各乡镇团委和县级部门团组织要按照民主集中制原则，在本级党组织的统一领导下，提出初步方案和候选人名单，并征求候选人所在单位或村（社区）意见，经过充分酝酿、民主协商后，组织召开团员代表大会或团员大会选举产生。各地各单位选举产生的县第十四次代表大会的代表，均要填写代表登记表和代表名册一式二份，并将其中一份于××××年××月××日前报团县委。

三、共青团××县第十四届委员会组成方案及产生办法（略）

四、大会召开时间

各乡镇（含中学、厂矿企事业单位等基层团委）应于××××年××月中旬前组织召开团代表大会或团员大会，选举产生县第十四次团代会代表。共青团××县第十四次代表大会拟定于××××年××月底召开，具体时间另行通知。

五、切实加强领导

为了确保县第十四次团代会的顺利召开，县上成立了专门筹备领导小组，各乡镇等基层单位也要相应建立团代会筹备领导小组，加强领导，解决好团代会所需资金等具体问题。全县各级团组织要认真做好本次团代会的筹备工作，从组织领导、人力、物力、财力、时间上做好充分准备；要结合团代表大会的召开，在团内进行一次以坚持四项基本原则，坚持改革开放，坚持科学发展观，坚持民主集中制为主要内容的团员意识教育；要以召开团代表大会为契机，进一步宣传贯彻党的十八大精神，团结带领全县广大团员青年高举中国特色社会主义伟大旗帜，为夺取全面建设小康社会新胜利奉献青春和智慧，以实际行动迎接共青团××县第十四次代表大会的胜利召开。

以上请示如无不妥，请转批本县各部门执行。

共青团××县委
××××年××月××日

第三节　议案公文写作

一、议案的写作概述

1. 议案的概念

议案是指国务院和地方各级人民政府，按照法律程序规定，向同级人民代表大会或者人民代表大会常务委员会提请审议属于该人民代表大会及其常务委员会职权范围内有关事项的公务文书。

2. 议案的特点

（1）权威性

凡规定重大行政措施的议案，或发布行政法规的议案，或采取重大强制性行政措施的议案，都具有类似法规的权威性。凡经人代会审议通过的议案，任何组织和个人都不能推翻，有异议也只能在下次人代会上提出并通过会议有关法定程序进行修改。

（2）特定性

议案内容的特定性，是指不能超越本级人代会的法定监督权、任免权和重要事项的决定权。

（3）指导性

议案所定的事项或所涉及的要求往往比较明确，措施具体，因而能有效地指导下级机关开展工作。

（4）公开性

每个公文议案的形成、颁发都必须经由人代会或人大常委会的法定程序——确定、审议、质询、表决和通过等，因此，议案具有公开性。

3. 议案的写作格式

写议案应先了解议案的结构。议案的结构分标题、发文字号、主送机关、正文、结语、落款六部分。

（1）标题

议案的标题通常有两种形式：

①由“发文机关名称＋案由＋文种”组成，如《国务院关于提请审议批准〈中华人民共和国和乌克兰关于民事和刑事司法协助的条约〉的议案》等。

②由“案由+文种”组成，如《关于提请审议修改后的国务院机构改革方面的议案》，这种省去发文机关名称的不完全式标题比较简洁。

议案标题一般不能采用发文机关名称加文种或者只有文种的写法。

（2）发文字号

在标题右下方按函字号书写，如“国函〔××××〕××号”。

（3）主送机关

在标题之下，正文之前左起顶格书写主送机关全称或规范化简称，加冒号。如“××省人民代表大会常务委员会”，或“××省人大常委会”。

（4）正文

这部分内容是议案的主体。如果是提请审议已制定的法律法规，解决问题的方案就写在法律法规之中，这部分只需写明提请审议的法律法规的名称即可，但要把法律或法规的文本作为附件；如果是任免性议案，要将被任免人的姓名和拟担任的职务写明确；如果是提请审议重大决策事项，要把决策的内容一一列出，供大会审阅；如果是建议采取行政手段解决某方面问题，要把实施这一行政手段的方案详细列出，以便于审议。不能只指出问题，而没有解决问题的方案。

（5）结语

结语是议案的结尾部分，是指正文部分结束时所用的祈使性词语，主要用于提出审议请求。一般都采用模式化写法，言简意赅。如“现提请审议”“请审议决定”“请审议”“请审议批准”等。

（6）落款

落款包括签署和时间两项内容。议案通常由政府行政首长签署并加盖公章。国务院提交给全国人民代表大会的议案，要由总理签署；各省、市、自治区人民政府提交给同级人民代表大会的议案，要由省长、市长或自治区主席签署。日期格式与一般行政公文相同。

议案的主送机关，只能是同级人民代表大会及其常务委员会，不能有其他并列机关。要采用全称或规范化简称，不得随意简化。

4. 议案的写作要求

（1）一定要深入调研，在广泛调研的基础上形成符合实际需要的、切实可行的、科学规范的议案。

（2）认真研究党和国家的路线、方针、政策，绝不能违反法律、法规。

（3）正文应简洁明快，一般只交代所提事宜，而不发表议论，其余的则由附加材料详细说明。

（4）语气恳切妥帖，庄严凝练。

（5）符合文种所要求的行文规范。

二、议案的写作范例

◎事项性议案

××市司法局、民政局

关于加强我市人民调解工作的议案

（议案转建议第××××号）

××市人大常委会：

××××年以来，我市各级人民调解组织积极开展各项矛盾纠纷排查和专项治理活动，共调处各类民间纠纷×××××多宗，制止群体事件×××多件，为解决社会矛盾纠纷、维护社会稳定和保障我市经济发展做出了应有的贡献。随着改革开放的不断深入和社会主义市场经济的快速发展，社会经济成分、利益关系和分配方式等日益多样化，社会矛盾纠纷呈多发性、多样性、复杂性等特点，有些矛盾纠纷甚至激化为刑事案件和群体性事件，影响了社会稳定。为此，我们建议：

一、各级党委、政府要把人调解工作纳入重要议事日程，要按照国务院颁布的《人民调解委员会组织条例》和司法部颁布的《人民调解工作若干规定》，切实加强对人民调解工作的领导和支持，全力维护基层社会稳定。

二、各级人民法院和司法行政机关要齐抓共管，加强对人民调解工作的指导，将法院委派人民调解指导员形成制度，提高人民调解组织的社会公信力和调解纠纷的质量。

三、坚持“调防结合、以防为主”的工作方针，构建矛盾纠纷防范控制体系，坚持“抓早、抓小、抓苗头”，严防民间纠纷激化，将纠纷解决在萌芽状态。

四、进一步加强人民调解规范化建设。社区人民调解委员会要有相对固定的工作场所、有街牌印章、有统计台账、调解文书制作要规范；人民调解要做到组织落实、制度落实、工作落实、报酬落实；社区人民调解委员会规范化建设应当列入社区建设统一规划，房地产开发商、物业管理部门应当为社区人民调解庭的建设预置办公用房。

五、进一步加强政府职能部门参与调解社会矛盾纠纷的责任，将人民调解列入社会治安综合治理工作考核目标，实行“一票否决权”制，积极探索建立人民调解解决社会矛盾纠纷的更为有效的运行机制。

六、将各级人民法院和司法行政机关及街道、社区人民调解工作经费按照司法部、财政部《关于司法业务费开支范围的规定》（司发计字〔××××〕第××号）、《人民调解委员会组织条例》（国务院××号令）、《人民调解工作若干规定》（司法部第××号令）列入财政预算，尽可能解决人民调解员工作补助，努力为人民调解工作创造良好的工作条件和环境。

××市司法局、民政局
××××年××月××日

◎立法性议案

关于制定《农民工权益保护法》的议案

××市人大常委会：

现在，我国农村有1.5亿以上劳动力需向城镇转移，进城务工的农民工已达1亿以上，农民工在我国经济发展和社会进步方面已发挥十分重要的作用。农民工对增加农民收入，对城市建设和发展，对农村家乡经济建设和发展作出了巨大的贡献。但侵害农民工权益问题仍然十分严重：拖欠、克扣农民工工资问题十分普遍而且相当严重；农民工工作的劳动保护措施不力，生产条件差，农民工超时工作或加班得不到应有报酬；农民工无社会保障或社会保障程度极其低下。

为了保障上亿农民工合法权益，为了落实科学发展观，促进我国城乡经济社会统筹发展，保证我国城乡社会稳定和经济社会协调持续发展，我们建议制定《农民工权益保护法》。

建议《农民工权益保护法》的主要内容应包括：

1. 应按照《中华人民共和国劳动法》的规定，一律签订用工合同，并严格规范劳资关系。

2. 应从根本上破除城乡分割的制度性障碍，按照公共财政的原则，把农民工对就业服务、义务教育和住房、学校等设施的需求纳入城市公共服务的范围中。

3. 应规定建立健全适用于农民工的社会保障制度。包括工伤保险制度、医疗保险制度、社会援助制度等，切实规范对农民工的社会保障问题。

4. 应规定建立健全用人单位对农民工的工资支付和支付监督制度，切实解决拖欠、克扣农民工工资问题。

5. 应规定各级政府相关部门机构对统筹、协调、保护农民工权益工作的职权和责任。

6. 应规定用工单位及人员侵害农民工权益应负的法律责任。

提议案人：×××　×××
××××年××月××日

◎**任免性议案**

×县人民政府关于提请×××等四位同志职务任免的议案

×政文〔××××〕××号

县人大常委会：

根据《中华人民共和国地方各级人民代表大会和地方各级人民政府组织法》之规定和中共×县县委×文〔××××〕××号、××号、××号文件，现提请：

×××同志任县民族宗教局局长；

×××同志任县司法局局长；

×××同志任县教育体育局局长；

免去×××同志县教育体育局局长职务。

以上事宜，请审议。

附件：1. ×××同志工作简历及主要表现

2. ×××同志工作简历及主要表现

3. ×××同志工作简历及主要表现

4. ×××同志工作简历

县长 ×××

××××年××月××日

◎**建议性议案**

关于制定自然保护区法的议案

××省人大常委会：

随着经济的高速发展，我国自然保护区所面临的开发与保护的矛盾日益突出，建设和管理随之显现诸多新问题，现行的自然保护区条例已难以适应新形势的要求。建议尽快制定出台自然保护区法，使我国自然保护事业逐步走向制度化、规范化、法制化。

近年来，我国的自然保护区建设发展迅速，无论是保护区的数量、面积，还是管理机构的设置、技术支持、人员配备等方面，都取得了较大成绩。截至××××年底，全国已建立各种类型、不同级别的自然保护区××个，总面积达到××万平方千米，陆地自然保护区面积占国土面积的××%以上，基本形成了一个层次分明、类型众多的自然保护区体系。

现行的《中华人民共和国自然保护区条例》于××××年××月××日施行以来，在推动和规范自然保护区的建设与管理方面发挥了积极作用，野生动植物的种类和数量在逐年增加（××省××麋鹿国家级自然保护区现有麋鹿××头），保护生物圈在不断扩大。但随着经济的高速发展，我国自然保护区所面临的开发与保护的矛盾日益突出，建设和管理随之显现诸多新问题，现行《自然保护区条例》（以下简称《条例》）已难以适应自然保护区发展的需要。《条例》在实施过程中已逐渐显现出它的软弱性，尤以违反《条例》规定所承担的法律责任不十分明朗；《条例》中“以罚代法”缺少法律的强硬性。故建议国家尽快制定出台《自然保护区法》，使我国自然保护事业逐步走向制度化、规范化、法制化。

1. 强化管理职能。保护区肩负着对野生动植物和自然生态环境进行保护、建设、管理；开展科学研究；开展自然保护有关科普、法律知识的宣传、教育，提高公众对自然生态环境的保护意识；增进对国际组织的交往等管理职能。故建议明确规定保护区管理机构的性质、任务等；确立管理机构行政执法主体资格，强化管理职能。对破坏、侵占、掠夺自然保护区资源，变相或直接损毁自然生态环境等不法行为，须加大处罚力度。

2. 理顺管理体制。目前，我国自然保护区的管理体制不够顺畅，管理模式不能适应多类型保护区的管理需要。现实行的是综合管理与分部门管理相结合的管理体制：国家环保部门负责全国自然保护区的综合管理；林业、农业、地质矿产、水利和海洋等部门在各自的职责范围内，主管有关的自然保护区；县级以上地方政府负责自然保护区管理部门的设置和职责，由省、自治区、直辖市人民政府根据当地具体情况确定。这种多头管理、各自为政的管理体制不利于保护区建设。例如，我国的湿地实行多部门管理，所以在湿地保护和合理利用方面，各部门多从本部门的任务和需要出发，结果造成湿地保护与开发利用、环境保护与生产任务、工程建设与生态功能之间多重矛盾。结果各部门多从本部门利益出发，片面地追求当前的经济利益，忽视了湿地的保护，造成了生态环境的破坏。故建议国家应建立全国统一的管理体制，全面管理保护区。

3. 建立补偿机制。保护区一般都建立在经济欠发达地区，对地方经济发展会带来一定影响，地方群众对生态环境保护贡献较大、得到回报较少。故建议国家尽快建立生态补偿机制，确立生态有价、资源有价的理念。在政策、资金方面对所在地群众给予补偿。同时，对开发利用自然资源的企业事业单位收取一定的生态恢复或补偿资金，建立生态保护基金，以弥补生态环境保护资金不足。

4. 增加经费投入。全国国家级自然保护区现有××个，承担着约占国土面积××%的保护和管理职责。保护区远离城镇，工作人员长年累月守在深山老林或荒无人烟的原始地带，工作条件艰苦。故建议明确规定保护区管理机构管理经费全额纳入国家财政预算，努力提高其生活待遇，改善其工作环境，从而促进我国自然保护事业可持续发展。

提议案人：××× ×××

××××年××月××日

第三章　规章性公文写作

第一节　制度公文写作

一、制度的写作概述

1. 制度的概念

制度是党政机关、社会团体、企事业单位为加强对某项工作的管理而制定的要求有关人员共同遵守的规范性文书，可分为岗位性制度和法规性制度。它用于机关、单位对某项工作和某一方面的活动提出规定性的要求，有关人员必须遵守和执行。

制度的发布方式比较多样，除作为文件存在之外，还可以张贴和悬挂在某一岗位和某项工作的现场，以便随时提醒人们遵守，同时便于大家互相监督。

2. 制度的特点

（1）规定性

即制度按照所涉及事物的性质、范围，限定人们可以做什么，不可以做什么；可以怎样做，不可以怎样做，用以规范人们的行为。

（2）程序性

即要求人们做某种事情时，必须按照一定的规则程序、方法进行。

3. 制度的写作格式

制度一般由标题和正文组成。

（1）标题

标题由发文机关 + 发文事项 + 文种类别三部分组成。但很多时候标题中省去发文机关（或称适用范围），只写事由 + 文种。适用范围、发布机关、发布日期用标题下括号标示法标明。

（2）正文

制度的正文一般分三部分。第一部分写明制发制度的缘由，用“特制定本制度”一语承上启下；第二部分分条写明各项具体条文；第三部分写实施范围、生效日期、修订权、解释权等内容。是否分章写，要根据内容多少而定。第一部分、第三部分要简明扼要；第二部分要具体切实。

制度的文字要简明易懂，具体准确，防止出现重复和无用的语句。

如有必要，可在标题下方正中加括号注明制发单位名称和日期，其位置也可以在正文之下，相当于公文落款的位置。

二、制度的写作范例

◎信访工作制度

××市信访工作制度

一、交办、转办制度

上级机关或领导同志批示查处的信访问题，信访人员应按归口办理的原则，将材料交送有关单位查处，并要求按期报告处理结果，此类工作属于交办范围。

本单位接到的信访材料，如与其他单位有关，除本单位直接查处外，还应将有关材料转递有关单位查处。

属于揭发、控告性质的有关材料，只能转送给被揭发、被控告单位或个人的上一级组织查处，并注明密级，加盖戳记，绝不能转送给被揭发、被控告的单位和个人。

不论是交办或转办的材料，均须办理收发登记手续，明确责任，杜绝丢失。

二、催办制度

催办在信访问题查处的过程中，具有重要作用。建立催办制度，有利于信访问题的按期处理。

信访材料在交办或转办有关部门之后，中转单位要经常催促承办单位或部门，了解该问题的查处进度、新发现的情况和问题等。每次催办的时间、次数、被催办单位、承办人姓名、案情的查处情况和进度等，均须具体写入催办单。

催办形式，可视具体情况确定。一般多采用电话或函件催办。对于久拖不办的重要信访问题和欠报积案较多的部门或单位，可派专人催办，了解问题的症结所在，帮助排除困难，尽快结案。对于已经采用多种形式催办而仍无效果者，中转信访部门报经领导同意后，可采取“会议催办”的形式，或称“欠账汇报会”，会前要正式通知欠账单位，让其携带有关的信访材料到会。会议由领导同志亲自主持，认真听取该案查处中的困难和问题，研究解决的办法，提出明确、具体的要求。

三、回告制度

对于上级机关或领导同志交办的信访问题，承办单位一般要在三个月以内处理结案，并上报结果。承办单位若到期难以结案，需延长时间，应提前向上级说明原因。

四、结案制度

承办单位应将信访问题的结案材料写成报告，上报交办单位。结案报告必须做到事实清楚，证据确凿，定性准确，处理意见符合政策，手续完备。原交办单位收到结案报告后，要逐项认真审查，并正式行文批复能否结案。对不能结案的问题，批复时要提出进一步查处的意见。

五、复信制度

信访问题处理后，受理单位应给信访者复函，将处理结果告诉对方。对于建议性的信访材料，应说明情况，并表示感谢。

××市人民政府群众来访接待室

××××年××月××日

◎流动党员管理制度

流动党员管理制度

一、党员因各种理由要求外出流动的，应在外出流动前向所在党组织提出申请，经同意并按有关规定办理手续后方可流动。党员要严格遵守党的组织纪律，未经同意不得擅自离职。

二、党组织要支持人才和劳动力的合理流动。对学非所用、用非所长或自谋职业、带头创业的党员，如本人提出转移党员组织关系，不能用限制党员转移组织关系等办法阻止其合理流动。

三、党员个人与所在单位在能否流动问题上发生争议时，应通过充分协商妥善处理。达不成协议的，个人和单位均可向当地的人事、劳动仲裁机构提请仲裁。党组织应根据仲裁结果确定是否办理转移党员组织关系手续。

四、党员外出流动前，必须向所在党支部报告外出原因、外出地点、外出时间、从事活动的内容以及外出后与党组织的联系方式等。党支部要建立外出流动党员登记制度，在党员流动前对其进行党员管理基本要求等方面的教育，并根据党员外出时间长短、地点是否固定等情况，进行分类管理。

五、党员三人以上集体外出，同在一个单位或地点相对集中，时间在六个月以上的，外出前所在党组织应组织他们建立临时党支部或党小组，指定负责人，出具有关证明，介绍给所去地方或单位的党组织。临时党支部或党小组负责人应定期向原单位党组织汇报党员外出后的思想、工作情况。

六、党员单独外出，有固定地点或单位，时间在六个月以上的，应将组织关系转到所去居住地或单位党组织，外出六个月以内或长期外出但流动性大，暂时无法转移组织关系的党员，要领取《流动党员活动证》，到所去地方参加组织生活。时间在三个月以内的，仍在原党组织参加党的组织生活。

七、因公出国出境的党员，其组织关系按照有关规定办理；因私出国出境的党员，其组织关系保留在原单位党组织，党费可在出国出境前一次交齐，也可委托其他党员或亲属定期代交。在条件允许的情况下，党员应自觉与党组织保持联系，定期汇报思想和工作情况。出国出境定居的党员和出境超过假期一年以上的党员，停止党籍，其组织关系和档案材料转到县或相当县一级党委组织部门保存备查。

八、流动党员持有相应的手续后，应及时到外出居住地或所去单位的党组织接转组织关系，或与之取得联系，积极参加那里的党组织生活。原单位党组织要指派专人与流动党员保持经常性联系，及时了解流动党员在思想、工作、生活等方面的情况，通报党支部对党员的要求。持《流动党员活动证》外出流动的党员返回后，党支部要及时查验《流动党员活动证》。

九、凡是按照有关规定转来的党员组织关系，单位党组织不得拒绝接收。对外来流动党员，在接收党员关系，验证其党员身份后，应及时将他们编入相应的党组织，并登记造册，报上级党组织备案。

十、对流入到本地本单位时间在半年以上的党员，用人单位党组织要通知他们将组织关系转入。对没有转入党员组织关系，又没有出具党员证明信或《流动党员活动证》的，党组织不得承认其党员身份，不得安排其参加党的组织生活。

十一、开具党员证明信或持《流动党员活动证》外出的流动党员，在原所在党组织享有表决权、选举权和被选举权，其原所在党组织召开党员大会进行选举时，如外出党员确因情况特殊无法到会，经党员大会同意，可不计算为应到会人数。

十二、没有转移组织关系的流动党员应回原所在党组织参加一年一度的民主评议党员活动。因特殊情况无法返回参加民主评议的，必须向党支部写出书面自我总结材料，接受党员和群众的评议，党支部负责将评议结果转达党员本人。

十三、流动党员持党员证明信和《流动党员活动证》在外流动期间，应定期向原所在党组织汇报思想和工作情况，按时交纳党费。持《流动党员活动证》的党员，可将党费交到所去的流入地党组织。

十四、对外出不向党组织报告，长期不转移组织关系，不交纳党费，不参加组织生活，不与党组织取得联系的流动党员，党组织应按照党章和民主评议党员的有关规定，给予其必要的组织处置。处置时必须做到事实清楚、理由充分、处理恰当、手续完备。

××市委组织部

××××年××月××日

第二节　章程公文写作

一、章程的写作概述

1. 章程的概念

章程是指一个党派组织、社会团体、公司企业为保证其组织活动的正常运行，系统阐明自己的性质、宗旨、任务以及规定成员的条件、权利、义务、纪律及组织结构、活动规则，要求全体成员共同遵守的一种规则性公文。

章程分为两类。一是党政团体章程，如“中国共产党章程”“中国科技协会章程”；二是企事业单位章程，如“中国人民保险公司章程”。

2. 章程的特点

（1）内容纲领性强

章程规定一个组织的组织规程和办事规则，具有纲领的性质。它属下所有组织和成员都必须承认，共同遵守。组织规程是该组织的最高准则，该组织的一切活动，都必须遵循这个章程，体现这个章程的基本精神。

（2）通过合法程序制定

章程一定要通过合法的程序制定，才能要求属下所有组织和成员认可，才能要求所有的组织和成员遵守。通常是成立起草小组拟出草案征求意见，最后由该组织的最高级会议——代表大会通过，成为正式章程。这一点，一般在标题下边就要标明，这是它有法定的权威、有法定约束力的主要原因。

（3）用条款方式说明

一般公文，以说明为主要表达方式。为了讲明事情真相，有时也用议论。章程具有解说性质、任务、权利、义务和活动原则等，全用说明的方法，用最简洁的语言把有关内容阐述清楚。

章程的内容全用条文表达。较多的情况，是用章条式排列，以显示各层次之间的关系。条文表达，断裂行文，是章程表达方面最突出的特点。

3. 章程的写作格式

章程的写作格式由标题、通过时间、正文三部分组成。

（1）标题

由章程制定者和文种类别组成。

（2）通过的时间

在标题下，写上何时由什么会议通过，或何时由何机关批准，或何时公布，并用括号括上。

（3）正文

章程的正文，一般是开门见山和分章列款行文。大体有总纲分章式、条目式两种写法。

①总纲分章式，一般用于政党和团体的章程；总则、分则和附则式，多用于企事业单位的章程。

②条目式，即比较简单的章程，逐条写下去，不再分章、分项、分款。

4. 章程的写作要求

（1）要做到严谨、周密和规范。由于章程具有纲领性和稳定性的特点，要求写作者在下笔时谨慎行事，不可乱用词语。对于一些尚把握不准的提法和难以阐明的定义，不要勉强写入，以免造成歧义。

（2）章程要简明扼要，切实可行，不要提过高的要求和目标。

（3）由于章程具有一定约束力的特点，所以写作时行文中关键词的界定一定要以党和国家的大政方针为依据，切不可写入与法律条文相悖的字句。

（4）用语要贴切、恰当、准确、简明，对于一些容易产生误解的词要严禁使用。

二、章程的写作范例

◎团体章程

××理工大学户外先锋社财务部章程

（××××年××月××日户外先锋社第三届理事会讨论通过）

一、财务部工作内容

1. 管理社团内部资金流入流出情况，对社团本年度将发生的主要支出做到心中有数。

2. 平时准确及时记录现金流入流出情况，月末进行月度总结，保证社团财务运转正常。

3. 外出野营时协助随行会计工作，活动结束后负责账目的整理并将其公布到网上。

4. 每年年末做年度财务报表。

二、具体工作要求

1. 日常：

（1）社团每笔开支交由各部门部长于周二例会后统一报销。基本原则无正规发票不给报销。

（2）各部门发生数目较大开支时，请在前一周例会上提交预算。让每个人都清楚社团资金的支出情况。

(3) 社团所有现金及存折由财务部长统一保管，任何人不经许可不得私自保存。必要时由财务部长将现金存入银行，密码由财务部部长和社长共同保密。

2. 外出野营：

(1) 领队探路过程中的路费、门票由社团报销，装备由社团提供，其他费用自付。

(2) 领队的活动费用由队员分摊。

(3) 每次活动中财务部选出一名干事作为随行会计，一起参加外出活动，负责当次活动的会计工作。

(4) 财务部与办公室配合，保存历次活动的账目，为以后的活动预算提供信息。

随行会计的职责：

①负责在野营开始前收取野营活动费用，并由自己保管。活动前把钱全部交到财务部部长手中。

②负责记录野营过程中的所有现金出入，做到花钱的时候都在场，并避免现金在队员内部转移。每一笔现金流出都要迅速记录入账，以免遗漏。

③活动最后须算清本次活动的全部收入、支出及每人的花费，队员解散前完成会员活动费用的多退少补。补收的费用精确到元，剩余部分超出0.10元的补收0.5元，剩余0.6元~1元的补收1元。

④活动结束后，当天整理一份明细账目，分日期、项目、金额、经手人、备注五项内容记录。随行会计负责将此次活动的电子版账目整理出来，一式两份分别交给财务部部长和本次活动的领队，由领队在活动总结中将其公布到社团论坛上，办公室负责存档。此项工作最迟要在活动结束后的第二天完成。

⑤随行会计负责接受事后账目咨询。

3. 账目总结：

(1) 月份总结：

①每月末定期总结一次，将平时的笔录转为电脑版。

②由社长审批后交付办公室存档。

③社长要做到对社团账目心中有数，以便安排下个月的活动。

(2) 年度总结：

①每年的12月初开始制作，年底社团评比前上交社长和理事会审阅，办公室存档。

②将社团全年财务情况向社长及理事会报告，并在财务方面提出一些建议。总结出来后在社团内部传阅。

三、财务工作人员要求

1. 正直，细心。

2. 自信，相信自己能把账目处理好。

3. 毅力，即使再累再困，条件再艰苦，该记账还是得记，不能推迟，以免遗忘。

4. 注意现金及存折安全。

◎**公司章程**

××企业（集团）股份有限公司章程（节选）

目　录

第一章　总则	第七章　财务会计
第二章　经营范围和经营方式	第八章　利润分配
第三章　股份	第九章　劳动人事制度
第四章　股东和股东代表大会	第十章　终止和清算
第五章　董事局	第十一章　章程修改
第六章　经营管理	第十二章　附则

第一章　总　则

第一条　为完善企业体制，规范公司行为准则，使公司在自我发展、自我约束的良好机制中运行，根据国家有关法律、法规，特制定本章程。

第二条　本公司中文名称为：××企业（集团）股份有限公司。英文名称为：××××。

第三条　本公司注册资本为人民币××万元。本公司法定地址为××市××路××号××大厦××楼。

第四条　本公司是经××市人民政府批准，在××市工商行政管理局登记注册的股份有限公司，具有独立法人资格，其行为受中国法律约束，其经济活动及合法权益，受国家法律保护。

第五条　本公司以其实有资本向债权人负责，股东的权利责任以其认缴的股份额为限。

第六条　本公司宗旨是：使企业稳步而迅速地发展，使全体股东获得良好的经济效益。为××地区的经济建设，为全社会的繁荣和人类的进步事业而尽企业责任。

第七条　本公司为永久性股份有限公司。

第二章　经营范围和经营方式

第八条　本公司主要经营范围：兴办工业、引进三来一补、房地产业务。贸易主营：五金交电、日用百货、金属材料、建材、针织纺织品、化工产品、土特产品、汽车零配件、食品、棉、麻、粮油、罐头、矿产品、机械、轻工产品、医疗器械、电子产品、保健用品、家具、水产品、珠宝玉石、日用杂物；兼营糖、烟、酒、饮料、农机具。

第九条　经营方式：生产、批发、零售、投资、开发、租赁、服务。

第十条　本公司经营方针：依法经营、平等竞争。走科工贸相结合，产供销相结合，内外贸相结合，工业、商业、进出口贸易、服务业、房地产业一体化的道路。

第十一条　本公司根据业务发展需要，经批准可在世界各地设立分公司和办事机构，逐步把本公司建成跨国企业集团。

第三章　股　份（略）

第四章　股东和股东代表大会（略）

第五章　董　事　局（略）

第六章　经营管理（略）

第七章　财务会计（略）

第八章　利润分配（略）

第九章　劳动人事制度（略）

第十章　终止和清算

第八十五条　本公司有下列情况之一，应予终止并清算：

（一）因出现特大自然灾害、战争等不可抗力的因素而受到严重损失，无法继续经营；

（二）经营失误，导致严重亏损或破产；

（三）严重违反国家法律、法规、危害社会公共利益被依法撤销；

（四）股东代表大会决议终止。

第八十六条 本公司终止时的清算，按照国家法律、法规和××市的有关规定办理。

第十一章 章程修改

第八十七条 公司可根据需要修改章程。

第八十八条 公司如作下述变动，就构成公司章程的修改：

（一）更改公司名称；

（二）更改、扩大或缩小公司的经营范围；

（三）增加或减小公司发行的任何类别股份的总量；

（四）更改公司全部或部分股份之类称，以及更改全部或任何部分之优先权；

（五）增设新的股份类别；

（六）改变股票面额；

（七）其他公司章程条款的变更。

第八十九条 公司减资变更章程时，须于变更章程的决议中规定减资方法。

第九十条 公司变更章程时，如变更名称、住所、经营范围及资本条款，应变更注册登记并公告。

第九十一条 修改公司章程，应经由下列程序：

（一）由公司董事局会议通过修改章程决议，提出修改条款；

（二）按规定把上述修改条款通知股东，召开股东代表大会进行表决；

（三）股东代表大会对修改条款进行表决，获得本章程所规定的同意股权数，即行通过；

（四）将股东代表大会批准了的修改条款和未作修改的其他原条款构成的重审章程，报由政府有关部门审批，待批准后重审章程方为有效。

第十二章 附 则

第九十二条 本公司不接受任何破产股东因债权而提出接管本公司的财产及其他权益的要求。但破产股东在本公司的股份和权益，可根据有关法规和本章程，由破产股东与债权人办理转让手续。

第九十三条 本章程的未尽事宜，由股东代表大会决议解决。本章程用中文和英文书写。

第九十四条　本章程经股东代表大会通过，报政府批准之日起生效。

第九十五条　本章程的解释权归本公司董事局。

××××年××月××日

第三节　规则公文写作

一、规则的写作概述

1. 规则的概念

规则是指国家机关、社会团体、企事业单位对某一事务或活动的行为准则作出具体规定的规范性公文。规则是各种组织为保证某项活动或工作能够顺利开展，或达到某种目标，对人们的行为方式、方法规定的必须共同遵循的准则。

规则的内容比较具体、细致、周密，往往对具体工作的方方面面、公务活动的每一步都作出规定。

2. 规则的特点

（1）局部性

规则所规定的范围比其他规章性公文要窄，适用于对局部范围的人员、活动和场所作具体的要求和规定。

（2）时效性

规则一般为内部行文，在一定范围甚至一定时间内起作用。

（3）单一性

因为规则具有局部性，所以它的内容比起其他任何规章性公文要简单，规定的对象比较集中、单一，只是局部范围内的特定对象，无须超越这个范围，无须涉及其他。

（4）具体性

规则所规定的内容是具体的，而且以事务性的工作居多，细致入微，具有规范化、程序化、定型化的特性。

3. 规则的写作格式

规则的结构由标题和日期、正文、签署三部分组成。

（1）标题和日期

①标题。标题通常包括发文机关、事由和文种类别三要素。但很多规则的标题中省略发文机关。

②日期。将规则的制发时间和依据加括号标注于标题之下正中位置。如果是随正式公文发布的规则，可以不单独注明日期，以发布规则的那篇公文的发文时

间为准。

（2）正文

规则的正文通常先写发文缘由；再写具体内容，包括具体方法、措施、处罚手段等；最后写生效日期、解释权等方面的说明。

通常，规则的正文写法有通篇分条式、分章列条式、引言加条款式三种。

①通篇分条式。内容比较简单的规则，一般都用通篇分条式写法。

②分章列条式。内容复杂的规则，分为总则、分则、附则三大部分，总则为第一章，分则有若干章，附则为最后一章。各章分若干条。

③引言加条款式。跟通篇分条式写法比较相似，只是前面有一段没有列入条款的引言，一般用来交代根据、目的、意义。

（3）签署发文机关、日期

规则的发文机关和发文日期有时在括号内注明，国家高级机关发布的规则多采用这种写法。

规则的写作，要以有关法令为根据，内容要具体明确，简洁易行。

4. 规则的写作要求

（1）制定规则前要充分调查了解所属范围内的群众需求和意见

规则是为维护劳动纪律、公共利益，保证学习、工作、生活等活动正常而有序地进行所制定的行为准则，一旦制定，就对该范围内的群众有较大的约束力，不考虑群众正当要求、合理意见，不符合客观实际，想当然主观拟定，即使定出“霸王律”，也会事与愿违。因此，写作前的调查研究，是不可缺少的程序

（2）规则条文内容须直指特定对象，具体而详细。

规则是从事某项活动或工作的有关人员必须遵守的规定，其内容必须有很强的针对性，紧紧围绕特定对象，针对某一类人或针对某一项活动提出具体详尽的规范化要求。

（3）态度要明朗、措辞要准确、语气要肯定

规则是人们行动的准则，有较大的约束力。它要求用准确的词句，明确地表达出倡导、允许、禁止、限制的内容，写明违犯规则的处理办法，其语气要坚决。

二、规则的写作范例

◎阅览规则

阅览规则

一、凡入室阅览者，一律凭本人身份证领取座位号对号入座，离室时，须交

回座位号，如有遗失赔款5角。

二、本室期刊、报纸分开架和闭架借阅两种方式。开架报刊，读者可自由取阅，每次只准取一册，阅后必须按排架号放回原处，不得乱扔乱放。

三、开架报纸每月换一次，凡下架散报不再借阅。

四、报纸合订本及内部资料，一律凭单位介绍信借阅，介绍信须写明查阅目的、要查找的报纸及内容。

五、本室闭架期刊和合订本期刊一律凭单位介绍信和本人工作证对口借阅。

××市图书馆

××××年××月××日

◎**工作规则**

村党支部工作规则

为了更好地发挥村党支部的核心领导作用，进一步明确村党支部的工作职责、决策原则和议事范围，根据党章的有关规定和党的十八届五中全会精神的要求，特制定本规则：

一、工作职责

村党支部担负着直接联系群众、宣传群众、组织群众、团结群众，把党的路线、方针、政策落到实处的重要责任。党总支应当把发展壮大集体经济，带领群众奔小康，建设富裕、文明、民主的社会主义新农村作为首要任务。

二、决策原则

1. 村党支部处于核心领导地位，对本村的各个组织和各项工作实行统一领导。

2. 党章规定的事项和村里的重大问题必须经党员大会讨论决定。

3. 党支部讨论决定问题，必须严格按照民主集中制原则和上级的有关规定进行，必须坚持少数服从多数的原则。党支部委员会实行集体领导分工负责。

4. 有关群众切身利益的重大问题，必须先征求群众意见再讨论决定。

5. 对党支部集体作出的决定，任何个人无权改变，个人或少数人如有不同意见，允许保留或向上级党委反映，但必须无条件服从，并在行动上坚决执行。

6. 党员大会（含学习日）每月一次，支部委员会每月两次以上。支部党员民主生活会每年一次。

三、议事范围

（一）党员大会

1. 党支部任期工作目标和年度工作计划；

2. 奔小康规划和措施；

3. 接收新党员，对党员作出处理决定；

4. 政治思想教育和精神文明建设活动的组织实施；

5. 村规民约的制定和实施；

6. 重大投资项目和重大财务支出；

7. 其他必须提交党员大会讨论决定的重要事项。

（二）支部委员会

1. 贯彻执行党的路线、方针、政策和上级组织交办任务的具体措施。

2. 建党积极分子确定；党员发展、教育、管理的计划安排。

3. 村委会、经联社换届选举实施意见；团支部、妇代会、民兵连等群团组织负责人的培养、推荐和报批；村会计、出纳人员的选定、报批。

4. 各业承包款的确定和收缴办法；水利、道路及其他农业基本建设和开发农业项目的确定。

5. 发展村级经济的规划措施，村级重大投资项目和财务开支与项目的审定，对村级集体资金收支情况组织清查和公布。

6. 村规民约的审定，文明村创建、巩固和发展计划，精神文明建设方面有关重大问题。

7. 计划生育、土地管理、社会治安等方面问题的处理、审定和具体措施的制定。

8. 其他村级组织需要解决的重大问题或其他需要由党支部讨论决定的重要问题。

××村党支部

××××年××月××日

第四节 守则公文写作

一、守则的写作概述

1. 守则的概念

守则是指国家机关、社会团体、企事业单位为维护公共利益和工作秩序，向所属成员发布的行为准则和道德规范。守则是根据本单位具体情况制定的，有的还是工作中的具体操作规范，有特定的使用范围和较强的针对性。

2. 守则的制定依据

守则的制定有三个依据：一是党和国家的方针、政策；二是有关法律、法规；三是全社会共同遵守的道德规范。因此，遵守守则，实际上也就是遵纪守法，就是讲文明、讲道德。

3. 守则的特点

（1）概括性。守则篇幅短小，写作时要用简明概括的语言行文，不能写得太繁杂。

（2）针对性。要根据党的路线、方针、政策，结合本地区、本系统、本单位的实际情况，有针对性地拟定具体条文。

（3）准确性。在文字表述上，提倡什么，反对什么，应该准确、明白，不能模棱两可，含混不清。

（4）可行性。所规定的条文，所提出的要求，应该实事求是，切实可行，通过努力可以做到，防止要求过高，变成一纸空文。

（5）通俗性。语言应明白、流畅、通俗易懂，防止长句和专业术语的大量运用。

4. 守则的写作格式

守则一般由标题、正文和签署三部分组成。

（1）标题

守则的标题由发文机关、事由和文种类别组成，有时可省去发文机关和事由，只写“××人员守则”或“守则”。

（2）正文

守则的篇幅一般比较短小，多采用通篇分条式写法。如果内容复杂，为了更有条理性，也可以采用章条式写法，由总则、分则、附则三部分组成，下面再分章，章下再分条。

在正文的写作中，条与条之间的划分是否符合逻辑，能不能做到条理清晰、层次分明，是写作守则成败的关键。另外还要注意语言的表达要简练、质朴、准确。

（3）签署发文机关和日期

如标题中已标明发文机关，或用题下标示标明了发布日期，这部分的内容可以省略。

二、守则的写作范例

◎组织工作守则

院党政领导干部及党总支委员工作守则

为了加强学院党政领导班子及院党总支的建设，提高领导班子的整体素质，做好全院的各项工作，促进学院改革、稳定和发展，特制定本工作守则。

一、认真学习，提高素质

院党政领导干部及党总支委员要加强政治理论学习，努力掌握马列主义、毛泽东思想和邓小平理论的精神实质，深刻领会“三个代表”和科学发展观的内涵，不断提高自己的思想水平、政策理论水平和决策水平，提高运用理论解决实际问题的能力，自觉执行党的路线方针、政策。院党政领导成员及党总支委员为院中心学习小组成员，每月集中学习一次，不得无故缺席。同时要努力学习现代管理知识，不断提高领导和管理水平。

二、分工合作，民主决策

学院实行党政共同负责制，院长负责行政管理，党总支负责党务工作，并对学院的工作起保证和监督作用。学院党政领导班子应在此前提下实行集体领导和个人分工负责相配合的管理制度，要做到分工不分家，工作既不越位，又要密切配合；既要慎重，又要决策果断。凡涉及重大工作任务的部署，重大改革举措，重要的人事、财务问题，组织发展、干部任免等问题，均应分别在党政联席会议或党总支会议上按民主集中制的原则进行讨论，凡属讨论决定了的事情，都要形成会议决议。在上述会议上，决定问题要严格遵守少数服从多数的原则，若意见有分歧，要进行投票表决；若争议比较大，要重新调研，再议。一经形成决议，允许个人保留自己的不同意见，但在行动上必须无条件地执行集体形成的决定，自觉维护党总支和院行政的领导权威。

三、原则性强，作风正派

院党政领导干部及党总支委员要敢于坚持党性，坚持原则。要事事、处处、时时以党的利益为重，严格按制度办事，不拿原则做交易；要襟怀坦白，严以律己，宽以待人；同志之间，要赤诚相见，相互信任，相互理解，相互支持；绝对禁止拉拉扯扯，搞小动作；要顾全大局，要站在院领导的高度来考虑问题，不要无原则地偏向某个专业、学科；要讲真话，言行一致，不要会上不说，会后乱说，不要无原则地乱表态、乱许愿；不要求在群众中传达的会议内容，不允许私下传达，要有保密意识，不搞自由主义。

四、忠于职守，甘于奉献

院党政领导干部及党总支委员，要牢固树立为全院教职工和学生服务的意识，任劳任怨、忠于职守、淡泊名利、甘于奉献。院兼职领导，要保证充足的精力从事领导工作，要提倡艰苦奋斗的革命精神，为全院职工当好家，理好财，要厉行节约，反对铺张浪费。

五、勇于创新，形成特色

院党政领导干部及党总支委员要满腔热情地投身改革，不断更新观念、积极探索、敢为人先。在工作上不要因循守旧，要勇于创新，形成自己的工作特色，进而形成艺术与设计学院的特色，要经常提醒自己：无功就是过，工作无创造性，无竞争观念，就不是一个好干部、好党员。

六、发扬民主，院务公开

发扬民主，首先要做到在院领导层内有浓厚的民主氛围，党政负责人要允许各位领导同志及党总支委员发表不同意见，对问题要进行充分讨论，真正做到知无不言，言无不尽，坚决反对压制批评的家长作风。院党政领导干部要注意倾听全院师生员工对学院工作的意见，要发挥好支部、系、工会、团委、学生会的作用。要实行院务公开制度，院领导要定期将职工关心的有关学院和学校发展及管理方面的问题在全院公开，便于全员职工参与学院及学校的决策、管理和监督，行使民主权利。

七、遵纪守法，廉洁自律

院党政领导干部和党总支委员要自觉遵守国家的政策法令，带头执行学校和学院的各项规章制度，积极参加校院组织的各项活动及党的组织生活，不允许当特殊公民或特殊党员。院领导干部一定要按中纪委下发的《中国共产党党员领导干部廉洁从政若干准则》约束自己，要自觉筑起思想道德防线，自重、自省、自警、自励，坚决杜绝以权谋私、贪污贿赂等各种消极腐败现象，做到遵纪守法、清正廉洁。

八、深入实际，脚踏实地

院党政领导干部和党总支委员要经常深入实际，开展调查研究，准确客观地掌握学院工作的第一手材料，实事求是地制订学院的发展规划，并实行院领导联系点制度，虚心听取职工群众的意见和建议，要力戒空谈，努力为学院、为职工、为学生办实事。院党政领导干部和党总支委员要密切联系群众，广交朋友，每个班子成员至少联系一至两名骨干教师、党外知名人士或民主党派人士做知心朋友。

××大学党委

××××年××月××日

◎**个体工作守则**

××学院党政领导成员守则

一、认真学习和贯彻执行党中央的路线、方针、政策，在政治上和党中央保持一致。

二、严格遵守党章和《准则》，维护团结，开展批评和自我批评，过好组织生活，做一名普通的共产党员。

三、明确党政分工，坚持集体领导，执行民主集中制。分工负责，注意协商。非主管人员不许愿、不批条、不开“口子”。

四、了解情况，掌握政策，重大问题亲自动手，放手让职能部门处理职权范围内的工作。

五、深入基层，调查研究，关心群众生活，听取群众意见，接受群众监督。

中共××学院委员会

××××年××月××日

第五节 细则公文写作

一、细则的写作概述

1. 细则的概念

细则也是党政机关经常使用的规范性公文。它是为已颁布的法令、条例、规定作出具体说明和阐释的文体，一般为贯彻执行有关条例和制度而制定。

2. 细则的特点

细则多是主体法律、法规、规章的从属性文件，它具有如下特点：

（1）规范性

细则是对法律、法规和规章的补充说明或辅助性的规定，自然具有法律、法规、规章的规范特点。

（2）补充性和辅助性

细则是主体法律、法规、规章的从属性文件，它对法令、条例、规定或其部分条文进行解释和说明，制定细则的目的是补充法律、法规、规章条文原则性强而可操作性弱的不足，以利于贯彻执行。

（3）可操作性强

细则对有关法律、法规、规章的基本概念进行界定，规定具体适用的标准及执行程序，从而使主体规范性文件具有更强的可操作性。

3. 细则的写作格式

细则结构由标题和正文两部分组成。

（1）标题

常常写事由和文种类别，发文机关和发布日期在标题下方标出，如果属会议批准或通过的，要用括号在标题下加注说明“××××年××月××日×会议批准（通过或修订）”。

（2）正文

一般情况下，细则的正文有两种写法，一种是条款式写法，另一种是章条式写法。

①条款式写法。条款式写法不分章，直接列条，适用于内容较简单、篇幅较短的细则。根据、目的、基本原则、指导思想等内容，写入前几条；解释、补充和规定，写在中间，条款最多；执行要求写在最后。

②章条式写法。章条式写法适用于内容较多的细则。全文分为总则、分则、附则三大部分。

总则是开头部分，主要用来说明制定细则的根据、目的、指导思想、基本原则、实施机关等。总则一般排为第一章，分若干条。

分则是细则的主体部分，分若干章，每章再分若干条。分则用来对原法律、法规进行解释、补充，作出细致周密、切实可行的规定。

附则是细则的结尾部分，主要用来提出执行要求。

4. 细则的写作要求

(1) 制定细则不仅要有依据，还必须结合本地实际，把国家的法律、法规与本地的实际情况结合起来，才能真正起到制定细则的作用。

(2) 制定细则要尽量减少与国家法律法规的重复条款。为了使细则与法律、法规相衔接，便于执行，适当地重复一些条款是难免的，但不能照抄或基本照搬。

(3) 可有可无的内容要适当进行取舍，特别是那些纯事务性的细节和业务部门内部的工作关系，可以不在细则中规定。

二、细则的写作范例

◎规范性细则

中国共产党发展党员工作细则

第一章　总　则

第一条　为了规范发展党员工作，保证新发展的党员质量，保持党的先进性和纯洁性，根据《中国共产党章程》和党内有关规定，制定本细则。

第二条　党的基层组织应当把吸收具有马克思主义信仰、共产主义觉悟和中国特色社会主义信念，自觉践行社会主义核心价值观的先进分子入党，作为一项经常性重要工作。

第三条　发展党员工作应当贯彻党的基本理论、基本路线、基本纲领、基本经验、基本要求，按照控制总量、优化结构、提高质量、发挥作用的总要求，坚持党章规定的党员标准，始终把政治标准放在首位；坚持慎重发展、均衡发展，有领导、有计划地进行；坚持入党自愿原则和个别吸收原则，成熟一个，发展一个。

禁止突击发展，反对“关门主义”。

第二章 入党积极分子的确定和培养教育

第四条 党组织应当通过宣传党的政治主张和深入细致的思想政治工作，提高党外群众对党的认识，不断扩大入党积极分子队伍。

第五条 年满十八岁的中国工人、农民、军人、知识分子和其他社会阶层的先进分子，承认党的纲领和章程，愿意参加党的一个组织并在其中积极工作、执行党的决议和按期交纳党费的，可以申请加入中国共产党。

第六条 入党申请人应当向工作、学习所在单位党组织提出入党申请，没有工作、学习单位或工作、学习单位未建立党组织的，应当向居住地党组织提出入党申请。

流动人员还可以向单位所在地党组织或单位主管部门党组织提出入党申请，也可以向流动党员党组织提出入党申请。

第七条 组织收到入党申请书后，应当在一个月内派人同入党申请人谈话，了解基本情况。

第八条 在入党申请人中确定入党积极分子，应当采取党员推荐、群团组织推优等方式产生人选，由支部委员会（不设支部委员会的由支部大会，下同）研究决定，并报上级党委备案。

第九条 党组织应当指定一至两名正式党员作入党积极分子的培养联系人。培养联系人的主要任务是：

（一）向入党积极分子介绍党的基本知识；

（二）了解入党积极分子的政治觉悟、道德品质、现实表现和家庭情况等，做好培养教育工作，引导入党积极分子端正入党动机；

（三）及时向党支部汇报入党积极分子情况；

（四）向党支部提出能否将入党积极分子列为发展对象的意见。

第十条 党组织应当采取吸收入党积极分子听党课、参加党内有关活动，给他们分配一定的社会工作以及集中培训等方法，对入党积极分子进行马克思列宁主义、毛泽东思想和中国特色社会主义理论体系教育，党的路线、方针、政策和党的基本知识教育，党的历史和优良传统、作风教育以及社会主义核心价值观教育，使他们懂得党的性质、纲领、宗旨、组织原则和纪律，懂得党员的义务和权利，帮助他们端正入党动机，确立为共产主义事业奋斗终身的信念。

第十一条 党支部每半年对入党积极分子进行一次考察。基层党委每年对入党积极分子队伍状况作一次分析。针对存在的问题，采取改进措施。

第十二条 入党积极分子工作、学习所在单位（居住地）发生变动，应当及时报告原单位（居住地）党组织。原单位（居住地）党组织应当及时将培养教育等有关材料转交现单位（居住地）党组织。现单位（居住地）党组织应当对有关材料进行认真审查，并接续做好培养教育工作。培养教育时间可连续计算。

第三章　发展对象的确定和考察

第十三条　对经过一年以上培养教育和考察、基本具备党员条件的入党积极分子，在听取党小组、培养联系人、党员和群众意见的基础上，支部委员会讨论同意并报上级党委备案后，可列为发展对象。

第十四条　发展对象应当有两名正式党员作入党介绍人。入党介绍人一般由培养联系人担任，也可由党组织指定。

受留党察看处分、尚未恢复党员权利的党员，不能作入党介绍人。

第十五条　入党介绍人的主要任务是：

（一）向发展对象解释党的纲领、章程，说明党员的条件、义务和权利；

（二）认真了解发展对象的入党动机、政治觉悟、道德品质、工作经历、现实表现等情况，如实向党组织汇报；

（三）指导发展对象填写《中国共产党入党志愿书》，并认真填写自己的意见；

（四）向支部大会负责地介绍发展对象的情况；

（五）发展对象批准为预备党员后，继续对其进行教育帮助。

第十六条　党组织必须对发展对象进行政治审查。

政治审查的主要内容是：对党的理论和路线、方针、政策的态度；政治历史和在重大政治斗争中的表现；遵纪守法和遵守社会公德情况；直系亲属和与本人关系密切的主要社会关系的政治情况。

政治审查的基本方法是：同本人谈话、查阅有关档案材料、找有关单位和人员了解情况以及必要的函调或外调。在听取本人介绍和查阅有关材料后，情况清楚的可不函调或外调。对流动人员中的发展对象进行政治审查时，还应当征求其户籍所在地和居住地基层党组织的意见。

政治审查必须严肃认真、实事求是，注重本人的一贯表现。审查情况应当形成结论性材料。

凡是未经政治审查或政治审查不合格的，不能发展入党。

第十七条　基层党委或县级党委组织部门应当对发展对象进行短期集中培训。培训时间一般不少于三天（或不少于二十四个学时）。培训时主要学习党章、《关于党内政治生活的若干准则》等文件。中央组织部组织编写的《入党教材》，可以作为学习辅导材料。

未经培训的，除个别特殊情况外，不能发展入党。

第四章　预备党员的接收

第十八条　接收预备党员应当严格按照党章规定的程序办理。

第十九条　支部委员会应当对发展对象进行严格审查，经集体讨论认为合格后，报具有审批权限的基层党委预审。

基层党委对发展对象的条件、培养教育情况等进行审查，根据需要听取执纪执法等相关部门的意见。审查结果以书面形式通知党支部，并向审查合格的发展对象发放《中国共产党入党志愿书》。

发展对象未来三个月内将离开工作、学习单位的，一般不办理接收预备党员的手续。

第二十条　经基层党委预审合格的发展对象，由支部委员会提交支部大会讨论。

召开讨论接收预备党员的支部大会，有表决权的到会人数必须超过应到会有表决权人数的半数。

第二十一条　支部大会讨论接收预备党员的主要程序是：

（一）发展对象汇报对党的认识、入党动机、本人履历、家庭和主要社会关系情况，以及需向党组织说明的问题；

（二）入党介绍人介绍发展对象有关情况，并对其能否入党表明意见；

（三）支部委员会报告对发展对象的审查情况；

（四）与会党员对发展对象能否入党进行充分讨论，并采取无记名投票方式进行表决。赞成人数超过应到会有表决权的正式党员的半数，才能通过接收预备党员的决议。因故不能到会的有表决权的正式党员，在支部大会召开前正式向党支部提出书面意见的，应当统计在票数内。

支部大会讨论两个以上的发展对象入党时，必须逐个讨论和表决。

第二十二条　党支部应当及时将支部大会决议写入《中国共产党入党志愿书》，连同本人入党申请书、政治审查材料、培养教育考察材料等，一并报上级党委审批。

支部大会决议主要包括：发展对象的主要表现；应到会和实际到会有表决权的党员人数；表决结果；通过决议的日期；支部书记签名。

第二十三条　预备党员必须由党委（工委，下同）审批。

乡镇（街道）党委所属的基层党委，不能审批预备党员，但应当对支部大会通过接收的预备党员进行审议。

党总支不能审批预备党员，但应当对支部大会通过接收的预备党员进行审议。

除另有规定外，临时党组织不能接收、审批预备党员。

党组不能审批预备党员。

第二十四条　党委审批前，应当指派党委委员或组织员同发展对象谈话，作进一步的了解，并帮助发展对象提高对党的认识。谈话人应当将谈话情况和自己对发展对象能否入党的意见，如实填写在《中国共产党入党志愿书》上，并向党委汇报。

第二十五条　党委审批预备党员，必须集体讨论和表决。

党委主要审议发展对象是否具备党员条件、入党手续是否完备。发展对象符合党员条件、入党手续完备的，批准其为预备党员。党委审批意见写入《中国共产党入党志愿书》，注明预备期的起止时间，并通知报批的党支部。党支部应当及时通知本人并在党员大会上宣布。对未被批准入党的，应当通知党支部和本人，做好思想工作。

党委会审批两个以上的发展对象入党时，应当逐个审议和表决。

第二十六条　党委对党支部上报的接收预备党员的决议，应当在三个月内审批，并报上级党委组织部门备案。如遇特殊情况可适当延长审批时间，但不得超过六个月。

第二十七条　在特殊情况下，党的中央和省、自治区、直辖市委员会可以直接接收党员。

第二十八条　对在中国特色社会主义事业中为党和人民利益英勇献身，事迹突出，在一定范围内有较大影响，生前一贯表现良好并曾向党组织提出过入党要求的人员，可以追认为党员。

追认党员必须严格掌握，由所在单位党组织讨论决定后，经上级党委审查，报省一级党委批准。

第五章　预备党员的教育、考察和转正

第二十九条　党组织应当及时将上级党委批准的预备党员编入党支部和党小组，对预备党员继续进行教育和考察。

第三十条　预备党员必须面向党旗进行入党宣誓。入党宣誓仪式，一般由基层党委或党支部（党总支）组织进行。

第三十一条　党组织应当通过党的组织生活、听取本人汇报、个别谈心、集中培训、实践锻炼等方式，对预备党员进行教育和考察。

第三十二条　预备党员的预备期为一年。预备期从支部大会通过其为预备党员之日算起。

预备党员预备期满，党支部应当及时讨论其能否转为正式党员。认真履行党员义务、具备党员条件的，应当按期转为正式党员；需要继续考察和教育的，可

以延长一次预备期，延长时间不能少于半年，最长不超过一年；不履行党员义务、不具备党员条件的，应当取消其预备党员资格。

预备党员违犯党纪，情节较轻，尚可保留预备党员资格的，应当对其进行批评教育或延长预备期；情节较重的，应当取消其预备党员资格。

预备党员转为正式党员、延长预备期或取消预备党员资格，应当经支部大会讨论通过和上级党组织批准。

第三十三条　预备党员转正的手续是：本人向党支部提出书面转正申请；党小组提出意见；党支部征求党员和群众的意见；支部委员会审查；支部大会讨论、表决通过；报上级党委审批。

讨论预备党员转正的支部大会，对到会人数、赞成人数等要求与讨论接收预备党员的支部大会相同。

第三十四条　党委对党支部上报的预备党员转正的决议，应当在三个月内审批。审批结果应当及时通知党支部。党支部书记应当同本人谈话，并将审批结果在党员大会上宣布。

党员的党龄，从预备期满转为正式党员之日算起。

第三十五条　预备期未满的预备党员工作、学习所在单位（居住地）发生变动，应当及时报告原所在党组织。原所在党组织应当及时将对其培养教育和考察的情况，认真负责地介绍给接收预备党员的党组织。

党组织应当对转入的预备党员的入党材料进行严格审查，对无法认定的预备党员，报县级以上党委组织部门批准，不予承认。

第三十六条　基层党组织对转入的预备党员，在其预备期满时，如认为有必要，可推迟讨论其转正问题，推迟时间不超过六个月。转为正式党员的，其转正时间自预备期满之日算起。

第三十七条　预备党员转正后，党支部应当及时将其《中国共产党入党志愿书》、入党申请书、政治审查材料、转正申请书和培养教育考察材料，交党委存入本人人事档案。无人事档案的，建立党员档案，由所在党委或县级党委组织部门保存。

第六章　发展党员工作的领导和纪律

第三十八条　各级党委应当把发展党员工作列入重要议事日程，纳入党建工作责任制，作为党建工作述职、评议、考核和党务公开的重要内容。

对发展党员工作情况，市（地、州、盟）、县（市、区、旗）党委每半年检查一次，省、自治区、直辖市党委每年检查一次。检查结果及时上报，并向下通报。

重视从青年工人、农民、知识分子中发展党员，优化党员队伍结构。对具备发展党员条件但长期不做发展党员工作的基层党组织，上级党委应当加强指导和督促检查，必要时对其进行组织整顿。

第三十九条　各级党委组织部门每年应当向同级党委和上级党委组织部门报告发展党员工作情况和发展党员工作计划，如实反映带有倾向性的问题和对违反规定发展党员的查处情况。

第四十条　县以上党委及其组织部门应当重视对组织员的选拔、配备和培训，充分发挥他们在发展党员工作中的作用。

第四十一条　各级党组织对发展党员工作中出现的违纪违规问题和不正之风，应当严肃查处。对不坚持标准、不履行程序、超过审批时限和培养考察失职、审查把关不严的党组织及其负责人、直接责任人应当进行批评教育，情节严重的给予纪律处分。典型案例应当及时通报，对违反规定吸收入党的，一律不予承认，并在支部大会上公布。

对采取弄虚作假或其他手段把不符合党员条件的人发展为党员，或为非党员出具党员身份证明的，应当依纪依法严肃处理。

第四十二条　《中国共产党入党志愿书》的式样由中央组织部负责制定，省级党委组织部门按照式样统一印制，并严格管理。

第七章　附　则

第四十三条　本细则由中央组织部负责解释。

第四十四条　本细则自发布之日起施行。《中国共产党发展党员工作细则（试行）》（中组发〔1990〕3号）同时废止。

◎说明性细则

预备党员转正程序实施细则

一、党员应提前准备好转正材料

预备期满前一个月，预备党员本人应该主动向所在党支部提交转正申请材料，包括：

1. 转正申请书。内容包括：预备期内自己的表现如何，有哪些进步；入党时支部大会给本人提出的缺点有无改正和克服，目前还存在哪些不足；有无新问题；今后努力的方向，以及对能否转正的态度。

2. 《思想汇报》。重点就预备期内自己的思想状况实事求是地向党组织作出汇报，勇于指出自己的缺点和不足。（每季度一份）

3. 《工作表现鉴定》。即用人单位对预备党员在工作中的德能勤绩综合评价。要求用人单位必须本着对党组织负责的态度，实事求是地填写，并加盖公章。党员暂无工作的，也可由户口所在地的街道办事处或居委会开具相关证明。

另外，预备党员如果超过预备期6个月才提出转正申请的，需要加写一份《延迟申请转正申明》，实事求是地写明延迟原因，并由本人签名。

二、党支部应严格按照程序讨论转正

支部收到转正材料后，要先召开支委会认真审查材料是否备齐，决定是否提交支部党员大会予以讨论。召开党员大会（绝不允许提前开会），有表决权的正式党员实到会人数超过应到会正式党员人数的一半，才能讨论表决；不过半数，则须改期召开大会讨论。大会程序为：

1. 预备党员向大会宣读《转正申请书》，到会正式党员审查转正材料有无问题。

2. 支部书记主持讨论，支委会和到会党员可以对申请转正的预备党员进行评议，充分发表意见，提出优点与不足，批评与建议。

3. 在充分讨论的基础上，由有表决权的正式党员举手表决通过产生。

4. 要按照少数服从多数的原则通过预备党员转正的决议。赞成票超过应到会有表决权的正式党员的半数以上，方为有效。

5. 对赞成票数未过半数的预备党员，支部大会需采取表决形成“延长预备期”或“取消预备党员资格”决议。当“延长预备期”票数多过或等于“取消预备党员资格”票数时，定为“延长预备期”；少于时则定为“取消预备党员资格”。

三、召开党委会议研究审批预备党员转正

预备党员转正最终要经过党委会议的集体研究审批。会上，领导班子要听取关于预备党员申请转正情况的汇报，审阅有关转正材料，然后集体讨论、逐一表决是否批准转正。经表决通过按期转正的党员，其党龄从预备期满转为正式党员之日算起；表决通过“延长预备期”的党员，由其所在党支部继续进行教育、培养和考察；表决通过“取消预备党员资格”的党员，遵照有关规定办理脱党手续。

预备党员转正是基层党组织的一项经常性工作，政策性和原则性强，关系到党员队伍的建设、党组织凝聚力的培养和战斗力的发挥。为了推进预备党员转正程序的规范化、制度化，保证新发展党员的质量，依据《中国共产党章程》《中国共产党发展党员工作细则》，结合流动党员管理工作实际，制定本细则。

第六节　办法公文写作

一、办法的写作概述

1. 办法的概念

办法是指党政机关为贯彻某一法令或者做好某方面工作而制定的法规性公文。

办法的应用范围广泛，使用率高，特别是在我国法制建设一步步完善，人们的法制观念一步步强化时，自觉守法已逐步成为人们行动的准则，事情无论大小，都要有法可依。而办法可以用于指导实施国家的某一法律、条例，可以对某项工作作出具体规定，因而越来越广泛地被行政管理部门所采用。

2. 办法的写作格式

办法的结构由标题和正文两部分组成。

（1）标题

办法的标题应由发文机关、事由和文种类别组成，也有省略发文机关的，但不多见。办法如属“试行”“暂行”的，要在标题中标明。属会议通过或需标明发布日期的，可在标题下加括号注明。也有的在题下标示中同时标明发文机关，但这时不能再在标题或落款中重复出现发文机关。

（2）正文

①直接分条式写法。内容简单的办法，直接分条即可。前若干条写目的、依据、宗旨等；中间较多的条款写方法、步骤、措施等；最后一两条写补充规定和实施要求。

②总则、分则、附则写法。内容复杂的办法，可采用总则、分则、附则式写法。

总则写制定办法的目的、依据、意义、适用范围、实施部门等。

分则列出具体的方法、步骤、措施、要求等，可分若干章展开。

附则用来写特殊规定、补充规定和生效时间。

二、办法的写作范例

◎管理办法

××大学党委办公室印章管理办法

一、印章的刻制

（一）各种公章须由上级主管领导机关制发，或持上级批准证明制作。校党委印章，由上级党委颁发。系处总支、直属支部的印章报党委办公室，由党委办公室根据党委决定审核批准。

（二）印章必须到公安部门指定的刻制单位刻制。

（三）党委及党群各部的印章为圆形，各级印章的规格、尺寸、字体、形体、材质按中共中央、国务院、省的规定刻制。

（四）验收合格的印章，建档登记，盖好印鉴备案。然后颁发启用通知，下发使用。

二、印章的保管使用

（一）专人保管。要经常检查，细心保护，安全保管，严格制度。发现失窃，要及时报处。

（二）严格手续。使用印章须经有关领导批准，并在登记表上注明。

（三）认真审阅。对用印文内容要审阅清楚后再盖章。如需经办人亲自盖章，不让印管人员经手时，必须有上级领导批示，并登记清楚，否则不能用印。

（四）详细登记。填写用印登记表。用印时间、文书编号、用印单位、印数、经办人姓名、盖印人姓名等要认真登记。

（五）盖印正规。保证位置恰当、端正、图形清晰。若需代章要在落款后注明“代”字。代章只行上级代下级或同级，不可下级代上级。

三、印章停用、缴销

（一）因机构变动、撤销、改名或其他原因需换用新章时，要停用印章，并印发停用通知，清查印章，进行停用登记。登记时要写清停用机关、单位、原因、时间，做好停用的善后处理。

（二）对停止使用的印章要进行缴销。由上级机关颁发的印章，应缴回原颁发机关封存或销毁；本机关单位自制的印章自行处理；属个人的手章，应退给本人处理；一般戳记可销毁；撤销的单位应将原文印章留存印模，连同上级通知一道作为档案专卷保管。

××××年××月××日

◎实施办法

××专员办党风廉政建设责任制实施办法

第一章　总　则

第一条　根据《财政部党风廉政建设责任制实施办法》，结合××专员办实际，制定本实施办法。

第二条　落实党风廉政建设工作责任制，要坚持以邓小平理论、“三个代表”重要思想和科学发展观为指导，坚持“两手抓，两手都要硬”的方针，贯彻执行党中央、国务院、财政部和省委关于党风廉政建设和反腐败斗争的一系列指示。

第三条　落实党风廉政建设工作责任制，要坚持与加强党的执政能力建设、树立科学发展观和正确的政绩观相结合，坚持与完善反腐败领导体制和工作机制相结合，坚持与推进财政管理制度改革和做好财政业务工作相结合，坚持与加强党的组织建设、提高党员干部队伍素质和保持共产党员先进性相结合。

第四条　落实党风廉政建设工作责任制，必须做到权责明确，各负其责，责任到人，谁主管谁负责，权责一致，严格责任追究。

第二章　组织领导责任（略）

第三章　处室责任分工（略）

第四章　考核与责任追究（略）

第五章　附　则

第十二条　本实施办法由机关党委负责解释。

第十三条　本实施办法自下发之日起实行。

××××年××月××日

◎处理办法

××公司财物失窃处理办法

第一条　本公司发生财物失窃事件后，有关人员须在第一时间到达现场，查看该房门是否有明显损坏或被硬物撬开的迹象。

第二条　开门进入房间后，须查看房内之物是否凌乱，行李或提箱、橱柜是否被撬开。

第三条　检查商品柜台玻璃、挡板等有无明显被移动的痕迹。

第四条　不可移动现场摆设、触摸任何物件，须用摄像机拍摄现场。

第五条　及时封锁现场，不准任何人进入。

第六条　观察有无形迹可疑人员出入，记录被窃物品价值、盗窃时间等。

第七条　执法人员到现场后，应主动协助其工作，为执法人员提供资料影印副本，以做好内部调查。

第八条　对所涉及的各部门人员进行调查并录取口供，同时对重点部位和个人进行严密调查。

××科技有限责任公司

××××年××月××日

第七节　条例公文写作

一、条例的写作概述

1. 条例的概念

条例是一种常用的规范性公文。主要适用于规范党和国家的中央组织制度，规范党组织和政府机关的工作活动和党员、公务员行为的规章制度。条例用于规范某个机关的组织和职权的，叫作组织条例；用于制定预计长期实行的、调整国家生活某个方面规则的，叫作单行条例。

条例是规章制度中的最高形式，无论是党的机关公文还是行政公文，都对其制发资格有严格的规定。

2. 条例的特点

（1）鲜明的权威性。这主要表现在条例制发机关的权威性。

（2）内容的广泛性。条例的内容涉及经济、教育、科学、文化、卫生、体育事业、城乡建设事业和财政、民政、公安、民族事务、司法行政、监察、计划生育等各个领域，也包括经济性工作。

条例实质上是对国家政策、法律和法令的补充性说明或辅助性规定。

（3）制定机关的特定性。条例的制定机关是有权制定国家法律、法规的国家权力机关或行政机关，它包括全国人民代表大会及其常委会，国务院，省、自治区、直辖市人大及其常委会，省会市、国务院批准的较大的市的人大及其常委会。

（4）实施的强制性。因为条例制定机关是具有高层次的国家和地方权力机关和行政机关，所以条例具有权威性、强制性和约束性。制发机关所辖区域的一切机关、团体、企事业单位和公民都必须认真遵守执行条例的规定，不得违反，否则将承担相应的法律责任。

（5）严格的约束力。作为规章制度性质的文件，条例所规定的某些事项和某些规章制度，是根据党的路线、方针、政策制定的，各级组织和个人应该遵守什么、禁止什么、违反了怎样处置等，都有明确的规定，有非常强的约束力。

（6）制定的程序性。条例一般要经过专门的发布程序后方可生效。

（7）措辞准确，经得起推敲。条例是作为行政法规使用的，容不得半点含糊，要让执行者一看便知，是非清楚，不至于发生歧义。这就要求条例的措辞绝对准确，每一章节条款、一句一词都只能有一种理解，以便确保其严肃性和权威性。

3. 条例的写作格式

条例的写作应包括标题和正文两个组成部分。

（1）标题

条例的标题由制发机关、事由和文种类别组成，有的可省去发文机关，或在文种类别前加“暂行”等表示性质的限定词。如果标题中不标明发文机关，必须在正文之后增加落款，署上发文机关和日期。

独立发布的条例，要在标题之下正中位置，加括号标明制发机关和制发时间，如：“中共中央纪律检查委员会××××年××月××日印发”；用命令、通知等文种予以发布的条例，条例本身不显示制发时间，以命令或通知的发文时间为准。如《建设工程质量管理条例》是××××年××月××日由国务院第××号令颁布的，该条例的制发时间就是××××年××月××日。

（2）正文

条例的正文，可分为总则、分则和附则来组织结构。总则或相当于总则的部分，多有一段导入语，简要说明条例制发的目的、意义、法律依据、适用范围等。分则是分章节或条目分列条例的具体内容。附则部分是对分则的补充说明，多用以说明条例的生效日期、适用对象、解释权限，以及与相关的法令政策的关系等。

国家的法律制定颁布之后，在执行时往往还会有许多不够具体明确的地方，有时需要用条例进行补充说明或作出辅助规定，以保证法律得到准确的执行。法律实施条例可以对法律中的概念进行解释说明，也可以把某些条文细节化、具体化，还可以对法律进行补充。

内容比较简单的条例，直接分条目列述即可。

4. 条例的写作要求

条例是国家法令政策的具体阐释和补充，本身也具有法令的权威性和严肃性。它的写作，首先要正确把握其法律依据和界限；其次是要严密准确，不能有含糊和漏洞；再次是“条”“例”结合，“条文”是政策和法令，“例设”是补充与具体解释。前者要概括，后者必须具体明确；最后是条文的结构要条理井然，语言鲜明准确。

二、条例的写作范例

◎规章性条例

××市预防职务犯罪工作条例（节选）

第一条　为了加强和规范预防职务犯罪工作，促进国家工作人员依法履行职责，根据宪法和有关法律、法规的规定，结合本市实际，制定本条例。

第二条　本条例适用于本市行政区域内预防职务犯罪工作。

本条例所称预防职务犯罪，是指预防国家工作人员贪污贿赂犯罪，国家机关工作人员渎职犯罪，利用职权实施侵犯公民人身权利和民主权利犯罪以及利用职权实施的其他犯罪。

第三条　开展预防职务犯罪工作，必须依法进行，坚持标本兼治、综合治理，实行专门预防和社会预防相结合的原则。

第四条　预防职务犯罪工作实行检察机关指导、监督、协调，国家机关、国有企事业单位、人民团体各负其责，社会各界参与的工作机制。

第五条　检察机关在预防职务犯罪工作中采取下列方式开展预防工作：

（一）督促、协助有关单位开展预防职务犯罪的宣传、教育和咨询活动，指导建立社会性预防职务犯罪工作网络；

（二）调查分析职务犯罪发生的特点、规律及其原因，研究制定预防职务犯罪的对策和措施；

（三）在职务犯罪发案率高的行业和领域，会同有关单位开展预防职务犯罪工作；

（四）对重点项目开展专项预防工作；

（五）指导、监督、检查预防职务犯罪工作；

（六）其他预防职务犯罪职责。

第六条　国家机关、国有企事业单位、人民团体负责本单位、本部门、本系统、本行业的预防职务犯罪工作，履行下列职责：

（一）结合实际制定预防职务犯罪的具体措施，并组织实施；

（二）对所管理的工作人员进行法制、纪律和职业道德教育；

（三）建立并健全人、财、物等管理制度，对易发职务犯罪的岗位和环节加强监督；

（四）严格执行国家工作人员选拔任用规定和有关责任追究制度；

（五）严格执行预算内和预算外资金、行政事业性收费和罚没收入等财经管理制度，实行领导干部经济责任审计制度；

（六）实行政务公开、审务公开、检务公开和厂务公开等制度，接受社会监督；

（七）对下级单位的预防职务犯罪工作进行监督、检查；

（八）其他预防职务犯罪职责。

第七条　预防职务犯罪工作实行领导责任制。单位主要负责人对单位预防职务犯罪工作负总责，其他负责人根据分工负直接领导责任。

单位应当把预防职务犯罪列入工作计划和廉政建设责任制，与其他工作目标一并实行年度考核。

单位主要负责人和其他相关负责人年度述职时，应当把预防职务犯罪工作列为一项重要内容，接受考核和评议。

第八条　国家机关、国有企事业单位、人民团体应当根据实际，建立国家工作人员任前公示和收入申报等制度，并在一定范围内公布，接受社会监督。

第九条　人民政府及其职能部门应当改革和完善行政管理机制，采取以下措施，预防职务犯罪发生：

（一）规范行政执法行为，实行行政执法责任制；

（二）规范审批行为，公开审批程序，依法行使行政审批权；

（三）依法实行政府采购，加强对政府采购人、采购代理机构及工作人员的监督；

（四）加强对重大建设项目预决算、国债资金，财政专项资金及其他资金、基金收支情况和国家机关、国有企事业单位财务的审计监督；

（五）对建设项目依法实行招标投标；

（六）规范其他各项工作。

……

第二十条　国家机关、国有企事业单位、人民团体发生职务犯罪案件，致使国家、集体财产和人民群众生命、财产遭受重大损失，或者造成恶劣影响的，由其上级或者主管部门给予直接负责的主管人员和其他直接责任人员行政处分。对发生职务犯罪案件隐瞒不报的从重处理。

第二十一条　审判、检察、监察、审计等国家机关工作人员在履行预防职务犯罪职责时，滥用职权、玩忽职守、徇私舞弊的，由其所在单位或上级机关给予行政处分；构成犯罪的，依法追究刑事责任。

第二十二条　本条例自××××年××月××日起施行。

◎工作性条例

××公司党委工作条例（节选）

为适应建立现代企业制度体制的要求，加强和改善党的领导，根据《中华人民共和国公司法》和中央及地方有关文件规定，结合公司实际，特制定本条例。

1. 党组织设置和隶属关系

(1) 公司党组织隶属××县机关工委领导，处于公司核心地位，并依法开展活动。

(2) 根据党章规定和上级党委批准，公司设立党委，在下属部门（子公司）设立党支部。

(3) 公司党组织根据结构的变化和党员变动情况，及时相应调整公司内党组织的设置，保证党组织体系的健全。

(4) 公司总部及所在地的基层党组织，直属公司党委领导；跨省、市（自治区）的公司（子公司）的基层党组织或党员，原则上挂靠当地党组织；股权高度分散的子公司一般可由当地党组织领导。

2. 党组织内部机构

(1) 在上级党组织指导协调下，征求公司董事会意见后，公司党组织根据工作需要和高效精干原则设立内部机构。公司党组织可设立党的委员会，纪委检查委员会。

(2) 党的委员会由公司党员（代表）大会选举产生，每届任期3年。党的委员会下设党办（可与行政、人事部门合署办公）。

(3) 党的纪律检查委员会由公司党员（代表）大会选举产生，每届任期3年。

(4) 公司党委对基层党支部实行宏观领导和管理，不必要求对应设置内部机构。

(5) 党组织应明确党组织工作机构的职能，职责范围，并与公司行政系统合理分工和衔接。

3. 领导班子与工作人员

(1) 公司党委成员由5~7人组成，基层党支部由3~5人组成。

(2) 按照党的干部选拔标准，选配领导班子成员。尤其选配党性强、作风正、懂业务、会管理、有驾驭全局能力，受群众拥戴的同志担任党委书记。

(3) 在上级党组织指导协调下，征求公司董事会意见后，公司党组织可配备一名专职党务工作者，并纳入公司管理人员编制。

(4) 专职党务工作者与同级行政管理人员同等待遇。为鼓励党员员工从事专职党务，待遇可适当倾斜，并建立与行政、专业管理人员交流、轮换制度。

4. 党组织职责与任务（略）

5. 工作制度与方式（略）

6. 附则

(1) 本条例与中央、省市党组织规定不符的，按上级党组织规定执行。

（2）本条例未尽事宜，按党章和上级党组织规定办理。

（3）本条例上报上级党组织批准（备案）后实施。

××××年××月××日

◎**措施性条例**

突发公共卫生事件应急条例

第一章　总　则

第一条　为了有效预防、及时控制和消除突发公共卫生事件的危害，保障公众身体健康与生命安全，维护正常的社会秩序，制定本条例。

第二条　本条例所称突发公共卫生事件（以下简称突发事件），是指突然发生，造成或者可能造成社会公众健康严重损害的重大传染病疫情、群体性不明原因疾病、重大食物和职业中毒以及其他严重影响公众健康的事件。

第三条　突发事件发生后，国务院设立全国突发事件应急处理指挥部，由国务院有关部门和军队有关部门组成，国务院主管领导人担任总指挥，负责对全国突发事件应急处理的统一领导、统一指挥。

国务院卫生行政主管部门和其他有关部门，在各自的职责范围内做好突发事件的应急处理的有关工作。

第四条　突发事件发生后，省、自治区、直辖市人民政府成立地方突发事件应急处理指挥部，省、自治区、直辖市人民政府主要领导人担任总指挥，负责领导、指挥本行政区域内突发事件应急处理工作。

县级以上地方人民政府卫生行政主管部门，具体负责组织突发事件的调查、控制和医疗救治工作。

县级以上地方人民政府有关部门，在各自的职责范围内做好突发事件应急处理的有关工作。

第五条　突发事件应急工作，应当遵循预防为主、常备不懈的方针，贯彻统一领导、分级负责、反应及时、措施果断、依靠科学、加强合作的原则。

第六条　县级以上各级人民政府应当组织开展防治突发事件相关科学研究，建立突发事件应急流行病学调查、传染源隔离、医疗救护、现场处置、监督检查、监测检验、卫生防护等有关物资、设备、设施、技术与人才资源储备，所需经费列入本级政府财政预算。

国家对边远贫困地区突发事件应急工作给予财政支持。

第七条　国家鼓励、支持开展突发事件监测、预警、反应处理有关技术的国际交流与合作。

第八条　国务院有关部门和县级以上地方人民政府及其有关部门，应当建立严格的突发事件防范和应急处理责任制，切实履行各自的职能，保证突发事件应急处理工作的正常进行。

第九条　县级以上各级人民政府及其卫生行政主管部门，应当对参加突发事件应急处理的医疗卫生人员，给予适当补助和保健津贴；对参加突发事件应急处理作出贡献的人员，给予表彰和奖励；对因参与应急处理工作致病、致残、死亡的人员，按照国家有关规定，给予相应的补助和抚恤。

（第二章至第五章略）

第六章　附　则

第五十三条　中国人民解放军、武装警察部队医疗卫生机构参与突发事件应急处理的，依照本条例的规定和军队的相关规定执行。

第五十四条　本条例自公布之日起施行。

第八节　规程公文写作

一、规程的写作概述

1. 规程的概念

规程是指对某一事项或操作在一定范围内要求人们遵守的统一的要求和程序。其目的是规范人们的行动，以便有一个正常的生产和活动秩序。

2. 规程的写作格式

规程的写作格式一般由标题、正文、署名和日期三部分组成。

（1）标题

一般采用“××操作规程”“××活动规程”的形式。

（2）正文

分条写出规程的各项具体内容，一般要包括整个活动的每个环节。

（3）署名和日期

一般写在正文的右下方。有的可不写署名和日期。

3. 规程的写作要求

（1）各项要求和程序要有科学依据，不能脱离实际。

（2）内容要具体、准确，要按逻辑顺序，分清条理。

(3) 语言要通俗，文字要简洁，并且要易懂易记，便于操作。

二、规程的写作范例

◎**工作规程**

党支部工作规程

一、社区党支部是社区各类组织和各项工作的领导核心。要加强对社区居委会和团、妇等组织的领导，支持和保证社区居委会和团、妇等组织依法依章履行各自职责，要召集好社区议事协商会议，发挥社区议事协商会议各成员的作用。

二、社区党支部要宣传贯彻党的路线方针政策和国家的法律法规，执行上级党组织的决议；密切联系群众，做好群众的思想政治工作，向上级党组织反映社情民意；要领导各类社区组织开展好换届选举，加强对社区干部的教育、管理和监督，充分调动和发挥好社区内各方面的积极性，不断推进社区建设；加强党的自身建设，做好党员的教育管理和新党员发展工作，发挥党员在社区建设和社区服务中的先锋模范作用。

三、社区设立党支部委员会，由党员大会选举产生，受街道党委领导，每届任期三年。社区党支部按照分类设置、分类管理、发挥好各类党员作用的要求，下设三个党小组等，根据需要也可设立社团支部、非公企业支部和其他民办非企业单位支部。党员较多的支部应设立若干党小组。

四、社区党支部实行集体领导和个人分工负责相结合的制度。凡属党内重大问题，都要在征求党员意见的基础上，由党支部委员会集体讨论决定。凡涉及居民的较大事项，要由两委会集体讨论决定。其中，对制订社区规划、社区居民公约，涉及居民利益及公益事业等重大事项，必须先召开支部大会征求意见，根据大多数党员的意见，再在广泛征求居民意见的基础上，社区两委会提出方案，提交居民代表会议讨论决定。

五、社区党支部要加强自身建设，促进党的各项工作的规范化。要建立健全社区党员每月一次的党日活动，每半年一次的党课和电化教育等制度，加强新形势下社区党员的教育管理；要坚持组织生活制度，支部要督促指导所属各支部开好半年一次的民主生活会，支部委员除参加所在支部的民主生活会外，还要每半年召开支部民主生活会，开展批评与自我批评；建立联系群众、党员责任区制度，深化“凝聚力工程”，通过为社区居民排忧解难，为社区建设添砖加瓦，不断增强社区党组织的影响力和战斗力；同时，还要建立流动党员教育管理、在职党员社区活动等制度，注重发挥好社区各类党员的作用。

六、社区支部要切实保障党员民主权利，努力推进党内民主。党支部要在工作中不断发扬党内民主，主动听取广大党员对党支部工作的意见、建议和要求，努力创造党员更多地参与党内事务的环境和条件；要坚持报告工作制度，社区党支部应每年向支部党员大会报告工作一次，报告内容主要为总结一年来的工作，汇报下阶段工作打算，并接受党员的质询。

七、要使社区党组织和党员更好地接受民主监督。坚持和完善民主评议党员制度，社区党员一年一评议，严肃处置不合格党员，要对社区支部委员进行民主评议，要积极推进党务公开，严格执行入党公示制，做到支部年度目标公开，民主评议党员结果公开，党员参加党的活动和交纳党费情况公开，接受党员和群众的监督。

××市××社区党支部

××××年××月××日

◎**会议规程**

会议规程（节选）

第一条　会议程序

本公司各类会议的程序如下：

1. 经营会议

（1）会议主席作经营政策报告10分钟；

（2）上次议案回顾讨论20分钟；

（3）部门业务成果报告30分钟；

（4）各部门协调及讨论事项30分钟；

（5）未决议事项复议10分钟；

（6）上级指导、报告10分钟；

（7）主席结论10分钟。

2. 产销会议

（1）会议主席报告10分钟；

（2）上次议案讨论20分钟；

（3）各部门产销成果报告20分钟；

（4）未来销售、生产规格、数量预测30分钟；

（5）产销合作部门报告10分钟；

（6）产销协调事项讨论30分钟；

（7）未决议事项复议10分钟；

（8）上级指导、报告10分钟；

(9) 主席结论10分钟。

3. 厂务会议（略）

4. 营业会议（略）

5. 专案会议（略）

6. 周会（略）

第二条　会议规范

本公司各项会议的通知应在3天以前发出。定期的例会，如遇到节假日，应顺延一天。会议的时间、地点，如没有安排固定的负责者，则由主席事先决定通知，公司会议记录由主席指派，定期例会除非有重大事故，均须依照确实时间进行。会议记录限1天内呈报上一级主管，主管批示限3天内完成，再交由会议主持人办理。本公司各种会议的规范如下：

1. 经营会议（略）

2. 产销会议

产销联席会议每月一次，在每月的××日下午6：30至8：30举行。开会地点轮流在业务部门所在地及工厂两个地方召开。主席由产销双方轮流主持，参加人员以产销双方主任级以上管理人员为主，其他部门如总务、财务、企划等有关部门主管应列席，总经理以上人员视需要程度列席指导或报告经营方向。产销会议的目的在于谋求产销双方配合协调，报告本月产销的成果后，共同商讨今后××个月内的销售规模与数量，确定生产目标。产销以外部门的与会人员，在会中可以提供有关的策划意见或向产销部门提出管理建议，促进产销部门更加密切合作。

3. 营业会议（略）

4. 专案会议（略）

5. 周会（略）

××化工产品有限责任公司

××××年××月××日

◎**操作规程**

电工安全操作规程

一、工作前必须穿好工作服、胶鞋，戴好胶皮手套，一切防护用品必须正确使用。

二、一切电气设备在未经检查、证明无电之前，应一律以为有电，做有无电试验时须用试电工具或仪器进行，不论在任何条件下，绝对禁止用手摸导电部分，或试验设备等。

三、电盘配电箱、母线干线及其他电气设备的安装和修理工作，不得少于二人，工作时检查是否有电之后，断电部分各项必须短路或接地，作短路或接地时必须戴胶皮手套、穿胶鞋。

四、在设备断电部分上开始工作之前必须在设备断电部分送电的刀闸上标明“禁止合闸”“有人工作”等字样的标志牌。

五、电机运转时绝对不允许修理电动机及起动设备，在低压电气设备上进行安装或修理工作时，必须切断电源。

六、进行修理工作时，拆下电动机与电路的接线头、灯座插销（座）等所有线头，均应用绝缘胶布仔细包好。

七、修理一切电气设备时，如中途因故需要重新工作时，必须查明各项设备的变化，待充分了解后方可进行工作。

八、登杆作业时应首先检查杆子是否牢固，传递工具或材料时不得抛掷，必须用绳子系牢提上；禁止在电线拉紧的方向工作，以防断线伤人。

九、各开关等附近绝对禁止放置导电性、爆炸性物品或易燃品，遇发生火警时，应立即切断电源，电气设备起火仅可使用四氯化碳灭火机或沙子扑灭，不可用水或泡沫灭火机。

十、任何电器发生意外事故，值班人员必须迅速切断其电源，保护好现场，并立即报告领导。

十一、各种电气设备所需之保险丝必须按照规定容量安装，严禁用铜丝或过大容量物代替，如果保险丝熔断，必须查明原因，及时排除故障。

十二、在特殊情况下，必须带电工作时，要保证带电作业绝对安全，禁止单独一人进行，必须有一熟练技工随同监护指挥，负责安全责任。

××科技有限责任公司设备处

××××年××月××日

第九节　规定公文写作

一、规定的写作概述

1. 规定的概念

规定是指机关、团体、企事业单位制定的，在一些重大问题上作出规范性要求，用以统一人们行动的法规性文件。

2. 规定的特点

规定具有强制性或约束力、严格的制定程序和相对的稳定性。

（1）具有强制性或约束力。规定是规范人们思想、言论和行动的准则，一经公布，有关人员都必须遵照执行。

（2）具有严格的制定程序。规定是严肃的规范文件，其制定要经过严格的程序。由中央发布的属于行政法规性质的规定的制定程序，一般要经过编制规划、起草、审定、发布四个步骤，由国务院法制局负责规划协调和审查。属于规章性质的规定，制定程序也要经过起草、报送或初审、审定和公布几个阶段才能生效。

（3）具有相对的稳定性。规定是以宪法、法律、政策为依据制定的，因此其内容不得与宪法、法律和上级机关颁布的法规、章程相矛盾、相抵触。作为准则和规范，其内容要求稳定，这样才便于人们遵照执行；不能动辄修改，让人无所适从。当然，这种稳定也是相对的，当规定已不适应社会发展需要时，应及时予以修改或撤销。

3. 规定的写作格式

规定的写作通常包括标题、正文、签署三部分。

（1）标题

规定的标题，应由发文机关、事由和文种类别组成，特别是国家高级行政机关制发的规定。但有时也可省去标题中的发文机关，改为文尾签署。规定如属“暂行”性的，要在标题中标明。

（2）正文

规定的正文，多由总则、分则、附则三部分组成。

①总则。总则是规定的第一部分，用来交代制发规定的缘由、目的、意义、指导思想、基本原则、适用范围，等等。总则一般自成一章，分为若干条。

②分则。分则分为若干章，每章有小标题，下列若干条款。分则是规定的主体，规定的实质性内容和要求都在分则部分集中表达，是写作的重点所在。

③附则。附则是规定的结尾部分，主要用来作补充说明以及交代执行要求。如哪些单位和个人适用这一规定，规定的解释权属于哪一部门，规定何时生效等。

需要说明的是，规定一般采用通篇章条式的写法，但也有在章条前加序言的。另外，如果内容简单，也可以不分章，直接分条，总则、分则、附则三部分不作外部标定，但三部分必须是清晰的。

（3）签署发文机关和日期

如标题中已标明发文机关，标题下已标明发文日期的，可省去这部分。

4. 规定的写作要求

写作规定时，条理要清楚，逻辑性要强，措辞要庄重、准确、周密。

二、规定的写作范例

◎专项性规定

关于发展学生党员有关工作的规定

为进一步做好我校在大学生中发展党员工作，充分发挥基层党组织的作用，明确工作职责，严格工作程序，根据《中国共产党发展党员工作细则》的有关规定，结合我校学生党员发展工作的实际，现就发展学生党员的有关工作，作出以下规定：

一、发展学生党员的有关权限

1. 学校党委授权各学院党总支直接负责发展学生党员的审批。

2. 发展学生党员时，各党总支经会议讨论表决后，在《入党志愿书》上直接签署审批意见，“党委意见栏”盖党委组织部印章，同时将《发展预备党员备案表》或《预备党员转正备案表》（纸质文档和电子文档）等报组织部备案，不需再将有关入党材料报党委组织部进行审核。

二、发展学生党员的有关职责

1. 各学院党总支书记为本单位发展学生党员工作的第一责任人，全面负责此项工作并承担主要领导责任。

2. 各学院分管学生工作的党总支副书记负责对学生入党积极分子教育、培养和考察的具体工作。

3. 各学院党总支要严格遵守发展学生党员工作的各项程序及要求，材料要规范、手续要完备，并做好学生党员发展材料的建档、归档、保管工作。

三、发展学生党员的有关要求

1. 发展学生党员时必须坚持标准、保证质量，认真执行相关制度和程序：如团组织推优、确定入党积极积极分子、入党积极分子培训、联系人定期考察、确定发展对象、发展对象公示、发展对象政审和预审、审批前谈话、入党宣誓、预备党员培养考察等。

2. 认真做好发展学生党员工作的各项记录，详细清楚、齐全规范：

（1）会议记录。主要包括：支委会记录、支部大会记录、党支部预审会议记录、党支部审批会议记录、群众座谈会记录等。

（2）工作记录。主要包括：推优工作记录、公示记录、与入党申请人谈话记录、入党积极分子培训记录、入党积极分子和预备党员考察记录等。

（3）其他材料。主要包括：发展计划、培训计划、申请入党人一览表、入党积极分子一览表、发展预备党员备案表、预备党员转正备案表等。

3. 发展学生党员工作要有领导、有计划并严格执行党员发展计划。各党总支根据入党积极分子的培养情况，每年三月制订本单位年度发展党员的计划（九月可根据需要进行一次调整），发展计划要报党委组织部备案。备案时根据发展党员工作计划，领取《入党志愿书》。未列入发展计划的对象原则上不予发展。毕业班在毕业前三个月内原则上不再发展党员。

4. 各党总支要逐步建立学生党员信息库，及时将发展党员的基本信息登记造册，并根据要求做好党内统计工作。

5. 党委组织部负责对发展学生党员工作进行宏观管理、分类指导和组织检查。对各党总支发展学生党员工作，采用抽查和互查方式进行定期检查评比，发现问题及时予以纠正，对发展党员工作做得好的基层党组织进行表彰，总结、推广先进经验。

6. 各党总支每年十二月要对发展学生党员工作进行自查，并把自查情况书面报党委组织部。

7. 发展学生党员工作的情况将作为对基层党组织进行评估和对书记、副书记进行考核的重要依据之一。

四、发展学生党员的有关纪律

1. 发展学生党员必须严格按照《中国共产党章程》《中国共产党发展党员工作细则》和我校的有关规定公开、公正地进行。发展对象不得由个人指定或临时决定、不得突击发展、不得隐瞒或歪曲事实、不得个人许愿、不得徇私舞弊或打击报复等。

2. 发展学生党员工作接受全校师生员工的监督。

3. 发展学生党员工作严格执行责任追究制。党委组织部负责受理有关的检举和申诉，制止并纠正一切违纪和违规行为。同时对有关责任人提出处理意见或建议，经学校党委批准后执行。

五、其他事项

1. 本规定由党委组织部负责解释。

2. 本规定自发文之日起执行。

××大学党委组织部

××××年××月××日

◎**管理性规定**

××省社会公共安全服务组织管理规定

第一条　为了加强对社会公共安全服务组织的管理，保障社会公共安全服务组织的健康发展，制定本规定。

第二条 社会公共安全服务组织是为机关、团体、企事业单位、公共活动场所和各类大众性文体、商贸等活动提供约定的安全保卫服务的专门组织，协助公安机关维护社会公共安全秩序。

第三条 县（市、区）以上社会公共安全管理机构是本地区社会公共安全服务组织的管理机构，其主要职责是：

（一）负责社会公共安全服务组织的管理和监督工作；

（二）负责社会公共安全员的聘用和培训工作；

（三）负责各类安全器材和安全设施的管理工作。

第四条 社会公共安全服务组织实行有偿服务。

收费项目和标准由省人民政府财政部门、物价部门制定。

第五条 社会公共安全服务组织应当与服务对象通过订立书面服务合同的形式，约定服务责任区域、服务项目、服务质量与要求、服务时间、服务收费以及各自的权利与义务和违约责任等条款。

第六条 社会公共安全服务组织提供安全保卫服务，实行责任追究制度。

社会公共安全服务组织或社会公共安全人员因违反合同造成服务对象遭受侵害或损失的，依法承担相应的责任。

第七条 社会公共安全员由省或地区行政公署和设区市的社会公共安全管理机构按照有关规定面向社会公开招考，择优聘用。具体办法由省人民政府公安部门会同劳动部门制定。

第八条 社会公共安全员的职责是负责服务合同约定的服务责任区域内的公共安全；协助公安机关开展安全防范和控制工作；保护犯罪现场，扭送犯罪嫌疑人等工作。

第九条 社会公共安全人员必须经过与岗位要求相适应的专业知识和业务素质培训。经培训合格并取得《××省社会公共安全员资格证》的方可上岗。

《××省社会公共安全员资格证》由省社会公共安全管理机构统一制发。

第十条 社会公共安全服务组织按照《劳动法》的有关规定，与聘用的社会公共安全员签订劳动合同。

对连续5年被考核确定为合格或连续3年被考核确定为优秀的社会公共安全人员，具备人民警察条件的，在公安机关录用人民警察时，经考试、考核合格的，可优先录用。

第十一条 机关、团体、企事业单位、公共活动场所需要聘用公共安全人员的，必须向所在地社会公共安全管理机构提出申请，经审核同意后，由社会公共安全服务组织选派。

社会公共安全员不得擅自为任何单位或个人提供有偿的安全保卫服务。

第十二条　社会公共安全服务组织和社会公共安全员，因工作需要，按照有关法规的规定，经公安机关批准，可配备必要的警械。

公安机关对社会公共安全员配备和使用警械，必须从严控制。

第十三条　社会公共安全员着统一制式服装，佩戴统一标志，持统一工作证件上岗。

第十四条　本规定发布后，原有的保安公司、治安联防队和各类群众性有偿服务的治安防范组织一律终止。

第十五条　本规定具体运用中的问题由省公安厅负责解释。

第十六条　本规定自××××年××月××日起施行。

××省人民政府

××××年××月××日

第十节　公约公文写作

一、公约的写作概述

1. 公约的概念和分类

公约是指社会组织或团体为了维护公共利益，通过讨论、协商所制定出的，约定大家共同遵守的规则。

公约有两种，一种是广义的公约，如国际间关于经济、技术或法律等方面专门问题的多边条约；另一种公约是指人民群众为了维护劳动纪律或公共秩序，或为了公共利益，更好地贯彻党的方针政策或有关指示，保证学习、生产、工作任务的胜利完成，经集体讨论，把约定要做到的事情或不应当做的事情，应该宣传的事情或必须反对的事情，明确地写成条文，以便共同遵守。

公约是参与制定的单位和个人共同信守的行为规范，它对于维护社会秩序、促进安定团结、加强社会主义精神文明建设有着不可低估的作用。

2. 公约的特点

公约是在大家共同的思想认识和一致要求的基础上制定的，它一经订立，便产生作用。公约虽然不像法律、法令等文件那样带有强制性，但是对有关单位和群众都具有一定的约束力，要求大家一致遵守，使大家明确该这样做，不该那样做。公约是群众进行自我教育的很好的一种形式，它对工作、生活和学习能起一定的督促和指导作用。

3. 公约的写作格式

公约格式由以下三部分组成：

（1）标题

标明公约的名称，说明公约的性质，也可以加上地区或单位名称，如“北京市各界人民拥军优属公约”等。

（2）正文

公约的正文由引言、主体和结尾组成。

①引言。引言主要用来写明制定公约的目的、意义，常套用“为了……特制定本公约”的固定格式。

②主体。采用条文式写法，将具体内容一一列出。这部分内容最重要，一定要做到系统完整，层次清楚，言简意赅，朴实顺畅。

③结尾。用来写执行要求、生效日期等。如无必要，可免除这一部分。

（3）署名与日期

在右下方写上订立公约的单位名称与日期。如标题上已写明单位名称的，只需写清日期。

4. 撰写公约应注意的问题

①公约内容既要符合党的方针、政策、法令，又要切合本单位的生产、工作或学习需要。

②事前做好宣传工作，使大家明确订立公约的意义。订立公约时，要充分发动群众，认真讨论、出主意、提建议，根据群众意见写成草稿，然后再交群众讨论定稿，内容力求切实可行。要避免由个别人或少数人包办代替。

③公约的条文要写得具体明白，语气肯定，文字要简洁，便于记忆，便于执行、督促和检查。

④公约订立好后，要抄写清楚，贴在大家容易看到的地方，以便相互督促，共同遵守，真正落实。

⑤在执行公约的过程中，随着形势或情况的发展与变化，应及时修改补充。

二、公约的写作范例

◎服务公约

商店服务公约

坚守岗位，精神集中。

回答询问，诚恳耐心。

保质保量，买卖公平。

唱收唱付，货款两清。

食品用具，保证卫生。

物价政策，严格执行。

欢迎监督，接受批评。

××医药商店

××××年××月××日

◎廉政公约

党员干部廉政勤政公约

一、努力学习，与时俱进，坚定信念，增强党性。

二、牢记宗旨，爱岗敬业，联系群众，服务师生。

三、提高素质，廉政勤政，谦虚谨慎，艰苦奋斗。

四、贯彻方针，以人为本，崇尚科学，依法办事。

五、发扬民主，接受监督，院务公开，公平公正。

六、以院为家，荣辱与共，淡泊名利，为人师表。

七、遵守法纪，力行道德，诚实守信，团结互助。

八、坚持原则，落实制度，光明磊落，弘扬正气。

九、用好职权，不谋私利，带好下级，管好亲属。

十、自重自省，自警自励，战胜诱惑，拒腐防变。

注：为了深入开展“学党章，葆先进，铸校魂”活动，进一步加强本院党风廉政建设，经各党支部组织讨论和党委审议，现公布本院廉政勤政公约，望全院党员特别是党员干部须自觉遵守，欢迎全院师生监督施行。

××大学材料学院党委

××××年××月××日

◎行业公约

中国互联网行业自律公约（节选）

第一章　总　　则

第一条　遵照“积极发展、加强管理、趋利避害、为我所用”的基本方针，为建立我国互联网行业自律机制，规范行业从业者行为，依法促进和保障互联网行业健康发展，特制定本公约。

第二条　本公约所称互联网行业是指从事互联网运行服务、应用服务、信息服务、网络产品和网络信息资源的开发、生产以及其他与互联网有关的科研、教育、服务等活动的行业的总称。

第三条　互联网行业自律的基本原则是爱国、守法、公平、诚信。

第四条　倡议全行业从业者加入本公约，从维护国家和全行业整体利益的高度出发，积极推进行业自律，创造良好的行业发展环境。

第五条　中国互联网协会作为本公约的执行机构，负责组织实施本公约。

第二章　自律条款（略）

第三章　公约的执行

第十九条　中国互联网协会负责组织实施本公约，负责向公约成员单位传递互联网行业管理的法规、政策及行业自律信息，及时向政府主管部门反映成员单位的意愿和要求，维护成员单位的正当利益，组织实施互联网行业自律，并对成员单位遵守本公约的情况进行督促检查。

第二十条　本公约成员单位应充分尊重并自觉履行本公约的各项自律原则。

第二十一条　公约成员之间发生争议时，争议各方应本着互谅互让的原则争取以协商的方式解决争议，也可以请求公约执行机构进行调解，自觉维护行业团结，维护行业整体利益。

第二十二条　本公约成员单位违反本公约的，任何其他成员单位均有权及时向公约执行机构进行检举，要求公约执行机构进行调查；公约执行机构也可以直接进行调查，并将调查结果向全体成员单位公布。

第二十三条　公约成员单位违反本公约，造成不良影响，经查证属实的，由公约执行机构视不同情况给予在公约成员单位内部通报或取消公约成员资格的处理。

第二十四条　本公约所有成员单位均有权对公约执行机构执行本公约的合法性和公正性进行监督，有权向执行机构的主管部门检举公约执行机构或其工作人员违反本公约的行为。

第二十五条　本公约执行机构及成员单位在实施和履行本公约过程中必须遵守国家有关法律、法规。

第四章　附　　则

第二十六条　本公约经公约发起单位法定代表人或其委托的代表签字后生

效，并在生效后的30日内由中国互联网协会向社会公布。

第二十七条　本公约生效期间，经公约执行机构或本公约十分之一以上成员单位提议，并经三分之二以上成员单位同意，可以对本公约进行修改。

第二十八条　我国互联网行业从业者接受本公约的自律规则，均可以申请加入本公约；本公约成员单位也可以退出本公约，并通知公约执行机构；公约执行机构定期公布加入及退出本公约的单位名单。

第二十九条　本公约成员单位可以在本公约之下发起制定各分支行业的自律协议，经公约成员单位同意后，作为本公约的附件公布实施。

第三十条　本公约由中国互联网协会负责解释。

第三十一条　本公约自公布之日起施行。

中国互联网协会

××××年××月××日

下　编

工作事务类文书写作

第一章　会议讲话稿写作

第一节　会议开幕词、闭幕词、主持词写作

一、会议开幕词、闭幕词、主持词的写作概述

（一）会议开幕词概述

1. 会议开幕词的概念

会议开幕词是指党政机关、企事业单位和群众团体的领导人在各种隆重大会举行时所作的带有揭示性、方向性和指导性的致辞。它是会议的第一个发言，有为会议确定议题、奠定基调的作用。开幕词要紧扣会议的主旨，介绍参加会议的人员，说明会议召开的背景、目的、任务、意义及对会议提出希望和要求。

2. 会议开幕词的特点

会议开幕词具有以下特点：

（1）宣告性

宣告性是指在开幕词中郑重宣告会议正式开幕，给会议营造一种庄重的气氛。如果这是具有重要历史意义的会议，那么其历史意义就是从这一宣告开始产生的，因而这种开幕词必将随着会议的一系列重要文件一起载入史册。

（2）提示性

提示性是指在开幕词中明确交代会议的议程，扼要说明会议的开法、原则，交代会议的主要精神，起到点题作用。这样的提法使与会人员明确会议主题，做到心中有数，便于积极主动地参与讨论。

（3）指导性

指导性是指在开幕词中阐明会议宗旨，提出会议任务，说明会议目的及指导思想和重要意义，要求把整个会议的基本精神概括出来，这对开好会议将起重要的指导作用。

3. 会议开幕词的写作格式

会议开幕词一般由标题、称谓、正文、结语四部分组成。

（1）标题

大会开幕词标题的写作有以下三种：

①会议全称加上开幕词，如“×××××第××次全国代表大会开幕词”。

②领导人姓名加会议全称再加上开幕词，如“×××同志在××××会议上的开幕词”。

③采用正、副标题结合的形式，如：

贴近人民生活，标举时代精神

——××××协会第××次代表大会开幕词

（2）称谓

一般写作“各位代表”“先生们、女士们”，如有特邀嘉宾，可写作“尊敬的××先生，各位代表，朋友们”等。

（3）正文

①向大会介绍参会的领导同志和各方面的来宾；通报到会代表人数和团体名称。

②回顾过去的工作、成绩、经验及不足。

③提出本次会议的议题和议程。

④阐明会议的意义并作出预示性的评价。

⑤提出对与会代表的希望和要求。

（4）结语

大会开幕词的结语部分，一般以“祝愿大会获得圆满成功”作结，也可以提出带有鼓动性的口号。

（二）会议闭幕词概述

1. 会议闭幕词的概念

闭幕词是指党政机关、群众团体、企事业单位举行各种隆重会议闭幕时，由有关领导向会议所作的总结性讲话。

2. 会议闭幕词的特点

闭幕词具有以下特点：

（1）评估性

评估性是指在闭幕词中，要求对整个会议作出总的评价，恰当肯定会议的重大成果，正确评估会议的深远影响，从而激起与会人员的斗志，增强其贯彻会议精神的信心与决心。

（2）总结性

总结性是指在闭幕词中，要对会议的主要内容和基本精神进行简要总结。通常要概括会议的进程，如完成了哪些议题，做了哪几件事情，每项议题、每件事情又有什么重要意义和作用，与会者提出了哪些正确意见和合理化建议，今后的任务是什么，会后怎样贯彻会议精神等，使与会人员对会议有更加全面、深刻的了解和掌握，以便会后更加全面、正确、充满信心地贯彻会议的主要内容和基本精神。

3. 会议闭幕词的写作要求

（1）内容要概括，体现出总结性

内容要概括、准确，要前后照应，即与开幕词照应，与会议主题照应，与会议研究解决的主要矛盾照应，具有总结性。

（2）条理要清楚，具有逻辑性

主调要突出，线条要集中，节奏要紧凑，具有逻辑性。

（3）语言要有力，体现出号召性

语言要热烈、有力，充分肯定会议的成果和为会议成功作出贡献的部分人员，因此，遣词造句既要庄重得体，又要激情昂扬，充分体现讲话者的理论水平和领导风范。

（4）整个讲话要具有简明性

文字要简洁明了，语言要精练，手法要简洁，重点要集中，篇幅要精短，具有简明性。

（三）会议主持词稿概述

1. 会议主持词的概念

会议主持词，是指在出席各类会议时，主持人所发表的讲话。

2. 会议主持词的写作格式

（1）标题

可用主持词、议程或仪式程序等作为标题。

（2）正文

首先介绍参加活动的出席人员情况，介绍的顺序，在一般情况下，先介绍上级后介绍下级；先介绍来宾后介绍当地参加活动的主要领导人。在一些特殊情况下，参加活动的人员虽然职务不太高，但他（她）是当年事件的主要参与者，也应先予介绍。

参加活动的人员介绍完之后，主持者以东道主的身份对上级机关的关怀、对来宾的支持表示敬意。

最后全面介绍整个活动的主要程序。

3. 会议主持词的写作要求

①主持词是在整个活动过程中穿插进行的，起一个穿针引线的作用。

②会议程序是预先研究好了的。如果遇有特殊情况时随时调整，主持词要作相应的变动。

③主持词在实施过程中，文字表述要和当时的现场活动紧密结合。必要的时候，在不违背原意的情况下，可以增加或减少某些内容。

二、会议开幕词、闭幕词、主持词的写作范例

◎在党代会开幕式上的讲话

在××市第四次党代会开幕式上的讲话

中共××市委常委　×××

（××××年××月××日）

各位代表、同志们：

中国共产党××市第四次党代会今天开幕了。在此，我谨代表中共××市委，对这次大会的召开表示热烈的祝贺！向三届市委班子成员，向参加会议的全体代表、特邀代表和列席会议的同志们，并通过你们向辛勤工作在××各条战线上的广大党员干部和人民群众，致以崇高的敬意！

下面，我讲三点意见：

一、三届××市委三年的工作是卓有成效的

过去的三年，是××经济总量迅速膨胀、社会各项事业大跨越发展的三年。综合实力显著增强，经济结构不断优化，基础设施大为改观，各项事业协调发展，三个文明和党的建设切实加强。最突出的标志就是，百强位置大幅前移，雄踞全国第××位，××的知名度明显提升。三年的变化，我相信在座的各位一定感受最深、体会最深，付出也最多。我作为××市委班子一员，更作为一个××人，也目睹和见证了××三年的风雨、三年的坎坷、三年的顽强拼搏；目睹和见证了三届市委一班人，团结带领全市各级党组织和广大党员干部，为振兴××、建设××、繁荣××所付出的辛劳和汗水；目睹和见证了勤劳、朴实、聪明、智慧的××人民顾全大局、无私奉献、开拓创新、敢为人先、不甘落后、争强好胜的奋斗精神。××人民为××乃至全省经济社会发展所做出的突出贡献是有目共睹、众口皆碑的。对此，××市委是满意的，人民群众是称道的，社会舆论是一致的。

二、××今后五年的目标是切合实际的，任务是艰巨的

今后五年，是全面贯彻落实科学发展观的重要五年，也是××加快建设现代化新型工业城市、率先实现现代化的关键五年，昨天晚上我提前看了×××书记的报告，报告对过去三年的总结是实事求是的，提出的奋斗目标是切合实际的，战略重点是突出的，保障措施也是很有力的。尤其是指导思想中提出的七个“千方百计”，即千方百计增加农民收入，千方百计推进社会主义新农村建设，千方百计增加财政收入，千方百计增强地方综合实力，千方百计完善公共设施，千方百计改善生存条件，千方百计完善社会保障体系。这七个“千方百计”鼓舞人

心，符合民意，这体现了科学发展观要求，也折射出新一届××市委的执政理念发生重大变化，更加关注××民生，更加注重人民幸福指数的提升。报告战略重点中的创优六方面发展环境，抓准了××当前的热点、难点问题，既贯彻了××市委的意图，也符合××万××人民的根本利益。当然，这些还有待于在这次党代会上进一步完善，使之成为××人民的统一意志和行动纲领。只要我们按照科学发展观的要求，在新一届××市委的坚强领导下，这次党代会的宏伟目标一定会实现。到那时，××经济社会将更加繁荣，民主法制将更加完善，人民生活将更加富裕，生态环境将显著改善。这是××各级党组织和每个党员干部的重大历史使命，也是××市委的殷切希望。

三、保证这次党代会圆满成功是至关重要的

党是各项事业的领导核心。无论是中央、省地，还是县市、党代会历来都是非常关键、非常重要的。如果党代会出了问题，明年的人代会政协会肯定开不好。所以，必须高度重视党代会，精心筹划党代会，圆满开好党代会。开好党代会，党委一把手是关键，是第一责任人；代表发挥先锋模范作用是前提，严明纪律是保证。我希望在座的代表们和同志们，大家在任何时候、任何情况下都要进一步增强大局意识，始终做到讲政治；都要进一步增强责任意识，理直气壮地加强党的领导；都要进一步增强纪律意识，旗帜鲜明地反对各种非组织活动；都要进一步强化廉洁意识，自觉地以党纪国法规范言行。为了保证这次党代会的圆满成功，××市委制定了工作方案和纪律，成立了强有力的工作领导组和会风会纪督察组，并做了大量认真细致的准备工作，为开好会议打下了良好基础。但是绝不能麻痹大意，还要做过细的工作。一定要把思想高度统一起来，加强领导，明确责任，积极主动地做好各个环节的工作；坚定不移地贯彻运城市委意图，充分发挥党员的模范带头作用，确保大会圆满成功。

我相信，在××市委的正确领导下，在大会主席团和全体代表的共同努力下，这次大会一定能够取得圆满成功！借此机会祝各位代表和同志们身体健康，生活愉快，工作顺利，万事如意！

◎在人代会开幕式上的讲话

在××县第十五届人大第四次会议开幕式上的讲话

××县县委书记　×××

（××××年××月××日）

各位代表、同志们：

××县第十五届人民代表大会第四次会议今天隆重开幕了！在此，我代表中共××县委和大会主席团，向大会的召开表示热烈的祝贺！向各位代表致以诚挚的问候和良好的祝愿！

近几年来，全县广大干部群众团结一心，以“三个代表”重要思想和科学发展观为指导，坚持“生态立县”战略，大力实施“一业一廊率先突破”，创造了××发展史上的最好时期。全县国民经济健康快速发展，“××生态经济强县”建设步伐不断加快；三大经济体系建设卓有成效，已经成为全县生态经济发展的主导和支撑；各项改革稳步推进，广大干部群众真正享受到了改革带来的实惠；城乡面貌发生显著变化，人民生活水平极大改善；社会事业全面进步，民主法制建设、精神文明建设和基层基础工作得到进一步加强，开创了物质文明、精神文明和政治文明协调共进的良好局面。这些成绩的取得，得益于全县各级党政组织的共同努力，得益于广大干部群众的艰苦奋斗，更凝聚着我县市人大代表和全体县人大代表的心血和智慧。在此，我代表县委及全县人民向奋战在各条战线上的人大代表，表示衷心的感谢和崇高的敬意！

今天大会的主要任务是，选举产生××选区××市第二届人大代表，补选产生××县本届人民政府县长。选举产生的××市第二届人大代表，应具有良好的政治素质，拥护党的基本路线，热爱社会主义祖国，自觉实践“三个代表”重要思想，模范遵守宪法和法律；有较强的执行代表职务的责任感，密切联系群众，认真听取和反映群众的意见与要求，努力为人民服务；有一定的文化素质、议政能力和社会活动能力，能够较好地履行代表的权利和义务。根据市委《批转市人大常委会党组〈关于××市第二届人民代表大会换届选举有关问题的报告〉的通知》精神，分配给××县的市人大代表总名额为××名，其中包括市上推荐的××名，按照提高素质、优化结构，体现广泛性和先进性的原则，以及实行差额选举的有关规定，本次会议共确定市人大代表初步候选人××名。按照《党政领导干部选拔任用工作条例》规定，县长候选人不仅要具备担任党政领导干部的基本条件，还必须具有相应的任职资格。经省委同意，市委推荐我县县政府县长候选人××名。

市人大代表初步候选人建议名单，其中××名是县人大常委会按照法律和有关规定提名、县委常委会研究通过，经市人大常委会党组批复产生的；××名是市人大常委会推荐到本选举单位的。县长候选人建议名单，是市委按照干部队伍“四化”方针和德才兼备的原则，坚持党管干部与走群众路线相结合，在全市范围内进行民主评议、民主测评、民主推荐，经市委常委会研究确定的。这个建议名单的产生，符合上级关于县级政府领导班子配备的基本原则，是按照法律规定程序严格考察确定的。建议名单人选具有广泛的群众基础，在原工作岗位上做出了突出成绩，具有较强的参与国家事务管理和驾驭全局性工作的能力。

开好本次大会，依法搞好选举，直接体现我县民主法制建设水平，关系到市县两级政权建设，影响着全县长远发展和广大干部群众的根本利益。各位代表一定要高度重视本次选举工作，深刻认识肩负的重大使命，本着为党为人民负责的态度，依法行使选举权利，确保大会取得圆满成功，达到预期目的。具体要把握三条原则。一要坚持党的领导。坚持党的正确领导是本次大会的基本原则。各位代表要坚持讲政治、讲党性、讲大局，在党的领导下，充分发挥参政议政热情，正确行使民主权利，真正把党的意愿依法上升为全县人民的共同意志。二要充分发扬民主。作为人大代表，要依法行使职权，做人民群众根本利益的忠实代表。提交本次大会的市人大代表和县政府县长的候选人，是在广泛发扬民主的前提下，通过层层推荐考察，经过集体研究提出来的，贯彻了德才兼备的原则，体现了组织意愿与群众意愿的有机统一。各位代表要本着对××负责、对人民负责、对历史负责的态度，珍视和依法行使代表职权，认真酝酿并投好自己神圣的一票，使本次选举充分体现民主精神。三要严格依法办事。大会的选举过程，既是充分发扬社会主义民主的过程，也是代表全县人民直接参与社会主义民主法制建设的实践过程。因此，各位代表要在坚持党的领导和充分发扬民主的原则下，严格按照法定原则和程序进行选举，依法行使选举权，确保顺利完成选举任务。

最后，预祝大会取得圆满成功，祝各位代表和同志们身体健康、工作顺利！

◎在洽谈会开幕式上的讲话

在中外经贸合作洽谈会开幕式上的讲话

×××

（××××年××月××日）

尊敬的×××大使、各位来宾、女士们、先生们：

首先，我谨代表××自治区人民政府向前来参会的各位嘉宾、各位朋友表示热烈的欢迎。今天，我们在这里召开洽谈会，目的是增进彼此间的了解，在互惠互利的基础上，进一步推进我们之间的经济技术合作。

××具有良好的资源、政策和区位优势。水力、矿产、亚热带动植物、海洋等资源蕴藏量居全国前列；××不仅是中国西部地区唯一拥有海港的省区，而且还是连接中国—东盟的桥梁。××××年，××完成国内生产总值××亿元，比上年增长××%，高于全国平均增长速度，对外贸易创历史新高，经济发展势头迅猛，已形成了以有色金属及非金属矿产开采加工、机械及汽车制造、建筑材料、制糖、农业、旅游业为支柱的特色产业。今年××月，第一届中国—东盟博览会将在××××举办，这为进一步加快××的对外开放和经济发展带来了历史性机遇。

×××科技发达，在电信、高科技以及农业科技产业等都极具国际竞争力。×××和××在资源和技术优势上互补性很强，具有良好的合作前景。我们非常欢迎×××朋友惠顾××观光旅游，投资兴业。愿我们以本次洽谈会为契机，精诚合作，共创辉煌！

祝洽谈会取得圆满成功！谢谢各位！

◎在党代会闭幕式上的讲话

×××同志在××区第×次党代会闭幕式上的讲话

（××××年××月××日）

各位代表、同志们：

中国共产党××市××区第×次代表大会，在市委的领导和关怀下，经过全体代表的共同努力，顺利完成了预定的各项任务，取得了圆满成功。

我们这次大会是在全面贯彻落实党的十八大和十八届五中全会精神新形势下召开的，是落实××市第×次党代会和市委第×届第×次全会精神的一次重要会议，也是研究部署××区今后五年发展的一次重要会议。五天来，与会代表不负全区××万名共产党员的重托和××万人民的厚望，以饱满的政治热情和高度的政治责任感，集思广益，畅所欲言，认真履行职责，共谋发展大计，审议通过了中国共产党××区×届区委工作报告和纪律检查委员会工作报告，选举产生了新一届区委领导集体。这是一次解放思想、凝聚力量的大会，更是一次团结民主、求实鼓劲的大会。

大会充分肯定了第×届区委五年来的工作成绩，深刻分析了××区面临的机遇与挑战。大会号召要紧紧抓住“××××”的发展机遇，围绕“××××”的主题，优化发展环境、优化空间布局、优化产业结构，加快实现“××××”目标。

蓝图已经绘就，关键在于落实。要进一步解放思想，加快改革，扩大开放。继续深入开展“××××”的解放思想大讨论，把思想统一到区第×次党代会精神上来，破除一切阻碍发展的观念，革除一切束缚发展的体制机制和障碍。要继续巩固团结、和谐、默契的全区工作局面，围绕强区富民，围绕“××××”，凡是有利于发展的事，就积极地做、大胆地试。鼓励人们干事业、支持人们干成事业，让想干事的人有机会，会干事的人有岗位，形成“聚精会神搞建设，一心一意谋发展”的良好氛围。

要进一步学习、学习、再学习。深入推进学习型城区建设，各级领导干部、全体共产党员都要把自觉学习当作一种神圣职责、一种精神境界、一种终生追求，以实际行动影响和带动全区人民形成勤奋学习、与时俱进的良好社会风气，形成××区现代文明之花竞相绽放、绚丽多姿的美好景象。

要进一步落实、落实、再落实。空谈误国，实干兴邦。各级领导干部都要结合本职工作和地区发展，只争朝夕，求真务实，把第×次党代会确定的宏伟目标，通过自己的辛勤劳动、真抓实干转化为现实，在自己的工作岗位上再立新功；以自己卓有成效的工作，加快促进地区发展，让人民群众过上幸福美好的生活。

各位代表、同志们，且持梦笔书奇景，日破云涛万里红。展望未来，机遇与挑战并存，希望与困难同在。各级党组织、广大共产党员要始终高举发展旗帜，倍加珍惜发展机遇，紧密团结在党中央周围，在市委的领导下，万众一心，团结进取，用我们的智慧和汗水谱写更加辉煌灿烂的明天！

春节将至，我代表第×届区委向各位代表，向全区人民提前拜年，祝愿每一个家庭健康、幸福、美满。

◎在人代会闭幕式上的讲话

主动担当重任　积极履行职能
以改革和法治精神开创人大工作新局面

——在市十五届人大四次会议闭幕式上的讲话

中共××市市委书记　×××

（××××年××月××日）

各位代表，同志们：

××市第十五届人民代表大会第四次会议，经过全体代表和与会同志的共同努力，圆满完成了各项议程，即将胜利闭幕。

会议期间，各位代表不负人民重托，始终以饱满的政治热情和强烈的责任意识，忠实履行职责，认真行使权利，体现了胸怀大局、情系人民的使命风采，展现了与时俱进、开拓进取的精神风貌。会议审议批准了市人大常委会、“一府两院”工作报告和其他报告，新选举产生了市人大常务委员会副主任2名、委员2名。这次大会开得很圆满、很成功，是一次集思广益、凝心聚力的大会，是一次务实奋进、风清气正的大会，必将进一步激励和动员全市广大干部群众主动适应新常态，积极展现新作为，以更加向上的姿态、更加昂扬的状态，全力推动××经济社会发展迈上新台阶。

回顾××××年，我们备感振奋、充满自信。面对严峻复杂的国内外经济形势，全市上下以“致力改革创新，聚焦转型发展”为主线，积极开展“重大项目突破年”活动，统筹推进经济、政治、文化、社会、生态文明和党的建设，各项事业都取得了可圈可点的成绩。这是全市广大干部群众同心同德、攻坚克难的结果，也饱含着各级人大组织和全体代表的心血与汗水。一年来，市人大及其常委会和全体代表讲政治、顾大局，敢履职、勤监督，善团结、肯奉献，服务发展有实绩、依法监督有作为、改善民生有成效、自身建设有提升，为全市经济社会发展和民主政治建设作出了积极贡献。市委对人大工作是满意的。在此，我代表市委向大家表示衷心的感谢和崇高的敬意！

迈入××××年，我们激情满怀、充满期待。今年是全面深化改革的关键之年，也是全面推进依法治市的开局之年，改革与法治双轮驱动、两翼齐飞，必将推动××在科学发展的道路上行稳致远。前不久召开的市委十一届八次全会，就认真贯彻落实习近平总书记视察江苏时的重要讲话精神，努力推动我市经济社会发展迈上新台阶做出了全面部署。本次人代会又进一步细化明确了今年各项工作目标和发展任务。新的一年里，希望各级人大组织和全体代表准确把握全面推进法治建设的新要求，主动适应经济社会发展的新常态，坚持党的领导、人民当家做主、依法治国的有机统一，依法履行各项职权，努力以改革和法治精神开创××人大工作新局面。

一、围绕推动改革发展这一根本任务，努力展现服务大局的新作为。面对进入新常态的新形势、迈上新台阶的新任务，各级人大组织必须切实增强大局意识，找准人大工作与经济社会发展的结合点，切实做到依法行使职权从改革发展着眼、开展各项监督为改革发展助力、组织代表活动为改革发展服务。要紧紧围绕“重大项目深化年”活动以及转型升级、创新驱动、改革开放、产城融合、法治建设、民生改善、文化发展、生态优化等重点工作，认真开展重大课题调研，把握发展趋势，破解发展难题，多出好主意，多想好办法，努力为党委政府科学决策提供有力依据。要切实履行监督之责，既敢于监督，又善于监督，做到在监督中支持，在支持中监督，凡是有利于改革发展的重大事项，都要全力支持、依法促进，凡是影响改革发展的重大问题，都要盯住不放、一抓到底，使人大监督有力度、有深度、有成效、有口碑。人大代表是我市各行各业的骨干，要争当改革创新的先行者、转型发展的生力军，为服务××改革发展大局贡献自己的聪明才智。

二、担好推进法治建设这一神圣职责，奋力开辟依法治市的新境界。市委十一届八次全会对全面推进依法治市作出全面部署，明确了法治××建设的具体任务。人大处于民主法治建设第一线，肩负重任，责无旁贷。中央已经明确，依法赋予设区的市地方立法权。市人大及其常委会要为立法工作做好准备，尽快筹备建立专门法制工作机构，成立法律顾问、立法专家咨询组，紧密结合××实际，在法定权限内，及早组织开展对我市经济社会发展所急需立法项目的调研。获得地方立法权后，要充分发挥立法对改革发展的引领、推动和保障作用，坚持立法决策与改革决策相衔接、立法进程与发展进程相适应，抓紧制定相关法规，确保重大改革于法有据，同时及时把改革实践中的成熟做法上升为法规制度，加快重点领域立法步伐，通过立法巩固改革发展成果。要加强对法律法规实施的监督，大力促进依法行政、公正司法，确保宪法和法律法规得到有效实施，确保行政权、审判权、检察权得到正确行使，确保公民、法人和其他组织的合法权益得到依法维护。

三、坚持维护群众利益这一价值追求，全力促进民生福祉的新改善。人大代表来自基层代表人民，为民代言、为民解忧是人大一切工作的出发点和落脚点。要充分发挥人大代表密切联系群众的优势，通过代表视察、走访、对话等方式，及时把党委政府的决策部署带下去，把基层反映和群众呼声带上来，当好社情民意的“传达者”、群众利益的“维护者”。要围绕教育医疗、健康养老、社会治安、食品药品安全、就业社会保障、生态环境建设等领域，把更多社会关注、百姓热盼的民生问题纳入人大议事日程，推动民生问题优先解决、民生工程加快实施、惠民政策全面落实，切实维护群众利益。要积极投身各项社会建设和社会管理，及时发现潜在的社会矛盾，多做理顺情绪、沟通协调、化解矛盾的工作，着力维护社会大局和谐稳定。要巩固拓展教育实践活动成果，切实改进工作作风，坚持深入基层、深入实际，问计于基层、求知于实践，真正把为民务实清廉的要求落实到人大工作的全过程和各方面。

四、强化提升履职能力这一重要保障，着力展示自身建设的新气象。新形势新任务对人大工作提出了更高要求。各级人大组织要始终把加强自身建设作为基础性工作来抓，努力推动人大工作与时俱进、改革创新。要牢牢把握正确政治方向，自觉将党的领导贯穿于依法履职全过程、落实到知情参政各方面，及时把党委的重大决策和意图通过法定程序变成人民的共同意志。要准确把握新时期人大工作的特点规律，着力构建充满活力、富有效率的工作制度和运行机制，全力推动人大工作创特色、上水平。要突出代表在人大工作中的主体作用，进一步拓宽与代表沟通联系渠道，完善代表学习培训机制，创新代表活动方式，健全代表联络机构，为代表发挥作用提供必要保障。各位代表要进一步增强政治意识、代表意识和法治意识，倍加珍惜党和人民的信任和重托，倍加爱护自身的荣誉和形象，牢记使命，履职尽责，切实发挥好桥梁纽带和模范带头作用，以自身的标杆示范效应，感召群众、激励群众、带动群众，真正当好人民满意放心的忠实代表。

坚持党对人大工作的领导，是不断提高人大工作水平的根本保证。市委将一如既往地支持人大及其常委会依法开展工作，切实加强和改进对人大工作的领导，真正做到思想上重视、工作上信任、决策上尊重。各级党委要把人大工作纳入总体布局，高度重视和支持人大工作，努力为人大创造宽松和谐的工作环境。“一府两院”要正确对待人大监督、自觉接受人大监督、积极配合人大监督，认真执行人大的决议决定，不断提高依法行政和公正司法水平。各级各部门要积极支持人大依法行使职权，认真办理人大代表议案建议，主动为代表履职创造有利条件。

各位代表，同志们，时代赋予我们重任，人民寄予我们厚望。让我们紧密团结在以习近平同志为总书记的党中央周围，只争朝夕、奋发有为，不断推动人大工作开创新局面，为建设“经济强、百姓富、环境美、社会文明程度高”的新××作出新的更大贡献！

◎**在研讨会闭幕式上的讲话**

在“市场准入与公平竞争”××××年
国际研讨会闭幕式上的讲话

×××

（××××年××月××日）

各位来宾、女士们、先生们：

下午好！

紧张的一天研讨让大家辛苦了，但能聆听这么精彩的演讲，还是感到分享智慧、收获知识、扩大视野的充实和喜悦。

回顾此次研讨会，充分体现了“海纳百川、追求卓越”的精神，可以看出以下三个显著特点：

一是层次高。这次研讨会我们邀请到了××市的分管市长、国务院立法部门、市场准入管理部门、政策研究部门的三位部长，×国公平交易委员会秘书长、×国联邦中央登记署主任、××××证券与投资委员会执行部副总裁等高级官员出席，还邀请到了知名专家学者，还有众多世界一流企业高管，可谓高朋满座，宾客如云，不能不说是一次高层次、高规格国际研讨盛会。

二是内容全。今天的研讨会上，××位演讲嘉宾围绕市场准入与制度构建、政府规制、经济发展、行业监管××个议题展开了热烈的讨论。整个研讨会主旨鲜明，逻辑严密，议题与议题之间环环相扣，紧密相连。内容跨度之大好像一天走了好多国家，一日跨了好几个时代。

三是组织得好。本次参加研讨会的人员近××人，代表的地域和行业分布也十分广泛，能在这么短的时间内，对以上问题进行充分的阐述和交流，并形成了一定的成果，归功于本次研讨会的出色组织。会务安排得井井有条，会议运作得流畅顺利，充分展现了本次组委会高超的统筹能力和组织能力。面对如此高效的组织，你就不难理解××市场准入制度的高效了。

此次研讨会虽然短暂，但对我们的影响是深刻和久远的。研讨会恰逢其时，在中国实施新公司法、制定反垄断法和商事登记法的重要时刻召开。演讲者或以过来人的身份告诉后来者他们走过的历程，或丝丝入扣剖析一项法律制度的操作，或高屋建瓴指出制度建设的方向，这些真知灼见都将促使我们的市场准入制度更成熟、更完善。通过研讨会，我们既感到制度后来者的后发优势，那就是可以吸取前人的经验，取长补短，众采博览，站在巨人的肩上，也感到后来者的任重而道远。

今天，我们怀着建设公平、规范、便捷、高效市场准入制度的共同目标走到一起，拜会老朋友，结识新朋友，明天我们就要回到各自的工作岗位。研讨会虽然短暂，但我们的友谊是地久天长的！

各位来宾，女士们、先生们，在研讨会结束的时候，让我们以热烈的掌声，再一次感谢嘉宾的精彩演讲！再一次感谢各位的耐心参与！再一次感谢××市工商局的精心组织与安排！再一次感谢有关协办单位、支持单位及所有会务人员！

◎在企业工作会议上的主持词

在全市乡镇企业工作会议上开始时的主持词

×××

（××××年××月××日）

同志们：

今天我们在这里召开全市乡镇企业工作会议，主要是贯彻落实全市经济工作会议和全省农村工作会议精神，总结乡镇企业过去一年的工作经验，查找存在的问题，安排部署今年的工作任务。

今天会议的议题有四项：一是请×局长传达全市经济工作会议和全省农村工作会议精神，总结去年全市乡镇企业工作经验和安排部署今年工作任务；二是×局长与各县（市、区）局局长签订安全生产目标管理责任状；三是各县（市、区）局局长交流去年工作经验和今年工作计划思路；四是市局各科科长布置具体工作。

下面进行会议的第一项内容，首先请×局长传达全市经济工作会议和全省农村工作会议主要精神，总结去年全市乡镇企业工作，部署今年工作任务。大家欢迎。

下面进行会议的第二项内容，由市局×局长与九县（市、区）局长签订安全生产目标管理责任状。

刚才×局长作了一个很好的报告，希望大家很好地领会报告精神。去年，我市遭受了百年未遇的“××”超强台风的袭击，损失惨重。但是全市××多万乡镇企业系统的干部、职工，在当地党委、政府的正确领导下，奋起抗灾，将损失降到最低限度，各县（市、区）局在去年十分困难的情况下，能迎难而上，根据各地的实际情况做了大量卓有成效的工作，保持了良好的发展态势。

下面进行会议的第三项内容，请各县（市、区）局局长对去年的工作经验进行交流发言。

刚才九县（市、区）局的局长对去年的工作经验进行了总结交流，并对今年的工作计划提出了很好的思路，希望大家很好地抓落实，确保全年任务的完成。

下面进行会议的最后一项，请市局各科科长布置具体工作。

同志们：为期一天的会议将要结束了，这次会议虽然时间很短，但是内容丰富，任务很重。会议既传达了全市经济工作会议和全省农村工作会议精神，又总结交流了市、县两级工作经验，签订了安全生产目标管理责任状，以及对今年的工作进行了部署安排，达到了会议预期的目的。希望大家回去后抓紧贯彻落实。

在这新春佳节即将到来之际，谨向在座的各位同志，并通过你们向全市××多万乡镇企业干部、职工拜个早年！祝愿大家在新的一年里事事如意、合家幸福！

散会。

◎在改革工作会议上的主持词

粮食流通体制改革工作会议主持词

×××

（××××年××月××日）

现在开会。

今天，县委、县政府在这里隆重召开全县粮食流通体制改革工作会议，是继××××年粮改以来的又一次关于粮食流通体制改革的重大会议，会议的主要任务是：回顾总结过去一年来的粮食工作，分析粮食流通工作面临的形势，安排布置今年和今后一个时期的粮食流通体制改革工作。

参加今天大会的有：市粮食局×××同志；县委、县人大、县政府、县政协的分管领导；县粮改领导小组各成员单位的负责同志；县城各附营企业副科以上领导干部；各购销企业的主任、会计；粮食局全体干部。让我们以热烈的掌声欢迎各位领导和同志们的到来。

今天的大会共有××项议程：一是动员讲话；二是宣读文件；三是领导讲话；四是总结讲话。

下面进行大会第一项：动员讲话。请县政府副县长×××同志作动员讲话。大家欢迎。

现在进行大会第二项：宣读文件。请县粮食局局长、粮改办主任×××同志宣读《××县人民政府关于进一步深化粮食流通体制改革的实施意见》。大家欢迎。

再请粮食局副局长××同志宣读《××县国有粮食购销企业改革工作方

案》。大家欢迎。

现在进行大会第三项：领导讲话。请市粮食局×××同志讲话。大家欢迎。

现在进行大会第四项：总结讲话。请县政府助理调研员×××同志作总结讲话。大家欢迎。

前面，×县长作了粮改动员讲话，粮食局×局长和×局长宣读了《××县人民政府关于进一步深化粮食流通体制改革实施意见》和《××县人民政府关于印发××县国有粮食购销企业改革工作方案的通知》，市粮食局×××同志作了重要指示，×县长最后作了总结讲话。下面我就如何贯彻落实好这次会议再强调几点意见：

一是要深刻领会会议精神。这次粮改的政策性强，涉及面广，任务繁重，各有关部门一定要按照县委、县政府的安排，统一思想，提高认识，全面、正确地理解和学习好这次粮改的政策措施，把握好"放开"与"管理""搞活"的关系。

二是要传达好这次会议精神。这次会议，各粮食企业抽调的是各购销企业的主任和会计以及县城附营企业副科以上领导，所以，会后，各企业主要负责同志一定要将这次会议精神全面细致地传达到粮食企业的每一个职工，并做好职工的思想工作，为下一步粮改工作奠定基础。

三是通力协作，密切配合，全面完成我县的粮改工作任务。粮改工作是一项庞大的系统工程，需要各方面的配合和全社会的支持，所以，各有关部门要明确职责分工，各司其职，各负其责，充分发挥部门的职能作用，顾全大局，高效运作，改进作风，改善服务，与粮食部门一道搞好这次粮改工作。

这次粮食流通体制改革工作会议的各项议程已圆满完成，现在宣布闭会。

◎在安全工作会议上的主持词

全县食品药品安全监管工作会议主持词（节选）

×××

（××××年××月××日）

各位领导、同志们：

这次会议是经县政府研究召开的一次重要会议。会议的主要任务是认真贯彻落实省、市食品药品安全监管工作会议精神，回顾总结××××年全县食品药品安全监管工作，研究部署今年食品药品安全监管工作任务。

出席今天会议的领导同志有：县食品安全协调委员会主任、县委常委、常务副县长××同志。参加今天会议的有：县食品安全协调委员会各位副主任和各成员单位主要负责人，各乡镇分管副镇长，县直有关部门负责同志。

今天会议的主要议程有三项：一是传达全省、全市食品药品安全监管工作会议精神；二是县政府与各乡镇签订食品安全责任书；三是请县食品安全协调委员会主任、县委常委、常务副县长××同志讲话。

这次会议时间紧、任务重，请同志们严格遵守会场纪律，注意维持会场秩序，聚精会神地把会议开好。

会议进行第一项：

请县食品安全协调委员会副主任、县食品药品管理局局长×××同志传达全省、全市食品药品安全监管工作会议精神。

会议进行第二项：

县政府与各乡镇政府签订××××年食品安全监管责任书。

现在继续开会。

会议进行第三项：

请县食品安全协调委员会主任、县委常委、常务副县长××同志作重要讲话。请大家欢迎。

同志们：

以上传达学习了省、市食品药品安全工作会议精神，县政府与各乡镇政府签订了食品安全监管责任书，县食品安全协调委员会主任、县委副书记、常务副县长××同志作了重要讲话。××副县长的讲话高屋建瓴，内涵深刻，指导性、针对性都很强，我们要深刻学习领会，结合本系统实际认真抓好贯彻落实。同时县政府印发了《关于进一步加强食品安全工作的意见》，县政府办公室印发了《××××年食品、药品放心工程实施方案》，县食品安全协调委员会印发了《××县食品药品安全协调委员会工作制度、成员单位工作职责》，与会的各级、各部门、各单位要认真学习贯彻，抓好落实。

关于这次会议精神的学习贯彻，提出三点要求：（略）

各单位要将这次会议贯彻落实情况于××月××日前报县食品药品安全协调委员会办公室。

第二节　工作会议讲话稿写作

一、工作会议讲话稿的写作概述

1. 工作会议讲话稿的概念

工作会议讲话稿也称“发言稿”，是指在某种特殊场合讲话前所拟定的书面稿。其作用是节省时间，集中、有效地围绕议题把话讲好，不至于走题或把话讲错。讲话稿的适用范围很广，多用于各种大小会议、广播录音、电视录像等口头表达，也可以登报印成“书面发言”。

2. 工作会议讲话稿的种类

（1）会议主持讲话稿

会议主持讲话稿是指在主持会议或活动时的主持讲话稿。写作会议主持讲话稿时，要根据不同的会议，撰写不同的讲话内容。要求突出中心，紧扣会议议题，表达准确，观点鲜明，言简意赅，语言要写得自然、实在、富有鼓动性。

（2）政治会议讲话稿

政治会议讲话稿是指在各类政治会议上发表的讲话稿。写作这类会议讲话稿要求中心思想突出，理论联系实际；思路清晰，观点鲜明；层次分明，逻辑严密；措辞准确，感情饱满，振奋人心。政治会议的讲话稿，不但要具有鲜明的理论性、思想性、工作性、政策性，而且还要富有一定的鼓动性、指导性。

（3）工作会议讲话稿

工作会议讲话稿是指在各类工作会议上发表的讲话稿。工作会议讲话主要是领导干部对一定时期的工作情况进行总结归纳，对下一步工作的目标任务、工作重点、采取的措施等进行安排部署。因此，写作这类讲话稿时，要求态度鲜明，目的明确，内容单一，结构层次分明，逻辑思维严密，语言要简洁明快，铿锵有力。

（4）纪念会议讲话稿

纪念会议讲话稿是指在重大庆典等纪念性会议上发表的讲话稿。写作这类讲话稿时，要求既有理论性又有针对性，条理清晰而又环环相扣，语言既简洁明快，又通俗易懂，篇幅要小，语气要坚定有力，讲究礼仪用语，使整篇讲话稿富有感情色彩。

（5）节日致辞讲话稿

节日致辞讲话稿是指元旦、国庆、春节等重要节日在电视或晚会上以及其他庆祝活动中所作的讲话稿。由于这类讲话主要是通过向广大群众表示节日问候，回顾历史，展望未来，提出希望，激励广大干部群众在新的一年或今后为祖国和本地区的改革发展作贡献，因此内容要写得实事求是，语言要写得热烈、真诚，文字要精练、简洁。同时，还要注意通俗易懂与语言的口语化。

（6）礼仪活动讲话稿

礼仪活动讲话稿是指在特定的场合或举行某项仪式上所发表的礼仪性讲话。写作这类讲话稿时，要求语言精练，简洁明了，言辞热烈，充满感情，层次分明，结构严谨，针对性和应用性强，鼓动性、号召性强。

（7）文体活动讲话稿

文体活动讲话稿是指出席各种文体活动时所发表的致辞讲话稿。这类讲话稿的语言要写得简洁明快，真情感人，注意用词要简明、文雅、有力。

(8) 慰问活动讲话稿

慰问活动讲话稿是指在重大节日、纪念日或遇到某种特殊情况、重大事件时，对有关人员、群体表示安慰、关心、关怀、问候、鼓励而发表的讲话稿。写作这类讲话稿时，要求有鼓舞性和亲切性，讲话的语言要富有激情，文字要简洁明了。

(9) 情况汇报讲话稿

情况汇报讲话稿是指向领导汇报工作情况时的讲话稿。写作这类讲话稿时，要善于抓住重点，搞好综合分析，语言要写得简明精练，条理清晰，用词准确。同时，还要使整个讲话稿有新思想、新观点。

(10) 通报情况讲话稿

通报情况讲话稿是指向有关人员通报有关情况的讲话稿。因这类讲话稿主要是介绍某项工作，或就某一问题、事件、工作表明态度，明确要求，提出希望，以求获得统一认识或扩大影响。因此，这类讲话稿要写得实事求是，措辞准确，判断恰当，重点突出，语气和缓。

(11) 任职、离职讲话稿

任职、离职讲话稿是指在任职、离职时发表的讲话稿。这类讲话稿的内容要求实事求是，态度真诚，语言要写得简洁有力，个性鲜明突出，成绩、问题要写得详略得当，感谢、道歉出于真心，希望、要求要写得诚挚热切。

(12) 学习辅导讲话稿

学习辅导讲话稿是指向党员、干部、群众解释、宣传政治理论知识与党和国家重要文件时所使用的讲话稿。做学习辅导讲话时，首先要开门见山，引人入胜；其次要全面准确，讲深、讲透；最后要做到概括总结，耐人回味。学习辅导讲话稿要求观点鲜明，层次清晰；逻辑严密，有理有据；以情动人，感染力强；深入浅出，通俗性强。

(13) 谈话、交谈讲话稿

谈话、交谈讲话稿是指以对话的方式与干部群众面对面进行交流的讲话稿。谈话、交谈讲话稿的具体内容要视实际情况、谈话对象而定。做好谈话、交谈，一定要事先做好准备，做到心中有数；要有针对性，明确目的，把握重点；讲究谈话方式，因人制宜，因事制宜；谈话语言和气亲切，表达得体。

3. 工作会议讲话稿的写作格式

(1) 标题

标题是指讲话稿的题目。其写作格式如下：

①标题位置要左右居中，上下各空一行。短标题的字距可拉开一点。长标题一行不够，可转行，但要注意保持词与词组的完整性，字数搭配要匀称合理。

②标题明确清晰，新颖醒目，生动活泼，语言要简洁精练。

（2）姓名

姓名是指讲话者的姓名。其写作格式如下：

①有与标题连在一起，列于标题之前的。

②如果讲话者在本地讲话，大家对其都熟悉时，不必在姓名之前冠以主要职务；如果讲话者在外地讲话，大家对其不很熟悉时，最好在姓名之前，冠以主要职务，以便与会者增进了解。

③姓名独占一行时，字距应拉大一些。姓名只有两个字的，字距可再拉大一点。

（3）时间

时间是指发表讲话时的时间。其写作格式如下：

①讲话时间有的标在讲话者之前，有的标在讲话者之后，还有的把讲话者与讲话时间连在一起嵌入副标题中。这三种方式可灵活运用。

②时间单独标出，独占一行时，要外加括号。

③所标时间不能简化，年、月、日中的数字要写全。一般标到某日为止，如果一天内有数次讲话，还要注明上午、下午或晚上等具体的讲话时间。

（4）称谓

称谓是指对与会者的称呼。如何称谓，要视会议性质和与会者的具体情况而定。称谓一般要顶格写，独立成行，较多时并列两行以上，有时称谓也可与讲话开头并连在一行。

（5）开头

开头是指讲话稿的开始语。开头是讲话思路的起点，它的任务在于提领整个讲话，需要具备赢得听众好感和引入正文的条件。为了达到这个条件，在写讲话稿开头时，需要注意以下四点：

①内容要力求有新意，能给人耳目一新之感。

②形式要力求新奇巧趣，要能牢牢地吸引听众。

③要避免用谦逊过度的谦词开头和自我吹嘘的开头。

④注意开头不要兜圈子、绕弯子，入题太缓，离题太远。

讲话的开头很重要，它起着引发、定调的作用。因此，要写得很得体，要体现出讲话者和听众之间的主要关系，要符合讲话场合的需要，要用简要的语言交代出全部讲话的要点，使听众先有所了解，并形成一种气氛，达到控制和掌握听众情绪，吸引其注意力的目的。

综上所述，写讲话稿开头的总的要求就是：做到开门见山、切入主题，语言要引人入胜、吸引听众、新颖精巧，内容要紧扣题意，简明扼要。

（6）正文

正文即讲话稿的主体。一般来说，正文没有一个固定的模式，其内容要视讲话人的身份、会议的背景、讲话的主题以及听众的差异而定。但都必须内容充实、分析透彻，主题鲜明、观点正确，材料充实、详略得当，层次结构分明、条理清晰，言之有序。对篇幅较长的讲话稿需要列出若干小标题，或用序号分出几个部分来写。

（7）结尾

结尾即讲话稿的结束语。结尾是讲话思路的终结，它要在一个很短的时间内，抓住听众的注意力，使其全篇的意义完整，因而必须用最有力量的语言，将思想升华，编织完成全篇的讲话。好的结尾具有画龙点睛的功能，可发人深省，耐人回味，鼓舞斗志，振奋精神。写作讲话稿结尾的要求：

①概括整个文稿主题，作出结论，完整准确；

②语言精悍有力，充满热情；

③让听众听后余音绕梁，回味无穷。

结尾的写作方法很多，常见的有：一是总结式。即对讲话的主要内容进行总结，归纳概括。这种结尾方式既是讲话稿的终点又是启发人们思考的起点。二是发出号召、提出希望式。即向与会者或有关人员指明方向，发出号召，提出希望。三是展望未来、鼓舞斗志式。即对未来的前景作出展望，拨动听众的心弦。四是感谢式。即向与会者或有关人员表示感谢。这种结尾方式能使听众备感亲切，有助于缩短讲话者和听者之间的心理距离，融合讲话者和听者的感情。五是哲理式。即通过总结作出哲理性结论，给听众以启发。六是含蓄式，即通过提出问题，给听众以回味。

4. 工作会议讲话稿组织结构上的写作要求

为了能使讲话稿线条清晰、脉络顺畅，推理科学、判断准确，结构层次严谨、逻辑性强，在组织结构方面要掌握住以下特性：

（1）讲话稿布局的整体性

讲话稿布局的整体性是指按照事物之间发展的前因后果，统筹安排，理顺脉络，通过一个有形或无形的主线（经线）和一层层展开的段落层次（纬线），把讲话稿的框架布局安排好，以便为写好讲话稿奠定良好的基础。做好谋篇布局的方法是：在选好角度及定好主题的基础上，围绕主题，大体按照是什么、为什么、怎么办三个大层次，确定一个主线条及各个部分的支线条，以及各层次、支线的观点、论据等，拟出详细的写作提纲。

（2）要素组合的紧密性

要素组合的紧密性是指按照客观事物的内在联系布局谋篇，把讲话稿的各种要素有机组合起来，做到自然严谨。讲话稿的要素，主要是观点与材料。主题明确，观点正确，并详细地占有材料，做到观点与材料统一，是一篇好的讲话稿的基本特征，也是写好讲话稿必须遵循的基本要求。如何使观点与材料紧密组合、有机统一？有多种方法，领导讲话稿主要运用的是逻辑关系法和递进法，即提出问题（是什么）、分析问题（为什么）、解决问题（怎么办）。

（3）内容结构的层次性

内容结构的层次性是指要遵循作文的一般规律，做到层次分明，环环相扣，层层递进，一脉相承，相互衔接，前后呼应，排序恰当，符合人的思维逻辑。具体到讲话稿，一般都要按照“为什么开展这项工作、如何开展这项工作、如何才能保证把这项工作搞好”的思路，形成讲话稿大的结构框架，然后再围绕大的结构框架，提出第二层次和第三层次的结构和内容。

（4）段落层次的单一性

段落层次的单一性是指内容详略得当，突出重点，保持单一。一篇讲话稿最好是一个主题思想或中心意思，一个层次段落最好是一个问题或一个意思，段落问题围绕主题思想，观点与材料相结合，一层层展开，一个个讲透。在具体写作时，要达到这些要求，最好的办法是打好腹稿，拟好提纲，把主要观点融入提纲、题目之中。只有这样，才能提高讲话稿的写作效率。

5. 工作会议讲话稿思想内容上的写作要求

（1）思想性

讲话稿的思想性主要体现为：

①讲政治，始终与党中央保持高度一致，自觉维护党中央的权威。

②坚持用马列主义、毛泽东思想、邓小平理论、“三个代表”重要思想和科学发展观指导各项工作，用马克思主义的立场、观点、方法来观察、分析和解决问题。

③按照组织意图去讲，与集体意见保持一致，不论在什么情况下，都不能凭自己的好恶随意表态。

④符合并传达贯彻落实党的基本路线、方针、政策和国家的法律法规。

⑤坚持党的思想路线，解放思想，更新观念，求真务实，开拓进取。

（2）准确性

准确性是讲话稿写作的基础和前提。只有讲话稿的写作内容准确、真实、可信，才能赢得群众的信服，更好地指导工作。准确，既包括政治上的，也包括事实上的；既反映客观事物的本质和主流，又符合客观实际；既是对上级精神的准确表述，又是实践活动中质与量、是与非的真实反映。其中符合党和国家的路线、方针、政策和上级的指示精神，并把上级精神自然而然地体现在讲话稿之中，则是讲话稿准确性的重要表现，也是需要把握的一个重点。

（3）实用性

讲话的目的是解决问题，指导工作。领导讲话稿只有管用、实用，才有它存在的价值。如何才能使领导讲话稿管用、实用呢？

①要对上级指示精神进行认真学习，深刻领会其精神实质；掌握和了解领导干部的工作思路和意见；熟悉本地实际情况，做到心中有数。只有这样，起草领导讲话稿才能把握住大方向，提出的观点才能有高度，立得住。

②把上级指示精神与本地的实际情况结合起来，对“原材料”进行加工，去粗取精、去伪存真，发现问题，找到解决办法，把“上情”与“下情”联系起来进行分析比较，从中抓住主要矛盾和问题，寻找两者的结合点和共同点，才能在写讲话稿时有较高的立意，有较强的针对性，写出的讲话稿才有较强的指导性。

（4）个性化

讲话稿的个性化特点，是指讲话稿不仅要符合实际，而且要符合自己的意图，体现自己的思维特点和语言表述习惯，具有自己独特的风格和个性。这不仅是为个人树立良好形象的需要，也是提高讲话稿写作质量的需要。要想在讲话稿中体现出自己的个性和风格，实现用自己的语言讲话，必须做到如下几点：

①加强党性修养，树立正确的世界观、人生观和价值观。

②锲而不舍地坚持读书学习，把学习作为重要任务，提高文化素质。

③发扬持之以恒的刻苦钻研精神，多用脑思考问题，多动手写讲话稿。

④改进工作作风，深入基层进行调查研究，充分占有第一手材料，了解和掌握群众思想情况。

6. 工作会议讲话稿语言文字上的写作要求

熟练掌握和正确运用语言文字表达，是提高讲话稿写作水平的基础。讲话稿语言文字表达的特点如下：

（1）精当性

精当性是指用词贴切，推理严密，合乎语法、逻辑，要用最贴切、最恰当的字、词、句概括观点，表达讲话内容。特点是要注意仔细区别近义词在含义和用法上的细微差别，否则讲话稿就会出现用词不当，产生纰漏和歧义。

（2）生动性

生动性是指语言要有文采，句式要有变化，读起来朗朗上口，听起来通俗易懂。领导讲话稿在不失庄重、明确和科学、准确的前提下，恰当地使用一些生动的词语是必要的，这样会使讲话的意义更加深刻具体。

（3）庄重性

庄重性是指语言要庄重典雅。讲话稿的内容具有较强的政治性、政策性、权威性和代表性，带有明显的指示性、指导性和约束性。庄重严肃的语言是政治性、政策性和权威性、代表性的体现。因此，无论遇到何种情况，问题多么严重，语言文字表达都要规范严谨。只有庄重、严肃的语言，才能引起听众对贯彻落实讲话精神的重视，讲话才能有成效。当然，恰当地使用一些幽默的语言，也是必要的。

(4) 鲜明性

讲话稿主要是传达学习、宣传和落实党的基本路线、方针、政策，政治性、思想性、政策性非常强。因此，在具体写作时，就要把握好观点鲜明、态度明朗、意见明确这一鲜明性，对主张什么、提倡什么、反对什么，都要写得直截了当。

(5) 贴切性

贴切性是指语言的运用贴近对象、切合实际，要看对象、看场合、看文体要求，得体地运用语言。讲话者各自地位身份不同、素质不同，讲话的要求、语言风格、讲话的用词也就不同，因此，讲话稿必须符合不同身份地位的人和语言习惯。

(6) 简练性

简练性是指用精练的语言材料、简单的结构方式、比较简洁的语言表达丰富的内容。在写作讲话稿时，必须以“惜墨如金”的态度，下决心把讲话稿写得简练、简练再简练，能少一个字的就少一个字，能压缩的就压缩，能删去的就删去，做到简而不陋，繁而不芜。

(7) 规范性

合乎语言文字规范，遵循语言的一般规律是讲话稿的起码要求。讲话稿中的名称、数字、时间表述以及讲话稿中的省略、标点符号的使用等，都有严格的要求，表述和使用一定要准确规范。当然，适当使用一些特殊的、创新性的、大家共知的群众语言，也是必要的，可以增强讲话稿的生动性。

(8) 平实性

平实性是指言之有理，语言朴素，语意实在，质朴自然，多用平和、朴实的陈述句，且口语化要强，句式不要太长。读起来朗朗上口，听起来句句实在。也就是说，在写作讲话稿时，要多采用大众化、通俗化的语言，并注意吸收现代政治、经济、文化等各个领域中涌现出来的大量新词语。

二、工作会议讲话稿的写作范例

◎在党建工作会议上的讲话

在××××年市级机关党建工作会议上的讲话

××市委书记　×××

(××××年××月××日)

同志们：

今天在这里召开市级机关党建工作会议，回顾总结去年的工作，研究部署今年的任务。这对于市级机关党组织进一步统一思想，厘清思路，明确目标，更好地为我市经济社会持续跨越发展提供政治和组织保障，开创机关党建工作新局面，具有重要意义。

过去的一年，市级机关各级党组织坚持以邓小平理论为指导，牢固树立和认真落实科学发展观，在思想政治建设上，以党员先进性教育为主线，把握重点，讲求方法，注重实效，机关党员干部的思想政治素质、政策理论水平有了新提高；在基层党组织建设上，抓住先进性教育活动契机，着力夯实机关党建基础，机关党组织的凝聚力和战斗力进一步增强；在机关作风建设上，以全面推进“效能提速”为载体，把握转变职能、改进作风、改善软环境三个重点，机关作风明显改进；在党风廉政建设上，认真落实党风廉政责任制，加大党内监督的力度，党员干部勤政廉政良好形象进一步展现；在群团建设上，加强领导，指导和支持他们围绕党的中心，独立自主开展工作，工青妇组织的作用得到发挥；在党务干部队伍建设上，注意加强引导，搞好培训，不断提高党务干部综合素质。对于同志们所做的工作和所取得的成绩，市委是充分肯定的，干部群众是满意的。在此我代表市委向今天受到表彰的先进集体和个人表示祝贺！向在各自岗位上辛勤工作的广大党务工作者和广大党员表示亲切的问候和衷心的感谢！刚才×××同志代表市级机关工委所做的工作报告，对××××年的工作总结实事求是，对××××年的工作部署富有创意，我完全赞同。希望各机关党组织结合实际，认真贯彻落实。下面，我再讲四点意见。

一、认清形势任务，进一步增强做好机关党建工作的责任感和紧迫感

××××年是“十三五”的开局之年，市委九届十次全委会已经确定了“××××”的目标预期，××××的工作重点和推进举措。这些目标的实现，离不开强有力的党的工作作保证；离不开坚定明确的政治思想作基础；离不开敢于创新、善于开拓、甘于奉献的干部队伍作支撑。

二、围绕发展大局，充分发挥机关党建工作效能

围绕中心、服务大局，是机关党的工作必须坚持的一条重要原则。实践证明，机关党的工作只有服从和服务于经济建设中心、服从和服务于改革发展稳定大局，服从和服务于市委、市政府及本部门、本单位的中心工作，才能充分发挥其独特优势，才能有活力、有作为、有地位。

三、坚持改革创新，努力增强机关党建工作活力

改革创新是推动发展的根本动力，也是做好机关党建工作的必然要求。在新的形势下，我们一定要坚持解放思想、实事求是、与时俱进，善于用新的思想观念、新的方式方法、新的规章制度、新的活动载体来推动工作，为机关党建增加新的生机与活力。

四、用新的方式方法开展活动

提倡和鼓励机关各级党组织结合实际，开展形式多样的党建活动，解决自身存

在的问题；善于抓重点、抓典型、抓特色、抓落实；注重用现代手段和科学方法开展党建工作，推广和运用网络等先进技术，不断拓展机关党建工作的空间，使机关党的建设体现时代要求，适应发展需要，符合机关实际。机关工委要抓好引导和支持工作，鼓励基层的首创精神，努力促使机关党的建设在工作部署上有新的思路，在工作内容上有新的拓展，在工作方法上有新的突破，在工作落实上有新的成效。

同志们，加强机关党的建设职责光荣，任务艰巨。让我们在市委的领导下，以高度的政治责任感和奋发有为的精神状态，解放思想，与时俱进，开拓创新，大胆实践，更加扎实地做好各项工作，努力开创机关党建工作新局面，为推进全市经济社会持续跨越发展作出更大的贡献！

◎在换届选举工作会议上的讲话

在全县镇党委换届选举工作会议上的讲话

××县委书记　×××

（××××年××月××日）

同志们：

按照省委〔××××〕××号《通知》要求，根据《中国共产党章程》和《中国共产党基层组织选举工作暂行条例》的规定，县委经过认真研究，要求全县在明年××月××日前开好镇党代表大会，全面完成镇党委换届选举任务。今天召开这次会议，主要是根据县委的统一安排，对镇党委换届选举工作进行动员部署。马上，×××部长还就换届选举有关工作作具体说明。现在，我就组织好镇党委换届选举工作，讲三点意见。

一、切实增强做好镇党委换届选举工作的政治责任感

这次镇党委换届选举，是在全县上下认真学习贯彻党的十八届五中全会精神，精心谋划“十三五”发展，加快推进新农村建设，深入开展先进性教育活动的形势下进行的。做好这次换届选举工作，意义十分重大。各镇党委必须站在加快发展、科学发展、构建和谐社会的高度，充分认识做好镇党委换届选举工作的重要性，增强工作的责任感和使命感。

首先，搞好镇党委换届选举，有利于把镇党委领导班子建成带领干部群众建设社会主义新农村的坚强领导核心。镇党委是党在农村的基层组织，处于领导核心地位，是建立新农村的领导者和组织者。应该说，目前镇党委领导班子是有凝聚力和战斗力的，农村经济社会发展的形势总体上是好的。但是，我们也要看到，与建设社会主义新农村的目标要求相比，还有很大的差距，特别是镇村经济比较薄弱，集体债务仍然较重，农民收入水平总体不高，农村各项社会事业发展滞后，建设社会主义新农村的任务还十分艰巨。在这样的情况下，尤其需要一支

勇于开拓、踏实干事的干部队伍，需要一个驾驭全局、坚强有力的领导班子。这次镇党委换届选举，将产生新的一届党委和纪委领导班子，对于改善镇领导班子结构，提高镇领导班子的凝聚力、战斗力和号召力，是一个很好的机遇。大家一定要认清肩负的重任，以对事业高度负责的精神，精心组织好镇党委换届选举，进一步优化领导班子结构，为加快推进新农村建设提供有力的组织保证。

其次，做好镇党委换届选举工作。(略)

最后，做好镇党委换届选举工作。(略)

二、认真做好镇党委换届选举的各项工作

要保证镇党委换届选举任务的圆满完成，必须切实抓好镇党委换届选举的各个环节，尤其要重视做好以下四个方面的工作。

1. 要选好镇党代会代表。(略)

2. 要起草好镇党代会报告。(略)

3. 要配备好镇党委、纪委领导班子。(略)

4. 要抓好党的自身建设。(略)

三、重视加强对镇党委换届选举工作的领导

镇党委换届选举工作，任务重、要求高，时间也很紧。各镇党委要切实加强组织领导，保证换届选举工作顺利进行。

思想上要高度重视。这次镇党委换届选举面临着一些新的情况，特别是不少镇现有领导职数偏多、年龄结构老化，农村流动党员明显增加，目前社会矛盾也比较集中。这些都加大了选举工作的组织难度。因此，各镇党委在思想上要真正重视起来，认真分析和把握新的情况，做到早做谋划，加强领导。一把手要亲自过问，分管书记要集中精力具体负责，把换届选举的各项工作组织好、实施好。

工作上要严密组织。换届选举是一项十分复杂而细致的工作，思想性、政策性、程序性都很强，必须周密考虑，认真实施。要深入学习换届选举的有关文件，深刻领会换届选举工作的指导思想和具体要求，掌握有关政策规定。要重视做好思想政治工作，严肃政治纪律和组织纪律，认真执行民主集中制原则，特别是要教育和引导党员干部自觉按照党组织意图，依法履行自己的民主权利，确保党委人事安排意图的顺利实现。同时，要按照有关文件的规定和上级的要求，严格履行每一道程序。

时间上要从紧安排。按照县委要求，从现在起到召开镇党代表大会，只有××个多月的时间，代表的选举及党代会的筹备工作，必须在今年年底前全部完成，时间要求非常紧，加之目前已进入年根岁底，改革发展的任务十分繁重。各镇党委必须坚持从紧安排。这次会议后，各镇要按照会议的要求，进行一次认真研究，把各项工作统筹兼顾起来，并立即着手换届选举的准备工作。党委成员要明确分工，各司其职。要制订好详尽的工作计划，并认真抓好落实。

同志们，全县镇党委换届选举工作即将全面展开。希望各镇党委以高度负责的精神，严谨科学的态度，扎扎实实的作风，过细做好工作，确保圆满完成镇党委换届选举任务，为加快实现“两个翻番”、全面建设小康社会作出积极的贡献。

◎在防汛工作会议上的讲话

在全省防汛工作会议上的讲话（节选）

×××

（××××年××月××日）

同志们：

在全国“两会”胜利闭幕不久，全省上下深入学习贯彻“两会”精神之际，召开这次全省防汛工作会议，总结经验，分析形势，部署今年的防汛抗旱工作，非常及时，很有必要。防汛工作最重要的就在于“防”，就是要早研究，早部署，早准备，早动手，早落实，未雨绸缪，以确保安全度汛。会上，×××同志做重要讲话，对防汛工作进行部署，请大家认真贯彻落实。下面，我讲几点意见。

一、充分认识做好防汛抗旱工作的极端重要性（略）

二、加强领导，严肃纪律，严格落实防汛责任制（略）

三、依法防洪，科学防洪，确保今年安全度汛（略）

据有关部门预测，今年我省发生干旱的可能性较大。因此，在做好防汛工作的同时，要处理好防洪与抗旱的关系，坚持防洪抗旱两手抓，积极做好抗大旱的各种准备。我省星罗棋布的水库，既是蓄水防洪的重要设施，又是备水防旱的根本依靠，要合理、周密地调度好。特别是在防汛后期，要结合抗旱要求，加强水库调度，合理蓄水，确保大中型灌区抗旱夺丰收。在这个问题上需要强调的是，大家要树立全局意识，统筹兼顾，局部利益必须服从全局利益。

同志们，防汛抗旱工作责任重于泰山。各级党委、政府一定要以党的十八大精神为指导，周密部署，真抓实干，依法防洪，科学防洪，努力夺取今年防汛抗旱斗争的全面胜利，为“十三五”计划的良好开局，为国民经济的持续快速健康发展提供有效的安全保障，做出新的更大贡献。

◎在防火工作会议上的讲话

在全省森林防火工作电视电话会议上的讲话

×××

（××××年××月××日）

同志们：

刚才，×××同志传达了全国森林防火工作座谈会精神，并就抓好全省森林防火工作作了具体部署和安排，我完全赞同。下面，我再强调几点意见。

一、要充分认识做好森林防火工作的重要性和紧迫性

森林火灾是一种与自然条件、人为活动有着直接关系的自然灾害，具有很强的突发性和不确定性。受厄尔尼诺、拉尼娜等现象影响，全球气候异常，气象条件不利于森林防火；林区枯枝落叶和林下植被增多，引发火灾的概率增大；林区经济发展加大了火源管理难度；农村大量青壮年劳力外出务工给扑救火灾带来了人力调度上的困难。目前，我省已全面进入森林防火期，受干旱天气影响，全省森林火灾受害率达××‰，为近年来少见，森林防火的任务十分艰巨。做好森林防火工作，直接关系到人民群众生命财产安全和林区社会稳定，直接关系到生态安徽建设和林业发展战略目标的实现。各地、各部门要充分认识做好森林防火工作的重要性和紧迫性，把森林防火作为加强执政能力建设、落实科学发展观和构建和谐社会的一件大事来抓，切实摆上重要议事日程，绝不能有任何麻痹思想和侥幸心理，真正做到思想认识到位，工作措施到位。

二、要进一步完善森林火灾应急预案

当前，我省已进入森林防火期。防火工作的艰巨性、时效性、专业性和危险性，要求我们必须把强化火灾处置能力、完善应急体系作为工作的重中之重，切实抓紧抓好。各级森林防火指挥部要按照国务院的统一要求，参照《国家处置重、特大森林火灾应急预案》和省政府的有关规定，逐级修订完善扑火预案。目前，省级森林防火应急预案已经出台，希望各市、县及时制定出本级森林防火应急预案。要充分利用信息技术等现代化手段，按照统一标准、信息共享的原则，建立科学有效的指挥决策系统，为火灾预防和扑救提供有力支撑。森林消防部门要加强与城镇公安消防部门的联系，建立信息反馈和灭火救援联动机制。要按照“专群结合，以专为主”的原则，全面加强地方森林消防队伍建设，不断提高消防队伍的正规化、专业化水平和协同灭火作战能力。要加强森林防火物资储备库建设，提高储备、保障能力，逐步形成分布较广、配置合理、辐射范围较大的森林防火物资储备格局。

三、要切实加强监测和预警预报

各地要结合区情、林情，充分运用卫星监测、瞭望台哨、地面巡逻等综合手段，加强火情监测和火险预警预报，努力实现全方位监测。对国家林业局卫星林火监测中心通报的热点信息，必须认真核查，及时报告。要加大火情监测设施和通讯设施建设力度，加强值班调度，保障通信畅通，确保火灾信息的快速传递，真正做到一有火情，能及时发现并有效处置，实现森林火灾“打早、打小、打了”。对迟报、瞒报火情的，要严肃处理；因失职贻误扑火时机、酿成重大损失的，要依法追究有关人员责任。

四、要严格火源管理

违法用火是引发森林火灾的主要原因。要保证不发生大的森林火灾，就必须坚决把火源管理好。各地要严格执行火源管理制度和野外生产用火批准制度，积极引导和科学规范农事用火。林区要严格封山清山、清理外来人员，严禁一切野外用火，坚决管住管严火源，杜绝火种进山。要针对当前林下可燃物载量高、火灾隐患大的实际情况，在辖区范围内全面开展火灾隐患大排查活动。要加强林间、林缘防火隔离带建设，变堵为疏，变被动为主动，切实做到预防第一，常备不懈。要根据当地的实际情况适时发布森林防火戒严令，划定戒严区、戒严地段，采取必要的防范措施，严防火灾发生。

五、要全面落实森林防火责任制

各级政府和有关部门要以对国家和人民生命财产高度负责的精神，认真贯彻“预防为主、积极消灭”的工作方针，全面落实森林防火责任制，确保《森林防火目标责任书》签订的各项目标任务按期完成，确保实现全年受害率控制在××‰的目标。要按照山有人管、林有人护、责有人担的要求，层层落实责任和措施，确保不发生大的森林火灾和人员伤亡事故。各地在防火期间，分管领导要深入一线，深入基层，开展森林火灾隐患大排查，重点检查森林防火责任制落实情况，及时解决森林防火工作中存在的突出问题，不断提高森林防火综合水平。森林防火指挥部各成员单位要各司其职，各负其责，密切配合，通力合作，为森林防火防灾提供有力保障。

六、要坚持依法治火

要认真贯彻《森林法》《森林防火条例》和《××省森林防火办法》，进一步加大执法力度，抓好火灾案件的查处，真正做到有法必依、执法必严、违法必究，查处一案，教育一方。对森林火灾造成重大损失的大案要案，要严肃追究责任，依纪依法处理。要采取多种形式，大力开展面向基层、面向群众、面向重点区域的森林防火、安全避险知识宣传教育，切实提高群众的防火意识和参与防火的自觉性、积极性，把预防森林火灾变为全社会的自觉行动。要进一步健全并严格执行森林防火工作制度，堵塞漏洞，把森林防火工作纳入法制化、制度化轨道。

同志们，全省森林防火已进入一个重要时期。各地要按照省委、省政府的统一部署，紧急行动起来，采取有力措施，严防森林火灾发生，确保人民群众生命财产安全，为构建“和谐××”“平安××”，促进××奋力崛起做出新的更大贡献。

◎在政务公开工作经验交流会上的讲话

在省政务公开工作经验交流会上的讲话（节选）

×××

（××××年××月××日）

同志们：

这次全省政务公开工作经验交流会，是一次很重要的会议。会议认真总结了近年来全省推行政务公开的情况，推广了××市政务公开工作试点经验，介绍了××，××××等市抓政务公开的一些典型。××同志对下一步全省政务公开工作做了全面安排部署，讲得很好，我完全同意，希望各地各部门认真贯彻落实。

××市是全省政务公开工作试点市之一。去年年底，省上安排部署后，××市委、市政府高度重视，把试点工作与经济建设、依法治市、基层民主政治建设、党风廉政建设紧密结合起来，纳入全市整体工作计划，精心组织，狠抓落实，坚持整体推进，扩展公开范围；突出关键环节，深化公开内容；加强载体建设，创新公开形式；建立健全制度，完善监督机制；注重公开实效，促进各项工作，基本达到了市、县、乡整体推进和规范化、制度化的要求。对于规范行政行为，加强党风廉政建设，密切党群干群关系，改善发展环境，促进经济社会发展，起到了积极的作用，值得各地各部门学习和借鉴。会议印发的×××、××××等市的典型材料，分别介绍了一些县区、乡镇推行政务公开和市级政府创办行政审批服务大厅的做法和经验，也很有特点。对这些经验和做法，省政府办公厅要深入总结，变成省政务公开工作的规范性要求，切实抓好落实。

下面，我再强调讲三点意见：

一、提高认识，统一思想，进一步增强抓政务公开工作的自觉性（略）

二、坚持标准，严格要求，把政务公开的各项措施真正落到实处（略）

三、加强领导，强化监督，不断取得政务公开工作的新成效

政务公开是一项系统工程，涉及面广，政策性强，工作要求高，必须加强领导，齐抓共管，强化监督，形成合力。

一是要明确领导责任。（略）

二是要注重工作实效。（略）

三是要加强监督检查。（略）

同志们，推行政务公开是时代所需、群众所盼。一定要以“三个代表”重要思想为指导，认真贯彻落实这次会议精神，发扬成绩，总结经验，求真务实，扎实工作，与时俱进，开拓创新，把我省政务公开工作进一步推向一个新的水平，为加强党风廉政建设，加快全面建设小康社会进程作出不懈的努力。

◎在争创文明城市联席会议上的讲话

在争创省文明城市联席会议上的讲话（节选）

×××

（××××年××月××日）

同志们：

为了推进群众精神文明创建活动深入开展，省文明委决定××××年评选表彰首批省级文明城市。根据省文明委的部署，××市确定，我市与××两市作为参评单位向上申报。对此，市委极为重视，主要领导提出明确要求，要千方百计，积极争创，志在必得。现在申报材料已交上去了，省级文明委初步确定，要于××月下旬对参评市区进行考察达标，主要内容，包括听汇报，查资料，看现场，问卷调查等，具体考核涉及政治、经济、文化、科技、城建等方面数百个指标，工程浩繁。现在离考核时间仅有××多天的时间，时间紧，任务重，压力大，必须动员全市上上下下迅速行动，一齐努力，才能确保创城工作收到实效。今天这次会议，就是按照市委要求，对照省文明城市测评体系，分解任务，落实责任，动员全市上下立即行动起来，积极争创××省文明城市，全面开创我市三个文明建设新局面。

一、明确意义

文明城市是指在全面建设小康社会，推进社会主义现代化建设新的发展阶段，经济和社会各项事业全面进步，物质文明、政治文明与精神文明协调发展，精神文明建设取得显著成就，市民整体素质和城市文明程度较高的城市。从文明城市目标考核体系看，它涵盖了政治、经济、文化社会等方方面面的指标，含金量很高。能够获此殊荣，标志着一个地域不论是经济发展水平、精神文明程度，还是市民素质都达到了一个较高的层次。首先，争创文明城市，有利于扩大我市的知名度、提升我市的城市品位、优化城市的发展环境，有利于改善人们的物质和精神生活水平，有利于转变党风、政风和社会风气，有利于提高城市的总体水平和形象。其次，创建省级文明城市是创全国文明城市的基础。争夺全国文明城市是我们多年梦寐以求的目标，而要实现这一目标，第一步就是创全省文明城市，拿到“准入证”。否则一切都是空谈。最后，争创文明城市是一个区域实力的角逐。这次与我市同时申报的有××市，他们的决心很足，也是志在必得。没有列入申报计划的××市也千方百计做工作往里挤，并召开了全市的动员大会，如果我们不努力，被兄弟市抢得了“头彩”，就是我们工作失职。在整个三市一区中，我们的基础条件占有利优势。一是我们有良好的经济基础。经济综合实力连续多年位居××首位，在××也名列前茅，同时还是×××书记的联系点，具备了雄厚的物质条件和政治条件。二是有良好的设施基础。多年来我们投巨资加大城市的交通、能源、生活、文化等设施建设和环境综合整治，城市设施配套齐备，城市功能日趋完善，城市形象不断提升，是全国的环保模范城、首届中国魅力城市。三是有良好的工作基础。通过多年深入扎实的思想道德教育和精神文明创建活动，形成了一整套的创建机制，市民的思想道德素质也有了明确提高，生活方式更加文明健康。特别是××人有着“只要想干没有干不成的事”的光荣传统和拼搏精神，这些都为我们创城工作注入了强大的内在动力。因此我们理应在创城工作中走在前列。但是，我们也面临着不小的压力。一是考核严格。文明城市测评内容广、标准要求高，工作体系细、考核办法严，很多都是定量要求，实现难度很大，对创建工作提出更高要求。二是缺项不少。从整体上讲，我市基础条件很好，但具体到某一方面则差距很大，特别是一些文化设施还存有缺陷，搞得不好，都有可能影响创城工作。总之，我市争创全省文明城市意义重大，希望很大，压力也很大。各部门、各单位一定要统一思想，提高认识，以勇争一流的精神，以求真务实的作风，以扎扎实实地工作，掀起争创文明城市的热潮。

二、目标分解

这次创城活动涉及方方面面，直接责任单位就有××多个，每个单位都承担着巨大的工作量。(略)

三、加强领导

一是要落实责任，协同作战。(略)

二是要广泛发动，城乡联动。(略)

三是要加强督导，严格考核。(略)

四是要立足长远，常抓不懈。(略)

我们要克服为创建而创建，抓时一阵风、验收过后稀拉松的急功近利思想，正确处理突击性工作与经常性工作的关系、眼前利益与长远利益的关系，既要立足当前，又要兼顾长远，绝不能搞短期工程。无论是硬件建设，还是软件建设，都要坚持高标准、严要求，干出高质量，干出高水平，并建立长效机制。通过扎扎实实的工作，看到实实在在的变化，收到实实在在的成效。

谢谢大家。

◎在专项行动联席会议上的讲话

在“清查放射源让百姓放心”专项行动联席会议上的讲话

×××

(××××年××月××日)

同志们：

根据国家环境保护总局、公安部、卫生部联合下发的《关于开展“清查放射源让百姓放心”专项行动的通知》（环发〔××××〕××号）要求，我省决定在全省范围开展一次“清查放射源，让百姓放心”专项行动。为了加强领导，这次专项行动由省环境保护局牵头，与省公安厅、省卫生厅建立联席会议制度。今天召开联席会议成员单位第一次会议，主要内容就是对这次专项行动进行统一部署，统一协调，使各部门在行动中认识一致，步调一致。下面，我代表省政府讲几点意见和要求：

一、统一思想，提高认识

随着核技术事业的迅速发展，放射源得到了越来越广泛的应用，在我国的经济建设和社会生活中发挥着重要作用。但若管理不善，放射性污染将会严重威胁人民群众的生命健康和社会稳定。党中央和国务院领导非常重视放射源的安全监管工作，曾多次作出重要批示。对此，省委、省政府也高度重视，我省在精简机构的大环境下，于去年年底成立了××省辐射环境监督站，配备了专职人员，省财政拨专款用于放射性废物库改造，强化了辐射安全的监管能力。这次联席会由省政府主持召开，也是我省重视辐射安全监管工作的体现。

此次专项行动的目的是要彻底查清我省放射源现状，强制收储废放射源，消除放射性污染危害，保护人民群众生命财产安全，维护社会稳定。各有关部门一定要从讲政治、保稳定、促发展的高度，充分认识本次专项行动的重要性和紧迫性，加强领导，落实责任。此次专项行动的主要任务可以概括为“调职能，查底数，除隐患，收废源”，对生产、进出口、销售、使用、运输、储存、处置放射源等各个环节进行清查整治。要安全收储废弃放射源，建立有效的监管制度，对在专项行动中查实的违法单位和个人，要依法处罚，用法律的手段达到教育和整改的目的，严格执法，不留死角，以促进核技术的安全利用，保护人民群众身体健康，维护社会稳定。

二、统一协调，分工合作

按照国家对放射源监管职能的调整，今后由省环保局对我省的放射源进行统一监管，各相关部门要依照中央编办发〔××××〕××号文的要求，明确分工，各负其责，紧密配合，统一行动。

环保部门负责组织开展对生产、进出口、销售、使用、运输、储存、处置放射源单位（以下简称涉源单位）的申报登记；负责核查和办理放射源安全许可证件；负责组织对涉源单位放射源安全状况的现场检查；负责废弃放射源的强制收储；负责汇总放射源数量、种类、分布等情况；协助公安部门追缴丢失、被盗的放射源。

公安部门负责检查涉源单位的安全保卫情况；负责对检查中发现的放射源丢失和被盗事件进行立案侦查和追缴；协助环保、卫生部门的行政执法工作。

卫生部门负责对涉源单位贯彻实施《职业病防治法》的情况进行监督检查

和医用辐射机构的检查，在××月中旬前将放射源卫生许可有关资料移交环保部门。

环保部门要会同公安等部门建立健全放射源安全检查制度、预警和应急处理机制以及事故分级报告制度，有计划地开展经常性的安全检查工作，查找隐患，堵塞漏洞，对放射源实行长效管理，确保今后我省在放射源管理上做到万无一失。

各有关部门要密切配合，加强协调，形成合力。

三、统一部署，有序实施

按照国家的部署，此次专项行动分为启动、实施和总结三个阶段，省“清查放射源，让百姓放心”专项行动联席会议及执行办公室要围绕三个阶段将工作任务进行分解，提出每个阶段具体的工作内容和工作目标，进行统一部署，保证专项行动的有序开展。要在××月××日前基本完成我省的专项行动。省专项行动联席会议执行办公室要组织检查组，对各市清查工作进行督促检查。

同志们，这次“清查放射源，让百姓放心”专项行动责任重大，时间紧，任务重，各部门要高度重视，认真部署，确保专项行动顺利完成，切实让老百姓放心。

◎在纠风工作动员大会上的讲话

在纠风工作动员大会上的讲话（节选）

×××

（××××年××月××日）

同志们：

今天，我们在这里召开市政府系统纠风工作会议，主要任务是认真贯彻落实国务院、自治区、自治州廉政工作会议和中央、区、州纪委会议精神，对全市政府系统的纠风工作作具体安排部署，切实加强政府自身建设，创优投资与发展环境，加快经济发展。下面，我讲几点意见。

一、统一思想，提高认识，进一步增强做好纠风工作的责任感和紧迫感

纠风工作是政府通过社会监督，依法规范行政行为，切实加强政府自身建设的一项重要工作。去年以来，市人民政府按照国务院、区、州党委、政府的要求，坚持标本兼治、纠建并举的方针，在思想教育、自查自纠、整改树形、建章立制等方面做了大量的工作，规范了行风评议的工作程序，在狠抓医药购销、减轻企业和农牧民负担、创建行业建设先进单位和纠风示范窗口等专项治理工作方面取得了明显成效，尤其是在转变政府职能、规范行政行为方面实施了许多新的办法和举措，实行了重大问题集体决策制、政府部门工作评议制等制度，增强了

政府工作的透明度，体现了政府公开、公平、公正的办事原则，树立了良好的政府形象。

二、突出重点，狠抓落实，以纠风工作的实效树立政府良好形象（略）

三、加强领导，明确责任，切实抓好政府廉政建设（略）

同志们，做好纠风工作，任务繁重，意义重大。我们要认真按照这次会议要求，求真务实，扎实工作，开拓进取，争创一流，努力取得纠风工作的新成效，为加快推进全市经济社会发展作出应有的努力。

谢谢大家！

◎在安全生产会议上的讲话

在全市安全生产电视电话会议上的讲话（节选）

×××

（××××年××月××日）

同志们：

刚才，省政府召开了全省安全生产电视电话会议，会议通报了当前全省安全生产形势，对安全生产工作，特别是安全生产大检查工作进行了部署，希望各地、各部门抓紧贯彻落实。下面，我就贯彻落实全省安全生产电视电话会议精神讲三点意见：

一、居安思危，防微杜渐，进一步加强对安全生产工作的领导

近日发生在××省××市××商厦和××省××市××镇××村的两起特大火灾事故，造成严重的人员伤亡，再次向我们敲响了警钟。××月××日，国务院召开常务会议，指出当前事故多发的主要原因是一些地方以及企业、单位的领导安全意识薄弱，安全责任不落实，防范措施不到位，事故应急预案不完善；要求各级领导一定要高度重视安全工作，把确保人民群众生命财产安全的各项防范工作，放在经济和社会发展的重要位置，列入各级领导工作的重要议程，常抓不懈，防患于未然。

今年以来，我市各级认真贯彻落实十八届五中全会和中央经济工作会议精神，切实加强了安全生产工作，以务实的作风，及早部署，狠抓落实，深入检查，强化监管，全市安全生产形势基本平稳，事故起数、死亡人数总体呈下降态势，元旦、春节和市“两会”期间未发生重特大事故。但是，在肯定成绩的同时，必须清醒地认识到当前我市安全生产仍然存在诸多薄弱环节，居安思危，防微杜渐，才能实现安全生产的长治久安。全面分析我市安全生产工作，存在问题依然十分突出。一是事故总量仍然偏高；二是易诱发重特大事故的隐患仍然存在，全市安全生产形势不容乐观。昨天，市经济技术开发区××化学品有限公司

多聚甲醛生产线烘干、包装工段发生火灾爆炸事故，虽经消防官兵奋力扑救，未酿成恶性后果，但在化工生产区域内发生此类事故，险象环生，令人后怕。各级领导务必保持清醒头脑，时刻绷紧安全生产这根弦。要认真贯彻落实中央领导同志关于安全生产工作的重要指示和国务院近来两次常务会议精神，认真吸取××省××市××商厦和××省××市××镇××村的两起特大火灾事故教训，在抓好发展的同时要着力抓好安全生产，两手抓、两手都要硬。要牢固树立“安全第一”“安全生产责任重于泰山”的思想，按照《国务院关于进一步加强安全生产工作的决定》的要求，切实加强领导，扎扎实实抓好安全生产各项措施落实，确保人民群众生命财产安全，确保经济社会各项事业的持续、稳定、快速发展。

二、落实责任，严格督察，把安全生产的各项措施落到实处

各地、各部门和各单位要进一步健全安全生产责任体系，强化各级领导的安全生产责任制，一级抓一级，一级对一级负责，进一步强化安全生产责任意识。

各级负有安全生产监督管理职能的部门要认真履行职责，依法强化监管。要加强监督检查，在抓好面上督察的同时，着力加强对安全生产重点单位的经常性督察，督促企业遵守安全生产法律法规，建立健全安全生产约束机制，严肃查处安全生产方面的违法违规行为。要严格执行安全审查许可、验收的有关规定，凡不符合国家规定的安全要求的生产经营单位一律不予批准；凡生产性建设工程项目未执行安全生产“三同时”的有关规定的，一律不得竣工投产；凡新竣工建筑物未通过消防验收的，一律不准投入使用。要严格执行事故责任追究制，对发生的重大安全事故，要按照“四不放过”的原则，尽快查明原因，分清责任。对领导不力、监管不力、措施不力而发生重大安全生产事故的，要严肃依法追究有关领导的责任，绝不手软。要加强对各类大型活动的安全生产监督管理，督促相关单位认真吸取“××”特大事故教训，严格按照有关各类大型活动安全方案上报备案的规定，对活动的安全工作方案和事故应急预案严格审查，并加强督察，确保各项措施到位，严防群死群伤恶性事故发生。对举办大型活动要严格控制，谁主管、谁负责，谁批准、谁负责，举办大型活动企业主要负责人也是安全生产责任第一人。

三、周密部署，突出重点，迅速开展安全生产大检查

各级要按照国务院和省、市政府的部署，迅速在全市组织开展安全生产大检查。

1. 周密部署，层层发动，深入细致，疏而不漏，在全市范围内组织开展拉网式安全生产大检查。（略）

2. 突出重点，不留死角，全力防范重大恶性事故的发生。（略）

3. 狠抓整改，确保安全大检查收到实效。（略）

同志们，全国和全省“两会”即将召开，各级、各部门、各单位要切实加

强“两会”期间安全生产工作。要严格执行“两会”期间领导同志值班和事故专报制度，随时掌握安全生产动态，对各种异常情况必须组织力量及时妥善处理并按规定及时、如实向上级有关部门报告，保障安全生产信息渠道的畅通。要在思想上、组织上、措施上把各项安全生产措施落到实处，防止各类事故的发生，确保“两会”顺利召开。

◎在服务型政府建设工作会议上的讲话

在县规范化服务型政府建设工作会议上的讲话（节选）

×××

（××××年××月××日）

同志们：

按照会议安排，我就全市规范化服务型政府（机关）建设工作交流会议主要精神作一简要传达，并对我县下一阶段规范化服务型政府建设工作进行部署。下面，我首先简要传达市会议精神。

××月××日，市委、市政府召开全市规范化服务型政府（机关）建设工作交流会。市委、市人大常委会、市政府、市政协主要领导，市委、市政府有关领导，××高新区负责同志，市级各部门主要负责同志，各区（市）县委书记和政府区（市）县长等领导参加了此次大会。会议由市委副书记、常务副市长×××同志主持。××、××、××等区县，市委组织部、市外经局、市药监局等部门以及高新区的负责同志分别就规范化服务型政府（机关）建设工作作了交流发言。××书记和××市长分别作了重要讲话。

××书记的讲话主要有四个方面的内容。

一是要高度重视职能转变。××书记强调规范化服务型政府（机关）建设要在简化和规范审批，加强事前服务和事中、事后监管上下功夫，要在搞好调查研究、制定好政策、制定好规则的同时，履行监管职能，寓监管于服务当中。

二是要严格规范政府行为。要通过依法行政和充分运用现代技术设备来规范政府行为。

三是要逐渐完善体制机制。××书记指出，规范化服务型政府（机关）建设是个系统工程，是一个体制和机制性的问题，随着规范化服务型政府（机关）建设的深入推进，机构职能交叉的问题就浮现出来，随着社会的发展进步，政府管理就要越来越规范、高效。

四是要大力加强干部队伍建设。××书记要求一把手要勇于改革、敢于较真，要切实负起领导责任；要严格管理，带好队伍，在干部队伍建设上，要有较真、碰硬、高度负责的精神。

××市长主要讲了三点意见。

一是要肯定成绩，巩固成效。（略）

二是要查找不足，改进工作。（略）

三是要提高质量，完善服务。（略）

下面，我简要安排下一阶段我县的规范化服务型政府建设工作。

一、进一步加快电子政务建设（略）

二、进一步优化服务流程（略）

三、进一步严格规范行政行为（略）

四、进一步加快各镇便民服务中心和村（社区）代办点建设（略）

五、进一步强化教育培训

加强对信息技术知识的系统培训，提高工作人员的理论知识和业务素质，增强为群众办事的能力，全面提升政务服务能力和水平，提高行政效率。加强对政务中心窗口工作人员的综合培训，制订县政务服务中心和各镇的分中心人员培训计划，不断提高窗口工作人员的服务意识和业务水平。

六、抓好年终目标考核

各镇、各部门要按照全县统一安排部署，全面落实相关工作。认真对照目标要求，力争在本月底前全面完成今年的规范化服务型政府建设的目标工作。目督办、监察局、规服办要严格按照《××县规范化服务型政府建设工作目标考核细则》对各镇、各部门实施考核，特别是要将各单位规范化服务型政府的制度建设情况、贯彻落实情况、公众和企业的满意度、公务员的业绩、行政投诉及处理情况、追究行政责任等情况纳入绩效管理和考核，并严格兑现奖惩。

◎在农村工作督察会上的讲话

在农村工作督察调研座谈会上的讲话

××

（××××年××月××日）

今天上午看了几个点，这几个点非常好，档次也非常高。刚才听了镇上汇报，县上部门、领导提出了很有建设性的意见和建议，很有针对性和见解性，我希望××镇抓好落实。

××镇我感觉到是咱们××全县的缩影，这缩影的特征就是城乡二元结构十分明显。××镇是咱们县的“城中镇”，和县城的建设息息相关，××镇的地位和作用十分重要。据我了解，多年来，××镇的发展变化是非常快的，特别是今年以来，咱们镇上的工作做得非常好，成效非常明显。一是有××%的工农业产值来自企业。我算了一下账，人均农业产值只占了××多元，其他的全部是工业、三产创造的产值，这种高水平的乡镇，在全市是少有的，在全省可能也是少有的，初步反映出咱们镇上的第二、第三产业的发展强。二是“双转”工作在全市、全省都创造了经验。我以前听到农民转市民、农村转社区，我非常高兴，也很感兴趣，但真正见还是在××见到的，在××的材料里见到的，这在××区都没有见到。今天看了几个农民，他们心情非常舒畅，农村人变成城里人有种自豪感，对党和政府也非常感谢，这反映出××的城镇化发展水平是高的，城对村的带动作用是强的。三是项目建设抓得比较突出。项目建设上投入××多万元，抓得非常好，项目的带动，利用这个载体，特别是招商引资，在招商引资上引进××多万元，在全市是典型，可与一个小县相比。四是配合全县城市建设得力，非常成功。××城市化建设的成绩有县上的一半，也有××镇的一半。步行街石材铺路，建设水平在全市是最高的，我考虑，在沿街的树上也把灯挂上，创造一种气势振奋人、吸引人的景象。五是在牛产业开发上，能建成××牧业公司。××牧业公司是××镇的自豪，在全市、全省很有影响，在全县的产业化发展上起到了很好的示范带动作用，应给予充分的肯定，希望继续抓好。

对今后××镇的工作提几点建议：

第一，要有目标。××镇发展的目标是建设全省的经济强镇，起点要高，目标要宏伟。

第二，研究解决五个问题，积极探索新农村建设和农村综合改革的新路子。一是把××镇建设成全省、全市新农村建设的示范镇，在全县起到示范带动作用。二是建成全县乡镇领导体制改革和乡镇改革的试点乡镇，一般干部体制改革的示范镇，走出一条精镇强村的路子。特别推行书记、镇长一肩挑，副书记、副镇长分管工作不重叠，人大、纪检进行兼职，给镇上更大的权力，研究乡镇一般人员的管理体制改革。三是要探索企村、村村联合共建新农村的路子。四是破解“城中村”“城中镇”的难题。这在全国有成功的例子，把这一难题破解了，就是对全县城镇化建设的极大促进。五是探索建设全省基层组织建设示范镇的路子，把村干部发展成企业老板，合二为一，村上不只是搞管理，要把党支部、村委会行政村变成企业集团、经济村、股份村。××镇经济实力这么强，完全有条件搞。

第三，办成几件大事、好事、实事。一是加快改造和治理城郊的环境，改善县城的整体面貌。二是建设新农村样板村，要高标准集中连片，这样便于管理，便于建设。三是要兴办农贸市场，在××镇建一个农贸市场，在全县非常重要，要办一个档次较高的农产品交易市场，周围搞一些商贸开发，办市场就是办企业。四是延伸农村产业链条。核桃、肉牛，有基地无龙头，没有形成产业集群，只停留在基地上，这不是产业化。要建一个千亩以上的蔬菜园区，还要搞好劳务，让山区的群众尽快提高收入。五是办好××牧业公司，××牧业公司表面上看是资金问题，实质上是人才问题，机制问题。要请一些高手，精心策划，可以在北京等地请一些研究农村经济的专家，帮助好好研究研究。六是加快“双转”步伐，明年“双转”××个村。七是开发休闲旅游产业，××镇××县城有××平方千米的面积，消费水平较高，但是休闲旅游发展缓慢。按照经济发展的规律，当人均GDP超过××美元的时候，旅游业开始产生，人均GDP超过××美元的时候，旅游业开始掀起热浪，人均GDP超过××美元的时候，休闲业开始产生。××镇人均GDP超过××美元，休闲娱乐业发展的潜力较大，要建设高档次的农家乐，要发展健康的“灯红酒绿”。八是加快培训新型农民，农民是建设新农村的主体，新农村建设归根结底要靠农民，需要有文化、懂技术、会经营的新型农民。要通过开办培养农民的学校，利用夜校对农民培训，也可以把农民引出去，到外地参观学习，也可以出国，让农民开阔眼界，增长见识，只有这样，建设新农村才有基础。

我就说这些。建议作为下一步工作的参考，作为一个研究问题的话题。我相信××镇能把××××年的工作做得更好。

第三节　现场会、报告会、汇报会、研讨会讲话稿写作

一、现场会、报告会、汇报会、研讨会讲话稿的写作概述

1. 现场会讲话稿概述

（1）现场会讲话稿概念

现场会讲话稿是指领导参观工作现场后，在组织召开的现场会议上所作的汇报总结性讲话。

（2）现场会讲话稿写作要求

①参观工作现场后要作出认真深入的经验总结；对需要进行安排部署的工作作出全面阐述；对今后的工作要明确指导思想并提出要求。

②对工作中存在的问题要作出强调与分析，并提出具体的指导意见；对提出的各项政策和措施要认真贯彻落实，使开展的工作能达到预期目标。

③内容上要层次清晰，富有逻辑性。

2. 报告会讲话稿概述

（1）报告会讲话稿概念

报告会讲话稿是指领导在报告会上就有关部门陈述工作情况，提出问题和意见，对工作中的主要做法、取得的成效、评价等进行叙述总结式的讲话。

（2）报告会讲话稿写作要求

①报告要深入调查研究，如实反映情况。

②概括材料要具体全面，及时发现问题，从中找出本质性、规律性的东西。

③善于归纳，突出重点，提出有指导性的工作意见和评价。

3. 汇报会讲话稿概述

（1）汇报会讲话稿概念

汇报会讲话稿是指领导在召开的有关负责人汇报各自工作情况后所作的带有总结、指导性的讲话。

（2）汇报会讲话稿的写作要求

①汇报会讲话稿对汇报会上的工作汇报要进行全面归纳，不能挂一漏万，更不能以偏概全。

②对今后工作的指示和要求要具有前瞻性和长远性，并切实符合客观实际，同时具有较强的可操作性，不能讲空话、大话。

③讲话稿要精练、短小、立意要新。

4. 研讨会讲话稿概述

（1）研讨会讲话稿概念

研讨会讲话稿是指为开展、管理好某项工作，对工作管理经验和意见进行研究和讨论的讲话。

（2）研讨会讲话稿写作要求

①研讨会讲话稿的立意要明确、新颖，要有创意。

②讲话用语要准确、科学，特别是专业术语不能有差错，尤其不能讲外行话。

③讲话中的总结、归纳要有高度，提出的问题要明确、一针见血，指出的努力方向和提出的建议要中肯、符合实际。

二、现场会、报告会、汇报会、研讨会讲话稿的写作范例

◎党建工作现场会上的讲话

在××市学校党建工作现场会上的讲话（节选）

××市委常委、组织部部长　×××

（××××年××月××日）

同志们：

今天这次全市中小学校党建工作现场会，是经市委组织部研究确定召开的。刚才，市×中、市职业中专、××学校作了典型发言，他们的做法很有特色，值得借鉴。×××同志回顾总结了全市学校党建工作情况，并对后阶段的工作任务，作了具体部署。下面，我再讲三点意见：

一、统一思想，提高认识，增强做好学校党建工作的紧迫感和责任感

一是新形势下顺应党执政所面临社会环境变化的必然要求。认清执政形势的

变化，加强与改善党对学校工作的领导，是顺应党执政所面临社会环境变化的必然要求。与时俱进，顺应时代潮流，紧跟时代步伐，才能更好地发挥学校党组织的政治核心作用、战斗堡垒作用和党员的先锋模范作用，为学校改革和发展提供强大有力的思想保证和组织保证。

二是实践“三个代表”重要思想的现实需要。（略）

三是我市教育系统党建工作的客观需要。（略）

二、围绕中心，创新方法，不断提高学校党建工作水平

各位都是我们的老师，是行家里手。学校党建工作政策性强，涉及面广，工作量大，任务繁重，要结合实际，统筹安排，讲究方法，协调推进，确保各项工作措施的落实。刚才××同志已讲得比较全面和到位，我这里就不再重复。在落实学校党建工作措施、整体推进我市学校党建工作的过程中，我们要着力把握“三个坚持、三个提高”。

一要坚持与时俱进，提高工作创新水平。（略）

二要坚持求真务实，提高实际工作效率。（略）

三要坚持围绕中心，提高服务保障能力。（略）

三、加强领导，明确责任，建立常抓不懈的长效机制

加强学校党组织建设是一项长期的工作任务。必须加强组织领导，探索和建立常抓不懈、常抓常新的长效机制。

第一，加强领导，建立制度。（略）

第二，强化宣传，营造氛围。（略）

第三，保障经费，确保落实。学校要把党建工作经费列入预算，保证正常、合理的党建工作经费的开支，为学校党建工作提供坚实的保障，确保学校党建工作的正常运转，推进学校党建工作任务的落实。

同志们，新时期新任务新要求，为党的建设伟大工程提出了新的课题，给学校党的建设注入了强大的活力，提供了广阔的舞台，赋予了艰巨的任务。我们要认真贯彻落实党的十八大和十八届四中、五中全会精神，统一思想，坚定信念，按照市委提出的超常规跨越式发展的要求，围绕教育改革与发展的重点，勇于创新，狠抓落实，使我市学校党建工作的整体水平再上新台阶！

◎在档案建设工作现场会上的讲话

××市基层党员档案建设工作现场会汇报讲话

××村党总支书记　×××

（××××年××月××日）

非常感谢市委组织部、市档案局对××村的信任，将基层党员档案建设试点

工作放在本村。

我们××村党总支共有党员××名，下设××个支部××个党小组。过去，我对党员的管理只有一份名册，转出的人就从名册中画掉，转入和新发展的就往名册上添加。比较随意，随意的结果导致了许多麻烦，比如前几年落实退职村干部政策，当时调查取证的工作量非常大、要有××人以上的党员签字，我们也按要求认真地做了工作，即便这样，仍然掌握不准确，仍有错、漏等问题，每年都有人是要调标准，或者是补报，每年都在要打报告说明情况，老党员也不满意。因为有这种体验，接到试点工作任务后，我们觉得这是一个为党员办实事，为后人铺路的工作，非常必要。

我们村今年被确定为新农村建设试点村，有一条路正在硬化施工、××公园有××个沙石场搬迁落户到本村，征地、建设协调任务也比较集中，我们一班人迅速达成了共识，要集中人力、精力和时间搞好这项试点工作。工作开展以来，市委组织部、市档案局和处党委领导多次到村指导，使整个档案整理过程非常顺利，历时××天时间，比较圆满地完成了全村××名党员的档案建设。

根据会议安排，下面，我简要介绍一下党员档案整另工作的流程，仅供大家参考：

第一步，是摸清底数。接到试点工作任务后，我们当天就安排档案员到办事处档案室查寻本村党员档案。办事处档案室安排有专人清点和交接，非常顺利地查到了××份经过规范整理、保管完善的党员档案（只有入党资料），并按规定办理了档案移交手续，将档案转移到村。档案到村后，档案员根据现有的资料，对照党员档案的要求，查漏项，并一一记录分类，初步掌握了我们工作任务。任务明确了，工作步骤和方法也就清晰了。最大的一项任务，就是填写党员履历表，这需要一个专班。

第二步，是组织专班，填写履历表。党员档案是真实反映党员思想、工作轨迹的资料，既要对党员负责，也要对组织负责；既要对历史负责，也要对现实和未来负责。履历表的填写，必须真实、认真、负责、细致。我们请了××名老党员、××名暑假在家休息的高中、大学学生到村负责填写工作。通过培训，让他们掌握了要求，每人负责××份党员履历表的填写，负责的人，必须对党员履历表的所有情况一管到底。村里的档案员负责综合协调，为填写的人提供相关资料和情况。

第三步，是资料的收集、清理。档案目录要求有的资料，一定要尽量收集、完善。我们将党员个人学习资料一一清理、复印；向处档案室收集了本村党员及党员家庭奖、惩文件等。

第四步，是与党员本人见面核对，再查找。履历表内容比较繁杂，对于确实不详的情况，比如学历、工作经历等情况，我们以党小组为单位开会，逐人询问情况做好记录，有部分未到会的党员，派专人上门收集。同时，利用开会和上门的机会，为党员照登记照片。做到能收集的资料，不漏一份，不漏一人。

第五步，是分类归档。根据档案局业务部门指导，严格按档案整理规程操作，对党员个人收集资料全面进行整理分类，按党员履历表、入党资料等分门别类装入档案盒。

在档案整理过程中，有几个环节要重点把握：

任务要清，准备工作要充分。每个地方，工作基础不一样，任务也不一样，重点和难点也不同。但首先是要厘清任务，任务清，才能明确工作步骤和安排，先做什么，后做什么，哪些工作可以结合起来或同步进行，避免在时间短、人手相对多的情况下打乱仗。党员的基本信息、基本资料等一定要准备充分，这样一班人工作起来，效率才能提高。

分了工的事，要一管到底。某一个党员的履历表或某一类表格的填写，负责的人一定要管到底，不能搞一半丢一半。

综合协调的人非常关键。党员档案要按要求完成任务，不可能由哪一个人来做，必须有一个专班，有专班需要有人综合协调，综合协调的人可以负责一部分具体事务，但不能陷于具体事务，更重要的任务是合理调整分工和任务、收集提供资料，确保一班人的工作效率。

××村的党员档案建设毕竟是试点，所以还有许多不完善的地方，现在只能说是起了头，更大的工作任务还是以后。要靠平时扎实的工作来充实党员个人的资料，比如党员学习活动，必须是这项工作做落实了，才可能有资料……所以，我们以后要进一步落实好各项工作任务。要靠平时细心的收集，完善党员档案，做到平时收集，及时归档，一年一回头核对，查缺补漏。

最后，恳请各位领导、各兄弟村（社区）同人对××村的工作多提宝贵意见，希望各兄弟村同人多创造好的经验，供我们学习借鉴，大家一起努力不断完善党员档案建设。

谢谢大家！

◎在“三项创建”工作现场会上的讲话

在全县“三项创建”工作现场会上的讲话（节选）

×××

（××××年××月××日）

同志们：

这次全县“三项创建”工作现场会议是经县委研究同意召开的，是一次很重要的会议，会议开的时间也很长，形式也很活泼，昨天参观了一天，刚才×部长作了一个很好的报告，有许多话我都委托他在这个会上说，刚才他讲的三个问题讲得很全面，也很到位，我表示完全赞成。请各位同志回去以后，向单位主要领导认真汇报，抓好落实。今年以来的党建工作我们是很有成绩、很有特色、很有影响的，概括起来就是两句话："特色工作特色鲜明，常规工作常抓常新。"所谓的"特色工作特色鲜明"就是县面包协会党委争创"十面红旗"抓出了特色，在全市乃至全省有一定的位置和较大的影响力，省委组织部已经确定我县作为××个单位之一参加全省"两新"组织党建工作交流会，换句话说，我们在争创全省"十面红旗"的道路上已迈出了坚实的一步，用南征北战的话来说，前面就是凤凰山了，我们要想方设法去争，把这面红旗拿到手。"常规工作常抓常新"就是党的建设有许多必须要做好的事情，有许多规定动作，今年我们根据××的实际，创新了思路、创新了途径、创新了机制、创新了方法。比如说"三培两带"的问题，我觉得今年我们做得很好，尤其是创新方面，所以今年以来的党建工作县委是满意的。对存在的问题×部长也指出来了，希望大家引起高度的重视，要按照×部长的要求一项一项抓好整改。由于时间关系，我就如何抓好三项创建工作强调三点：

一、强认识、树信心、积极去争（略）

二、抓特色、闪亮点、立足创新（略）

三、创品牌、重实效、关键在实（略）

我希望通过今天这个会议，我们的"三项创建"工作、我们的村建工作、我们的干部队伍建设，都会上一个新的台阶。

◎在先进典型事迹报告会上的讲话

弘扬人民教师师德　为了未成年人健康成长

——在×××同志先进事迹报告会上的讲话

×××

（××××年××月××日）

老师们、同学们、同志们：

刚才，我们怀着激动的心情聆听了×××同志先进事迹报告团五位成员的报告，受到了一次具体、生动、深刻的师德教育。×××老师在近××年的从教生涯中，无论是在岗还是退休，无论是成功还是挫折，始终把理想和信念锁定在"终身献给人民教育事业和红领巾事业"的崇高誓言上，落实在教书育人的一言一行之中，为我们铸就了一个具有鲜明时代特征的师德楷模，一个保持共产党员先进性的时代先锋，在这里，我代表报告会主办单位，代表全国广大教师和教育工作者，向×××同志致以崇高的敬意，向报告团成员表示衷心的感谢！

×××老师的事迹感人至深，动人心弦，得到了全社会人民群众的广泛赞誉。××省人民政府授予×××同志“师德楷模”光荣称号，教育部党组作出《关于向×××同志学习的决定》，团中央授予×××同志“星星火炬奖章”。今天，中宣部、教育部、团中央、××省委、××市委联合举办×××同志先进事迹报告会。这次报告会是在中央领导同志高度重视和直接指导下进行的。

×××同志的先进事迹再次告诉我们，我们的教师队伍是一支值得信赖的队伍，是一支特别能战斗的队伍。尤其是广大农村教师，在困难的条件下和艰苦的环境中，志存高远，以苦为乐，默默奉献，辛勤耕耘，把自己的青春奉献给下一代，奉献给祖国的未来。他们中不少同志从风华正茂到两鬓斑白，生命不息，育人不止，体现了人民教师的品格和风范，他们无愧于人民教师的光荣称号。×××同志就是他们中的杰出代表。百年大计，教育为本；教育大计，教师为本。发展教育事业，必须全心全意地依靠人民教师这支队伍，必须坚定不移地建设好人民教师这支队伍。

老师们、同学们、同志们，让我们高举邓小平理论和“三个代表”重要思想的伟大旗帜，在党中央领导下，在模范教师高尚师德精神的鼓舞下，大力加强教师队伍建设，关心和促进未成年人健康成长，为办好让人民满意的教育，为实现中华民族的伟大复兴而努力奋斗！

◎在便民服务中心工作情况汇报会上的讲话

××市便民服务中心工作情况汇报会讲话（摘要）

×××

（××××年××月××日）

各位领导、同志们：

刚才，×××同志全面介绍了我市转变宏观管理职能，营造良好的投资环境和人居环境的有关情况。下面，我着重汇报××市便民服务中心工作情况。

一、便民服务中心的筹办过程和基本情况

省委、省政府抓住国家实施西部大开发的历史机遇，及时作出了把××建设成为“绿色经济强省”“民族文化大省”和“中国连接东南亚、南亚的国际大通道”的战略部署。这充分体现了省委、省政府解放思想，实事求是的精神和抓住机遇，加快发展决心，既符合实际，又鼓舞人心。

要保持高于全国的经济增长率，实现21世纪的宏伟目标，最关键的因素之一就是要改善投资环境，以良好的政策、优质的服务，吸引更多的人才、资金和技术，加快我市的发展。去年以来，省委、省政府先后召开了全省对外、对内开放工作会议，出台一系列政策措施，要求各地、各部门要以高度的政治责任感和工作紧迫感，下决心进一步改善投资环境，切实转变政府职能，采取全方位、超常规的措施，加快对内对外开放步伐。要求××市要以改善投资环境为突破口，努力建设成为西部地区投资环境和人居环境最好的城市之一。同时要求省市两级建立投资审批服务中心，实行“一站式”审批，为外来投资者提供优质高效服务。

（筹备过程，略）经过市、区两级积极紧张的工作，苦战××天，提前完成了筹建任务。今年××月××日，在原投资服务中心的基础上，市便民服务中心建立并开始试运行。

市里的便民服务中心暨投资服务中心设在原××机床厂厂区内，占地××平方米。之所以选择这个地点，基于××点考虑：一是区位条件较好；二是支持企业的改革和发展；三是为了节约开支。

进入市便民服务中心的单位主要是（略）。

二、便民服务中心的管理运行机制（略）

三、便民服务中心的作用和初步成效（略）

四、存在问题和今后的努力方向

在肯定初步成效的同时，我们也清醒地认识到，我市便民服务中心还处在起步探索阶段，在运行过程中，还存在着一些亟待研究解决的问题。（略）这些问题说明，便民服务中心要真正实现高效协调运转，还有许多问题需要认真加以解决。今天的现场办公会后，我们要重点抓好以下六方面工作：

一是进一步提高认识，统一思想，特别是着重提高各级领导干部的思想认识。

二是进一步强化中心的服务职能。

三是加强中心干部队伍建设。

四是进一步理顺三个关系。

五是大力改革行政审批制度。

六是继续抓好中心信息系统建设。

便民服务中心是在改革和发展中出现的新生事物，虽然我们已经做了一些探索和实践，但这还仅仅是个开头，要真正把它办好，还需要我们不懈地努力。今天的现场办公会对我们进一步做好工作是一次极大的鞭策和促进。我们诚恳地希望各位领导对我们的工作提出意见和建议，指出不足之处，帮助我们改进工作。我们决心以这次现场办公会为动力，按照×省长的指示和要求，按照参加现场会议的各位领导同志的意见和建议，认真总结经验，不断提高工作水平和服务质量，把便民服务中心真正办成便民、利民的窗口和展示××新形象的窗口。

◎**在扶贫工作汇报会上的讲话**

在县扶贫工作汇报会上的讲话（节选）

×××

（××××年××月××日）

首先，我代表××市委、市政府和全市××万各族人民向在百忙中挤时间深入基层、进村入户对我市的扶贫攻坚工作进行调查研究，对下一步扶贫攻坚工作提出明确要求和重要思路的×××主任表示衷心的感谢！×××主任刚才的讲话令我十分激动，也十分感动，深感我们各级干部今后肩上的担子更重、压力更大，但是我们也觉得有动力。我们深信，有省委、省政府的关心，有×××主任的具体帮助指导和支持，我们更加有信心在今后的工作中把××市的脱贫致富奔小康，特别是重点县××县脱贫致富奔小康的工作做好。×××主任的讲话，充分体现了“三个代表”重要思想和省扶贫开发工作会议精神，切合××实际，符合××情况。希望××县委、县政府几套班子认真传达贯彻好×××主任的讲话精神，扎扎实实工作，使××的扶贫攻坚工作取得新的突破。回市里以后，我们将召开全市扶贫开发工作领导小组会议，对×××主任的讲话精神认真抓好贯彻落实，在全市掀起扶贫攻坚的新高潮。

一、要厘清发展思路

认识问题才能谈得上解决问题，认识是先导。所以我们经常说知难行易，要使××万多人基本实现小康，我们该怎么做，这个思路一定要再进一步厘清。从刚才听到的汇报来看，××扶贫攻坚的思路是清晰的。××的问题怎么解决，在市劳务输出会议上我讲过，××的问题现在不是光说两手抓，两手抓就要两手都硬才行，在扶贫攻坚、脱贫致富奔小康的进程中，我们要多管齐下，具体来说就是××提出的“三个三分之一”，这是市委、市政府都要把它确认下来作为全市扶贫攻坚的一个基本思路，就是要抓好的三项重点工作。全市××多万贫困农民，光靠给他点钱盖点房子，××的问题是解决不了的。

二、抓好剩余劳动力的转移（略）

三、转变作风（略）

四、结合当前扶贫开发的目标任务，把各项工作做好

我们坚信，在省委、省政府的关心支持下，在×××主任具体帮助指导下，有我们各级干部、全县人民的自力更生、艰苦奋斗、扎实工作，就能够把××的扶贫攻坚、脱贫致富奔小康工作做好。因为我来这里工作的时间不长，特别是到××的时间很短，所以有些事情不一定看得准，仅供同志们参考，说得不对的，请同志们批评。

◎**在基层党建工作会上的讲话**

在全市基层党建工作研讨会上的讲话（节选）

××市委组织部　×××

（××××年××月××日）

同志们：

我市的基层组织建设工作，特别是农村基层组织建设，应该说是走在全省前列的，省委多次给予表扬。这些成绩的取得，是我们一线同志辛勤努力的结果。这次基层党建工作研讨会，大家走出去学习、坐下来研究，可以说是一次读书会，也是一次工作部署会。会议期间，大家考察了××市为民服务代理制和××县社会主义新农村建设现场，下一步工作中要立足实际，举一反三，研究出新的、更有成效的方式方法。各县区提供的研讨论文，观点鲜明，角度广泛。提出的课题，要首先确保在本地区把这个课题做好，做出成效。刚才，×××同志的讲话比较全面、实际，既总结了工作，查出了问题，也安排了下一步的工作任务，我完全同意这些意见，希望同志们抓好落实。下面，我谈两点意见：

一是坚持促进发展不动摇。我们党是执政党，当前的主要任务是加快发展、健康发展、持续发展。落实科学发展观，基础是发展，没有发展就不存在科学发展。党的建设的立足点就是要促进发展。离开了发展，党的建设就没有生命力。近几年，各级在这方面的思想认识有了很大提高，但仍有个别同志，尤其是个别领导干部把党建与发展看成“两张皮”，导致思想观念不能适应新形势要求，也很难提出新时期加强党建工作的新思路。当前，重点是要紧紧围绕“三个代表”重要思想、科学发展观、构建和谐社会、社会主义荣辱观、建设社会主义新农村来抓基层组织建设工作。理论研讨会本身就是一个从虚到实的过程，各级首先要从理论上明确围绕发展抓党建，抓好党建促发展的根本原则，然后结合工作制定具体的工作措施。

二是坚持载体建设不动摇。（略）

我相信，通过大家的共同努力，通过认真贯彻落实这次会议精神，全市的基层组织建设工作一定会再上一个新台阶。

◎**在经济发展研讨会上的讲话**

在全省工业经济发展研讨会上的讲话（节选）

副省长 ×××

（××××年××月××日）

同志们：

这次全省工业经济发展研讨会，主要目的是认真梳理回顾“十二五”以来我省工业发展和转型升级取得的成绩，深入分析新常态下我省工业面临的新形势新阶段新任务，共同探讨“十三五”我省工业经济转型发展的路径方向和重点产业，更好地支撑和服务“建成支点、走在前列”大局。上午，中国电子信息产业发展研究院樊会文副院长和中国社科院工业经济研究所黄群慧所长，围绕“移动互联网的变革浪潮和产业革命”“推进新型工业化、加快工业转型升级”主题，给我们作了高水平的辅导讲座，提出了理论性、前瞻性、针对性、可操作性都很强的路径和方法，我听了很受启发，很受鼓舞。希望大家认真学习领会。各市州政府和省直有关部门也提出了很多好的意见和建议，请经信委认真梳理，吸收借鉴。下面，我讲几点意见，供同志们参考。

一、准确把握“十三五”××工业发展面临的新常态

当前，我国经济最鲜明的特点，就是经济发展进入新常态。习近平总书记在APEC峰会发表演讲，首次明确概括了中国经济新常态“三大特点”。一是从高速增长转为中高速增长。二是经济结构不断优化升级，城乡区域差距逐步缩小，居民收入占比上升，发展成果惠及更广大民众。三是从要素驱动、投资驱动转向创新驱动。研究制定我省“十三五”工业经济发展规划，首先要准确把握我国经济新常态、新特征，找准××工业在全球市场、全国重大发展战略中的定位，奋力抢抓新常态蕴含的机遇，着力化解新常态带来的新挑战，努力实现从工业大省向工业强省的跨越。

（一）准确把握新形势。制定“十二五”工业规划，最大背景是应对国际金融危机，推动工业在稳增长中调结构、转方式。“十三五”进入后危机时代，工业经济发展的内外部环境正在发生深刻变化，最大背景是要抢抓新一轮产业和技术革命机遇，推动工业转型升级。（略）

（二）准确把握新阶段。去年，我省工业发展有两个指标值得关注，一个是增加值过万亿，标志着工业发展站在了新的台阶；另一个是人均GDP超过7000美元，以购买力计算超过10000美元，标志着工业化步入新的发展阶段。（略）

（三）准确把握新任务。“十三五”将是我国全面建设小康社会取得决定性胜利的五年，也是我省“建成支点、走在前列”取得决定性基础的五年。按照

这个历史定位，“十三五”时期，全省工业战线将面临建设工业强省、担当首要支撑的历史任务。(略)

总之，“十三五”时期，全省工业经济发展的基础和机遇是最好的，困难和挑战也是最大的，我们肩负着从工业大省向工业强省跨越的历史使命。必须以更加宽广的视野，更加务实的举措，全力打造××工业升级版，为加快“建成支点、走在前列”贡献工业力量。

二、更加明确“十三五”引领××工业发展的新导向

前面我们分析了“十三五”××工业经济发展面临的新常态，有两个认识必须高度统一。一个是发展问题，当前我国经济最大的风险是增速下滑过快，我省最大的实际是发展不够。工业是我省经济增长的主发动机，“十三五”要把保持工业较快增长作为缩小同发达省份差距、服务全省发展大局的政治责任。另一个是转型问题，国内外经济环境的复杂多变，我省深层次矛盾和问题的日益凸显，根本的解决办法只有一个，即在发展中提质增效升级。所以我省“十三五”工业规划，要坚持把工业转型发展作为一条主题主线，大力强化改革、市场、质量标准、创新驱动、互联网技术、现代商业营销模式和宏观政策在工业转型发展中的引领作用，真正走出一条可持续发展的新型工业化路子。

(一) 坚定不移强化改革引领。工业和实体经济转型发展，既涉及地方政绩和税收，又涉及部门权力和职能调整，还需要企业主动的调整创新，每个环节都依附着大量的既得利益，以及很强的路径依赖。(略)

(二) 坚定不移强化市场和消费引领。工业创造供给，消费创造市场。消费与工业增长密切关联，对工业转型升级促进作用明显。(略)

(三) 坚定不移强化质量标准引领。今年5月，习近平总书记在河南考察时强调，要推动中国制造向中国创造转变、中国速度向中国质量转变、中国产品向中国品牌转变。(略)

(四) 坚定不移强化创新驱动引领。工业是创新驱动的主战场，技术创新已经成为企业做大做强的关键所在。(略)

(五) 坚定不移强化互联网技术引领。(略)

(六) 坚定不移强化现代商业营销模式引领。(略)

(七) 坚定不移强化宏观政策引领。抓工业、抓项目，不能总是搞投资、生产、安全“老三样”，必须认真研究国家政策、研判国家政策走向、研究制定符合省情实际的落实政策，贯彻国家方针政策，实施宏观精准调控，不断提高政府领导工业经济工作的能力。(略)

三、强力推进“十三五”××加快发展的十大新型产业

“十三五”××工业转型发展，除了前面所说的“七个导向”之外，最终的出发点和落脚点还是要放在传统产业提升和战略性新兴产业培育上。要找准一批

市场需求大、国家政策支持、关键核心技术实现重大突破，以及我省有产业基础、有科研人才优势、有增长潜力和空间的新型产业，再通过一个五年甚至两个五年的坚持，真正实现我省产业结构大突破，工业发展大提升。（略）

最后，我再强调几项具体工作。

（一）全力以赴完成各项目标任务。（略）

（二）全力以赴抓好“十三五”工业经济发展规划编制工作。（略）

（三）全力以赴确保工业生产安全。（略）

同志们，谋划“十三五”工业经济发展，时间紧迫、任务艰巨、责任重大、使命光荣。我们要认真学习、深刻领会中央、省委省政府的决策和部署，着力提升研究政策、用好政策，谋划项目、推进项目的能力和水平，共同努力，扎实工作，在新的历史起点上加快实现从工业大省向工业强省的跨越，为××“建成支点、走在前列”作出新的更大贡献！

◎在农村经济研讨会上的讲话

在××区农村经济研讨会上的讲话（节选）

×××

（××××年××月××日）

同志们：

今天召开这次农村经济研讨会，区委、区政府都十分重视。实事求是地说，这么多年来专门召开农村经济研讨会，这也是第一次。刚才，与会各位对我区农村工作的现状进行了分析，对我区今后农村经济的发展思路进行了讨论，效果很好，我完全赞成。会后请农办的同志好好梳理一下，形成一个文字材料供大家参考。下面我讲三个问题。

一、提高认识，深刻领会会议意图

为了实现全面建设小康社会的宏伟目标，必须统筹城乡经济发展，更多地关注农村、关心农民，把解决好农业、农村和农民问题作为全党工作的重中之重，放在更加突出的位置，努力开创农业和农村工作的新局面。

我区地处市中心城区，区属××个村贫富不均，发展速度相差很大，少数村经济发展良好，大部分村级经济现状与城区农村要求很不相符。当然，这里有客观原因，也有主观原因。客观原因是我区农村大多处于城乡接合部，有的甚至在城区，人多地少，无法进行大面积养殖、种植等纯农项目，经济发展受到一定限制；主观原因是过去政府对农村工作重视不够，对城区农村这一块交给征地任务多，帮助探索发展少；对经济项目要求多，具体服务少，使一些经济目标难以落实。

当前，我区农业和农村经济正处在新的发展阶段，如何抓住机遇、加快发展是摆在我们面前的一个现实问题，也是今天会议目的所在。大家要统一思想，厘清思路，充分认识农村当前的现状，发挥优势，破解发展中的难题，使农村经济成为我区经济增长的主要板块之一。

二、强化措施，千方百计增加农民收入（略）

三、常抓不懈，政府为农村发展提供全方位服务

今后，我区各级党委、政府必须按照统筹城乡经济社会发展规划，树立全面正确的发展观；要加深对农民群众的感情，维护和实现好农民的利益；要关心群众生活，为群众多办实事，使农民群众在经济发展、生活改善、社会进步中真正得到实惠，从而增强农民群众建设小康农村的信心。一是搞好服务，千方百计为农村剩余劳动力进城务工创造就业机会；二是改善条件，拓宽资金来源，扩大投资规模，加大对农村基础设施建设的投入；三是继续做好干部担保贷款，引导和扶助有头脑、信誉好的农民上项目、搞经营，让部分农民先富裕起来；四是做好农村扶贫、优扶等社会救助工作。通过全区上下共同努力，促使我区农村经济有新发展、新突破。

同志们，今年的农村工作任务十分繁重，特别是市委、市政府提出今年作为“争先进位年”，我们农业干部和广大农村工作者，一定要真抓实干，争先创优，再铸辉煌。让我们高举邓小平理论伟大旗帜，全面贯彻“三个代表”重要思想，在党中央领导下，振奋精神、开拓创新、扎实工作，圆满完成今年农村工作的各项任务，开创我区农村工作新局面。

第二章 竞聘、就职、述职、调动讲话稿写作

第一节 竞聘、就职讲话稿写作

一、竞聘、就职讲话稿的写作概述

（一）竞聘讲话稿概述

1. 竞聘讲话稿的概念

竞聘讲话稿是指竞聘者竞聘某一领导职位时，在特定的场合，面对特定的听众所发表的用以阐述竞聘优势及对被任职工作的设想和打算的讲话。

2. 竞聘讲话稿的写作技巧

（1）开头部分直奔主题

“开头部分直奔主题”，是指竞聘演说词要开门见山地把竞聘目标指向某一明确的岗位，告知大家自己竞聘的是哪一个具体的职位。

竞聘讲话稿开头部分由称谓、祈请语或致谢辞两个方面的内容组成。

①称谓。竞聘讲话稿大多用泛指性称谓，如“各位领导、各位同事”等。

②祈请语或致谢辞。在竞聘讲话稿的称谓后面宜用一两句礼节性的致谢辞作为正文的前置，并以此引导进入正题，以引起招聘者的好感。

（2）主体部分突出主题

①自然情况。简洁而翔实地介绍竞聘者的姓名、年龄、政治面貌、学历及专业、职务及职称、简历等情况。

②竞聘条件。这部分内容要阐明竞聘者凭什么理由和资格竞聘该职位，有什么超出其他竞聘者的优势，如经历方面的优势、学识水平方面的优势、综合素质方面的优势等。

③聘后设想。主要写竞聘者所设想被聘任后的工作目标与措施。即根据所竞聘职务和个人的具体情况，将就任以后工作的目标、主要设想、打算，包括拟采取的措施、办法以及要达到什么样的效果等集中进行表述。

（3）结尾部分升华主题

结尾也是竞聘讲话稿的重要组成部分。由于这部分内容是通篇演说的收束，故一定要写得简明扼要，自然贴切。好的结尾应语尽而意不尽，意近而旨远。用

点睛之笔，在结尾部分升华主题。

3. 竞聘讲话稿的写作要求

（1）气势要先声夺人

竞选演讲的一个重要特征就是具有竞争性，而竞争的实质，是争取听众，壮大己方支持者的队伍。而做到这一点的有效方法之一，就是在气势上压倒对手。作为竞选演讲者，要想获取竞选的成功，首先就应该有渊博的知识、浩然的正气、对党的事业和群众的事业有无限热爱的感情。

（2）态度要真诚老实

竞聘讲话其实就是毛遂自荐。自荐，当然应该将自己优秀的方面展示出来，让他人了解自己的才华。但要注意的是，在展示时，态度要真诚老实，有一分能力说一分能力，不能夸大其词。

（3）语言要简练有力

竞聘讲话虽然是宣传自己的好时机，但也绝不可为了全面展示才华而长篇累牍。应该学会用简练有力的语言把自己的思想表达出来。

（4）内心要充满自信

作为一个竞聘讲话者，自信是成功的一半。当竞聘者充满自信时，所撰写的竞选讲话稿就会内容充实，站在演讲台上面对众人，就会从容不迫，就会以最好的心态展示自己。

（二）就职讲话稿概述

1. 就职讲话稿的概念

就职讲话稿是指新就任某个领导职务的干部，向其下属或其他特定对象发表见解，陈述观点，提出任期计划及奋斗目标时使用的文稿。

2. 就职讲话稿的写作要求

（1）态度要坦率真诚

就职讲话稿实际上是新任领导者对其下属的一种表态和承诺，其初衷和目的是要取得下属的信任和支持。因此，在撰写讲话稿时，态度一定要坦率真诚。

（2）内容预置有方，实事求是

所谓“内容预置”，是指讲话稿的内容根据需要预先设置好。同时，讲话者还要实事求是地、明确地提出自己任职期间的工作目标。因为竞聘者明确提出自己任职期间的工作目标之后，听众就会在心中记下这笔“账”，并时时拿出来核对一番。

（3）风格要朴实庄重

就职讲话是就职者极为严肃庄重的事情。因此，就职讲话在风格上一定要朴实庄重，多使用叙述的表达方式，并辅之以说明和议论的表达方式，而不用描写和抒情的表达方法。

二、竞聘、就职讲话稿的写作范例

◎领导干部竞聘讲话

国税局办公室主任竞职讲话稿（节选）

×××

（××××年××月××日）

各位领导、各位同事：

首先感谢局领导和各位同人的信任和支持，给了我这个机会来参加竞职演讲。

采取竞争上岗产生中层领导干部的方式向全体职工传递了这样一个信息，那就是我局领导班子以人为本、锐意改革的创新精神和求发展、谋变革的决心。正是这种精神、这种决心，必将成就国家税务局明天无限的生机和活力。

站在台上，面对这么多的评委，面对这么多真诚而又鼓励的目光，我的心绪难以平静。今天，对于像我一样上台演说的同人来说，不仅是一次展示自我、认识自己的机遇，更是一次相互学习交流、接受评判的机会。

我竞聘的岗位是办公室主任。我清楚地认识到，要成为一名合格的办公室主任不容易，他不仅是一位部门的负责人，同时又是一个单位的管家；不仅要有实干精神，还要善于谋略；不仅要熟悉税收业务，还需要有广博的知识；不仅要有高超的组织管理水平，而且还需要有良好的人际沟通能力。虽然，我也积累了不少经验，做了一些工作，但离领导的要求和全局职工的希望肯定还有不少差距。××××年即将过去，回顾过去的一年，在局党组的正确领导下，我与办公室全体人员一起，紧紧围绕税收中心工作，尽心尽力地做好日常的各项事务工作，努力为业务科室、基层税务所的工作提供优良的服务；围绕全局改革和发展中出现的新情况、新问题，认真进行调查研究，为领导出主意、想办法、制规定，搞好协调，推进工作，积极发挥参谋助手和桥梁纽带的作用。按照×××局长提出的新形势下税务系统办公室工作的总体要求，认真履行局领导赋予办公室的工作职责，保证全局各项工作的顺利开展，使办公室在全局工作中真正发挥了参谋助手、协调综合、审核把关、运转保障、督促检查的五大作用。这一年多的时间，办公室的工作实践使我深切地感受到，要做好工作，最重要的是能得到领导和同志们的理解、帮助和支持。在此，请容许我向你们表达我深深的谢意。随着征管改革和信息化建设的不断推进以及经济社会的飞速发展，国税工作面临着极大的发展机遇和更为严峻的考验。办公室作为领导机关的参谋部、信息库和智囊团，客观上要求办公室主任具有良好的素质。

假如本次竞争我能荣幸担任此职务，我的主要目标和工作思路概括为以下四个方面：

一是献计献策（略）

二是立足本职（略）

三是搞好关系（略）

四是加强管理（略）

当然，除了担当好“参谋员”“服务员”“协调员”和“管理员”的角色以外，作为一名合格的办公室主任，还必须具备无私奉献、吃苦耐劳的精神，要善于做一头忠诚的牛、老实的马、受气的羊、忙碌的骆驼；要像蜡烛一样，燃烧自己，照亮别人；像竹子一样，掏空自己，甘为人梯。要成为一名合格的办公室主任，还必须善于学习、勤于思考，除了提高政治理论水平以外，还必须不断学习吸收新的科技知识、宏观经济知识和税收专业知识，以丰富内涵，拓展视野。

我不想发出“给我一个支点，我来撬动整个地球”等一类的豪言壮语，因为我知道，我的能力和水平有限。但是我想表达一个愿望，“给我一个舞台，让我来为国税局的发展尽一份责任”。我深切地感受到，个人的希望已经与全局的命运联系在一起，作为一分子，无论在哪个工作岗位上，理应为它的发展奉献智慧和能力。我目睹了它从小到大发展的历程，现在，随着开发区北进步伐的加快，局领导提出要在各项工作已上新台阶的基础上向更高的目标迈进，这一切更激发出我对税务工作的热爱和不断学习创新的热情，同时也将赋予我追求事业发展的执著和责任。

回顾自己的成长历程，我深深感谢各位领导、同志们对我的教育和帮助；感谢局领导教我怎样做人，怎样处事；感谢历任办公室领导为我打下良好的基础；感谢办公室全体成员对我工作的配合；感谢各兄弟科室和税务所的同志对我的大力支持。这些都将是我宝贵的政治财富、精神财富，都将使我终生受益，相伴我永远。

我深信在座的每一位同人也必定会迎来更加美好的未来。朋友们，让我们一起风雨同舟，为国税局的美好明天而努力奋斗吧。

◎领导干部就职讲话稿

××镇人民政府镇长就职讲话

×××

（××××年××月××日）

各位代表、同志们：

今天，我当选为××镇人民政府镇长，这是人民代表和全镇人民对我的信任和重托。在此，我向各位代表和全镇人民表示真诚的感谢！

在新的工作岗位上，我深感自己身上的责任与分量。我必将恪尽职守，不辱使命，励精图治，不负众望，认真履行人民赋予的权力，不遗余力地做好各项工作。

镇长的任期是有限的，但责任是无限的，我决心从今天开始，用三句话来书写自己的任职档案：

一是把维护人民群众利益作为一切工作的出发点和立足点。镇长是人民代表选出来的，为人民服务就是镇长的天职，要带着对人民的深厚感情去工作，努力做到权为民所用，情为民所系，利为民所谋，立党为公，执政为民，关注弱势群体，为老百姓办实事，解难题，谋福利，把自己的全部力量和才智献给××人民的事业。

二是以经济建设为中心，千方百计促进经济和社会事业全面发展。镇长和政府的工作说到底就是七个字："落实、落实、再落实"，就是落实镇党委的决策。我决心和镇政府班子一道，在以×××同志为班长的镇党委领导下，在镇人大、政协的监督支持下，紧紧依靠全镇人民群众，围绕"创现代化强镇，建生态型××"的总体目标，坚持以人为本，突出抓好"三农"问题、工业强镇和城乡一体化等三个方面的工作，为确保本次大会通过的经济发展总体目标而努力奋斗。

三是建设一个服务型的政府领导班子，进一步优化发展环境。我作为镇主要领导之一，将身体力行，率先垂范，努力实践"执政成本经济型、机关办事效率型、政策措施效果型"的执政理念，团结和带领政府班子成员，认真担负起全面建设小康社会的领导责任和历史使命。

当前，××镇政通人和，正面临一个解放思想、干事创业、加快发展的大好机遇，我相信，有镇党委的坚强领导，有镇三套班子、老领导、老同志、全体代表和全镇人民的支持、配合和监督，有历届政府打下的良好的经济发展平台，××人民有能力建设一个更加开放、富裕、美丽的新××！

谢谢大家！

第二节　述职、调动讲话稿写作

一、述职、调动讲话稿的写作概述

（一）述职讲话稿概述

1. 述职讲话稿概念

述职讲话稿是指国家工作人员就一个阶段的任职情况，向有关部门及领导、群众作出全面说明的一种文体形式。

述职讲话稿的撰写和提交，是管理和考核干部的重要方式之一。对于相关工作人员来说，撰写述职讲话稿，可对自己的任职情况加以回顾和反思，有利于自审和提高思想认识，也有利于改进工作；对于一个单位或部门来说，要求领导干部提交述职讲话稿，有利于考核干部，也便于群众民主监督。

2. 述职讲话稿的应用范围

述职讲话稿可以说是工作总结报告，多用于提交大会进行讨论，如各级政府向同级人民代表大会所作的“政府工作报告”讲话稿。正文结构中有基本情况、成绩经验、教训不足和今后计划等部分。述职讲话稿要对已经做过的工作进行全面回顾，包括做过什么工作，是否达到预定目标，达到目标后有哪些经验值得借鉴，如果没有完成预期目标，是什么原因造成的，今后有什么打算。

3. 述职讲话稿分类

述职讲话稿的分类，可以从几个不同的角度进行划分，因而存在着交叉现象。

（1）从内容上划分

①综合性述职讲话稿：讲话稿内容是对一个时期所做工作的全面、综合的反映。

②专题性述职讲话稿：讲话稿内容是对某一方面工作的专题反映。

③单项工作述职讲话稿：讲话稿内容是对某项具体工作的汇报。这往往是临时性的工作，又是专项性的工作。

（2）从时间上划分

①任期述职讲话稿：对任现职以来的总体工作进行叙述和评价。一般来说，任期述职讲话中涉及的工作时间较长，涉及面较广，要写出一届任期的情况。

②年度述职讲话稿：一年一度的述职，要写本年度的履职情况。

③临时性述职讲话稿：担任某一临时性的职务，写出其任职情况。比如，负责了一期的招生工作，或主持了一项科学实验，或组织了一项体育竞赛，要写出其履职情况。

（3）从对象上划分

①向本地区、本单位、本市的群众述职讲话稿：需要向本选区选民述职，或向本单位、本部门职工群众述职，用口语化的语言写成的述职讲话稿。

②向上级领导机关述职讲话稿：向上级领导机关或人事部门报告的书面述职讲话稿。

4. 述职讲话稿写作要求

（1）要充分反映自己在任期内的工作实绩和问题

述职是民主考评干部的重要一环，也是干部自觉接受组织和群众监督的一种有效形式。干部作述职讲话，是为了让组织和群众了解和掌握自己的德才状况和履行职责的情况。

（2）要实事求是地评价自己

①处理好成绩和问题的关系。是指理直气壮地摆成绩，诚恳大胆地讲失误。

②处理好集体与个人的关系。不能把集体之功归于个人，也不要抹杀了个人的作用，分清个人实绩和集体实绩。

（3）要抓住重点，突出个性

抓住带有影响性、全局性的主要工作，对有创造性、开拓性的特色工作重点着笔，力求详尽具体。对日常性、一般性、事务性的工作表述要尽量简洁，略作介绍即可。

5. 述职讲话稿写作格式

述职讲话稿通常由标题、正文和署名三部分组成。

（1）标题

述职讲话稿的标题有单标题和双标题之分。单标题一般为“述职讲话稿”，也可以在“述职讲话稿”前面加上任职时间和所任职务。双标题由正标题和副标题组成。正标题是对述职内容的高度概括，副标题前加破折号，与单标题的构成大体相似。

（2）正文

正文由导言、主体和结尾三部分组成。

①导言。包括两方面内容：一是任职介绍，说明自己的任职时间、担任职务和主要职责，简要交代述职的内容和范围；二是任职评价，扼要介绍任职以来的工作情况。这一部分应力求简洁明了。

②主体。这是述职讲话稿的核心，主要陈述履行职务的情况，包括3个方面的内容：一是任职期间的任务完成情况，取得的主要工作成绩；二是存在的问题及经验教训；三是今后工作的努力方向、目标或打算。

③结尾。一般要求用格式化的习惯语来结束全文，采用谦逊式结尾、总结归纳式结尾或表决心式结尾等形式。

（3）署名

在正文之后，标明述职人所在单位的全称，述职人本人的职务、姓名；写明述职日期。如果在标题之下已说明，此部分可略去。

6. 述职讲话稿的写作技巧

（1）标准要清楚

围绕岗位职责和任务目标来讲述自己的工作，尤其要体现出个人的作用，不能写成工作总结。

（2）内容要客观

必须实事求是、客观存在、全面准确。

（3）个性要鲜明

不同的岗位，有着不同的职责要求，即使是相同的岗位，因个性差异，其工作方法、工作业绩也不相同。写述职讲话稿，要从字里行间体现出自己的个性，要做到“文如其人”。

（4）语言要庄重

行文语言要朴实，评价要中肯，措辞要严谨，语气要谦恭，尽量以陈述为主，也可写一些工作的感想和启示，但不可添加描写、抒情等表达方式，更不能使用夸张的语言。

（二）调动讲话稿概述

1. 调动讲话稿概念

调动讲话稿是指领导干部在工作调动或任职届满、离退休时，在原单位全体同志欢送会上发表的调动、离职告别讲话。

2. 调动讲话稿写作要求

（1）开头部分

阐明即将调动、离任时的心情，或说明调动、离职的原因，并感谢大家对自己的信任和支持。

（2）正文部分

总结成绩要实事求是，回顾失误要敢于承担；表示谢意要诚挚；提出希望要热切；语言表达要自然、真切，富有感情色彩。

（3）结尾部分

表达对原任职单位的深切希望和美好的祝愿，向大家再次表示感谢。

二、述职、调动讲话稿的写作范例

◎党委领导班子述职报告

××××年度××镇党委领导班子述职报告（节选）

××镇党委下辖××个村党支部和××个镇直支部，有党员××名，人口××人。××××年，在县委、县政府的正确领导下，镇党委始终坚持以维护安定团结为主线，以实现广大群众根本利益为宗旨，以“加快发展、富民强镇”为目标，高举邓小平理论伟大旗帜，认真实践“三个代表”重要思想，淡泊名利，团结拼搏，无私奉献，勤政廉政，推动了我镇党务、经济等各项事业的全面发展。我镇呈现出社会稳定，经济发展，人民安居乐业，各项社会事业欣欣向荣的良好工作局面。

综述××××年的工作，主要体会是：镇党委必须始终坚持以邓小平理论和

“三个代表”重要思想为指导；坚持凝聚智慧、团结协作的工作方法；坚持“党要管党、从严治党”的工作方针；坚持“注重根本，突出重点，抓住关键，夯实基础，勇于创新”的工作思路，以高度的历史使命感和政治责任感，进一步解放思想，实事求是，与时俱进，狠抓落实，“围绕经济抓党建，抓好党建促小康”，推动全镇各项工作上台阶、上水平。

现将我镇党委××××年工作述职如下，请领导和同志们批评指正，提出意见和建议。

一、抓党建，加强组织建设

镇党委清醒地认识到新形势下加强基层组织建设的重要性和紧迫性，始终高度重视组织建设和“五个好”党委创建工作。紧紧围绕“提高整体素质，促进全面发展”的工作目标，在“六健全”上下功夫，大力加强农村基层班子建设和党员队伍建设，深入开展“五个好”镇、村党组织创建活动，建立健全了党委统一领导、支部密切配合、村民积极自治的良好工作运行机制，扎实推进了农村基层民主政治建设，使党的基层组织成为团结战斗的堡垒，凝聚力、战斗力明显提高。

为使我镇党建各项工作任务能真正落到实处，我们采取了“三项措施”，注重了“三个结合”，全力推进基层组织建设各项任务的落实。

（一）采取三项措施（略）

（二）注重三个结合（略）

二、抓稳定，营造安定的社会环境

第一是突出抓了案件多发点、治安混乱点和防范薄弱点的综合治理工作。为此，我镇先后从“一事一议”资金中切出综治经费××万余元，购置了综治巡逻车并添置了相关治安防范器械，成立了以综治办、派出所为主体的治安巡逻大队，组建了镇村联动的群防群治网络，制定了《村打更放哨制度》《群防群治督查奖惩制度》《治安形势通报制度》，把广大群众以自然村为单位，以农户自然分布为基础，按相邻“十户”为一组，编排值班日程，并公布上墙。镇治安巡逻队通过不定期对各单位群防群治开展情况督查，促进制度的落实。使辖区内各类案件的上升势头得到有效遏制，治安状况明显好转，人民群众对治安的满意率不断提高。

第二是狠抓了基层矛盾纠纷的排查调能工作。为抓好此项工作，我镇专门成立了由七人组成的矛盾纠纷调查处理工作组，由一名副书记具体负责，对全镇范围内突发性和苗头性问题超前介入，提前解决，确保把矛盾化解在基层，把问题扼杀在萌芽。如今年××月，我镇西街辖区内发生的机械面粉厂民间债权债务纠纷一案。镇党委政府不等、不靠、不推，及时成立了工作组，协同居委会干部，制订方案，通过先解决吃饭问题，后解决资金问题的办法，平抑群众情绪。从而最终平息了这起民间借贷纠纷，维护了稳定，避免了流血事件发生。再如，××省道改道××段共××千米，涉及拆迁户××户，征地××亩，镇党委、镇政府通过做大量细致而卓有成效的工作，无一人上访。

第三是狠抓了基层民主法制建设。我镇通过开展法制宣传及普法教育，加大村务公开、政务公开和依法行政工作力度，注意用法律手段处理土地、宅基等事关农民切身利益的重大问题，完善民主议事程序，增强透明度，使群众明白、信任、放心。从而不仅消除了矛盾，还推进了基层民主法制建设，促进了群众民主法制意识的提高。

第四是抓信访从源头上促稳定。在做好《信访条例》宣传工作的同时，把有关信访新精神贯穿于日常工作中，做好开门接访和带案下访工作。对日常排查出的不稳定因素，立即组织相关人员深入到户、到人做细致思想工作，把不稳定苗头消除在萌芽状态。

××××年××月××日

◎机关党委述职报告

××市委宣传部机关党委述职报告

（××××年××月××日）

一年来，市委宣传部机关党委坚持以党的十八大精神为指导，认真学习贯彻落实科学发展观，按照市直机关党工委的工作部署，围绕宣传部的中心任务开展工作，有效地促进了我市宣传思想各项工作的顺利开展。

一、抓好党员教育，开展内容丰富的活动

思想建设是党建设的核心，也是机关党委工作的主要任务。一年来，党委坚持把党员思想政治教育工作放在首位，重点抓好以下几方面工作：

（一）抓理论学习

要求各支部和广大党员要认真学习、全面领会和掌握党的路线方针政策、党的基本理论、党章基本知识和党每次重大会议的重要决议、决定，牢固树立科学发展观，围绕宣传思想工作，深入开展理论和文化工作、把握新闻舆论导向、开展精神文明建设和未成年人思想道德教育工作，促进文化盛市建设进程和经济社会全面发展。十八届五中全会召开后，认真组织广大党员干部学习加强党的执政能力建设决议，并于××月××日，专门召开全市宣传战线加强党的执政能力建设学习会。通过一系列学习活动，引导、帮助党员干部树立正确的世界观、人生观、价值观，提高党员干部的政治、业务素质，使恪尽职守、爱岗敬业、甘于奉献成为广大党员干部的自觉行动。

（二）抓开展活动

党委能充分发挥基层党组织的桥梁纽带作用，坚持以人为本，把解决思想问题与解决实际问题结合起来，把集中教育与细致的思想政治工作结合起来，认真组织文艺创作、广场文化活动，组织党员到革命老区接受传统教育以及庆祝党的生日等活动，增强凝聚力，调动积极性。组织党委及各支部慰问困难党员，认真解决党员群众在工作生活中的困难和问题。

（三）抓工作落实

党委能围绕新时期党建工作总目标，注意党建工作与行政业务工作有机结合，相互促进，把党组织的教育、管理、监督等基本职责渗透并贯穿于业务行政工作全过程，使工作取得的每一项进展都凝聚着党组织的支持和努力，每项工作任务的完成都有党员的身影和奉献。各党支部围绕××××年度宣传思想工作任务和市委、市政府中心工作，充分发挥广大党员的积极性、主动性、创造性和聪明才智，以科学的理论武装人，以正确的舆论引导人，以高尚的精神塑造人，以优秀的作品鼓舞人。广大党员以饱满的工作热情和良好的精神状态，积极做好市五次党代会、十八届五中全会、科学发展观等宣传工作，社科理论、新闻外宣、社会文化、精神文明等各项工作整体推进，保证了导向正确，基调昂扬，亮点纷呈，扎实有效，十八届五中全会精神和市委市政府重大决策在形成高潮中不断深入，在保持声势中开拓创新。为动员和激发全市人民的热情和干劲，发挥了积极作用，社会影响大，实际效果好，为推进我市经济社会保持持续发展的良好势头、为实现我市加快发展、协调发展、率先发展作出了贡献，出色地完成了年度各项宣传思想工作任务。

（四）抓文体活动

今年××月组织各支部广大党员开展了乒乓球、羽毛球比赛，比赛活动共决出男女团体、个人一二三名，并给予现场颁奖。通过比赛活动，活跃了气氛，增进了友谊，加强了团结，提高了工作效率。

二、抓好党风廉政建设，确保宣传干部队伍的廉洁

机关作风，是机关思想政治建设、业务工作水平和干部队伍素质的综合反映，关系着机关的形象和战斗力。年内党委突出抓了党风廉政建设、优良传统教育和工作作风转变。

一是结合“纪律教育月”广泛开展建设学习型机关，努力建设“政治坚定、公道正派、廉洁勤奋、求实创新”的机关党员干部队伍的教育。

二是进一步坚持“一岗双责”，建立党风廉政建设责任制，明确规定领导干部在党风廉政建设中的责任，基本形成了以预防教育、廉洁自律、监督检查为主要内容的工作格局，保证了我部党风廉政责任制的落实和党委领导班子的廉洁从政。到目前，没有发现党委班子成员有违纪现象。

三是落实责任。把机关党的建设工作纳入机关整体工作通盘考虑，统筹安排。

一年来，市委宣传部机关党委取得了一定的成效和成绩，但在丰富广大党员文化文娱活动方面，还需进一步加强，抓好落实、抓出成效。

◎**副乡长述职讲话**

××乡副乡长述职讲话

×××

（××××年××月××日）

各位领导、同志们：

××××年××月，我从《××日报》驻××县记者站站长调任××乡党委副书记，并于当月当选为常务副乡长。在新的岗位上工作近两年时间了，现将履行职责和廉洁自律的情况向组织汇报。

一、履行职责的情况

新的工作岗位就面临着新的课题。受命以来，我始终用“谦虚谨慎，加强学习，掌握情况，研究对策，进入角色，不辱使命”要求自己，通过进村入户调查研究，通过向长期从事基层行政工作的领导和同志学习，在同志们的真诚帮助下我很快地适应了本职工作。

（一）协助书记做好党务工作，认真扮演党委副书记角色。

1. 到岗半个月以内，我便在书记带领下深入全乡××个村及乡直各单位，比较全面地了解了全乡经济社会发展和干部队伍的基本情况，为确立建设“特色小村”的经济发展思路、“文明小村”的社会发展思路建言献策。

2. 与党委班子成员一道协助书记进一步完善了“以村为主，集中坐班，轮流值班，分片负责，限时解答，责任到人”的村级组织工作规范和管理考核方案，并参与组织拟定《村级工作规范》。

3. 积极建言献策，制定了××乡干部管理办法，协助书记做好干部管理工作。

4. 经常性地与干部、班子成员交心谈心，协助书记做好干部的政治思想工作。

5. 积极参与，与党委班子成员做好先进性教育活动工作。

总之，作为党委副书记，我的原则是一般问题不推向书记，重大问题先请示书记，特大及决策性的问题建议集体讨论决策并由书记拍板。

（二）协助乡长，做好政府日常工作，履行好常务副乡长职责。

1. 在认真调查研究的基础上，与全体班子成员一道协助乡长拟定政府工作报告，比较科学地安排年度工作及中长期发展规划。

2. 在广泛征求意见的基础上，与全体班子成员一道协助乡长确立了“以特色资源为载体，以工业化理念谋划农业，促进工农良性互动，建设生态工业园乡”的工业经济发展思路。

3. 为了推介小村，在广泛征求意见的基础上确定了“茶乡、药库、竹海、漆林”的××名片语言。

4. 根据××实际，提出了建设和谐××，必须采取“红色（旅游）、绿色（特产资源）、黑色（以路网为重点的基础设施）、白色（以××××为标志的文明新村）”四大措施。

5. 抓节支工作，加强政府日常管理。拟定了××乡财务管理办法，确保了工作正常运转，广辟财源，与乡长一道与各单位联系，争取各单位的大力支持。

6. 抓财政收入。加强税源调查及强化征管，力争做到颗粒归仓。

7. 狠抓结构调整，培植后续财源。

8. 狠抓龙头企业建设，重点扶持×或×个企业，达到规模以上水平。

9. 狠抓基础设施建设及实事办理。目前，任务内水泥路进展顺利，流域治理工程已经完成，集镇街道建设即将完工，其他实事正在紧张办理。

10. 大力招商引资，奋力建设开放型××。目前，招商引资企业已进入三户，并在推介××特色产品方面做了大量工作。

11. 切实抓好日常工作及临时性工作。森林防火、防汛抗旱、合作医疗、计划生育、综合治理等工作正常开展，没有一项工作拉全县的后腿。

总之，我当常务副乡长的基本思路是：独立思考，积极建议，绝对服从，果断决策。全面履行“副”这个字，准确到位“常务”这两个字，在领导全乡经济社会发展这幕大戏中，力争做到自己的角色“不错位，不缺位，不越位”。因此，在全体班子成员的共同努力下，近几年的工作得到各界的肯定。

二、廉洁自律的基本情况

（一）乡里出台了财务管理制度，原则上不在外就餐，不租车。如有特殊情况，由办公室统一处理，从源头上管住了干部，也管住了自己。

（二）明确宣布，无论是谁出差都不搞补助，缩小了干部与领导的待遇差距。

（三）在经费审批中一视同仁，不搞特殊化。

（四）个人不讲排场。

（五）敢于负责。

（六）没有参与各类老板的吃请，也没有受贿行为。

◎镇长述职讲话

××镇副镇长述职讲话

×××

（××××年××月××日）

各位领导、各位同志：

在××××年××月，在中共××乡党委换届和××××年××月××镇政府换届中，本人有幸当选中共××镇党委委员和××镇人民政府副镇长。在县委、县人民政府及镇党委、政府的正确领导下，本人始终坚决贯彻执行党和国家的路线、方针、政策，团结班子成员，和班子成员一起认真落实上级党委、政府安排的各项工作。严格要求自己，始终与党委保持高度一致，树立“立党为公、执政为民”的思想，以群众利益作为自己工作的重心，认真为群众排忧解难，解决群众中热点、难点问题，为群众办好事、办实事，保持艰苦奋斗、自力更生的优良传统作风，把改变××镇贫困面貌作为工作的出发点，带领××人民同贫穷作斗争。通过努力，较好地完成了各项工作任务，得到全镇人民群众的信任和上级领导的肯定，现将本人主抓的工作汇报如下：

一、加强政治、理论、业务学习，牢固树立全心全意为人民服务的思想

从一般干部到镇党委委员、镇人民政府副镇长，我深感肩上的责任重大和自身知识的贫乏，为了弥补自身的不足，我经常利用业余时间学习党的理论、方针、政策，学习马列主义、毛泽东思想、邓小平理论、“三个代表”重要思想、科学发展观、十八大会议精神，积极参加省、州、县组织的各种学习。先后两次参加省、州两级组织的贫困地区的扶贫开发业务学习，两次参加州组织部组织的乡镇企业学习培训，还参加县委组织部和县有关单位组织开展的各种学习培训和镇班子内部组织的学习活动。

通过学习，使我自己能够把握住正确的政治方向、思想方向，提高自身的政治鉴别力和政治敏锐感，能够明辨是非，政治立场坚定，政治上和思想上始终与党中央、省、州、县委、县政府及镇党委、镇政府保持一致，通过学习，思想认识得到了一定的提高，树立了自己正确的世界观、人生观和价值观，把全心全意为人民服务、甘当人民公仆作为自己的唯一宗旨，牢固树立全心全意为人民服务的思想，为开展各项工作指明了方向和提供了精神动力。

二、正确把握工作思路和工作方法

××镇是一个农业大镇，全镇人口多，面积大，底子薄，贫困面积大，全镇××个行政村中，一类重点扶贫村有××个，二类重点扶贫村有××个，且大部分是××区、××区，但××也有很大的发展潜力和发展空间。在工作中，我紧

紧围绕以经济建设为中心、农民增收为主题、发展才是硬道理这个思想来开展工作，不断完善工作方法，规范工作作风，在工作中，我始终坚持以下几个原则：

1. 坚持党的路线的原则。我始终认真学习并把握党的路线、方针、政策，坚持“一个中心、两个基本点”的基本路线，用邓小平理论和“三个代表”重要思想来武装自己的头脑，在政治上、思想上和行动上与上级党委、政府保持高度一致。

2. 坚持实事求是的原则。历史证明，坚持实事求是的原则，是兴旺繁荣的根本保证，在制定经济发展和扶贫开发规划、处理问题时，我都遵循实事求是的原则，从镇情、村情、寨情的实际出发，不唯书、不唯上，只唯实，不吹浮夸风，做到集思广益，综合考虑。

3. 坚持群众路线的原则。在工作中，我虚心听取干部、群众的意见和建议，深入实际，认真调查研究，不断修正和完善自己的工作方法，坚持把群众拥护不拥护、赞成不赞成、高兴不高兴、答应不答应作为我的一切工作的出发点和宗旨。

三、工作开展和完成情况

1. 扶贫开发工作：完成了××村、××村、××村三个一类重点扶贫村的五年扶贫开发规划，共规划项目××个，完成全镇××××～××××年的项目库编制，共编制项目并入库××个。××××年度申报××村项目共××个，争取财政扶贫资金××万元，目前项目竣工××个，××个项目正在实施，预计在××××年××月底全部完工，并投入使用和得到一定程度的收益。

2. 农业生产方面：始终抓住粮食生产不放松，加大农业生产的投入，××××年××月，我镇遭到历史以来罕见的水灾，导致我镇的基础设施及农作物不同程度受到一定的灾害，特别是水稻，当时正值扬花授粉期，由于长时间的低温多雨，造成水稻大面积减产，全镇粮食作物共减产××%。屋漏偏遭连夜雨，××××年××月，我镇夏粮又遭受到冰雹的袭击，导致夏粮大面积减产，为了提高××××年的粮食产量，让群众吃下定心丸，我组织了广大群众，利用“丰收乐”叶面肥大面积喷施粮食作物和烤烟，充分发挥科学技术的力量，提高了粮食作物的产量，使全镇的粮食得到了大幅度的增长。

3. 退耕还林工作：利用退耕还林这一契机，充分调整产业结构，两年来，我镇共退耕还林××亩，××户农户受益，其中果林××亩，金银花种植××亩，楠竹种植××亩。到目前为止，共发放退耕还林粮食××吨，使××户农户真正得到了实惠，做到了“退得下，稳得住”。

4. 水利工作：××××年度完成了四个渴望工程点，共投资××万元，××××年度安排渴望工程点××个，目前正在动工。修复了××××年××月因水灾造成损坏的沟渠××米，争取到了上级的支持，解决了××村三根××毫米直径的钢管，确保××××年度的农田灌溉用水。

四、存在的问题和今后努力的方向

经过两年多的工作，自己还存在以下几个方面的不足：一是业务学习不够足，业务能力不够强；二是抓中心工作过多，向上跑项目少，不能为全镇多引进一些好的项目；三是工作方法过于简单，主动性不够，仅局限于完成上级交办的工作任务，没有大胆创新。针对自身的不足，在今后的工作中，我会不断加强学习，学习党的理论、方针、政策，不断提高自己的政治、思想素质，认真学习业务知识，加强自己的业务能力，还要利用一切可以利用的有利因素，积极向上级争取更多适合我镇实际情况的好项目，努力为群众办好事、办实事，不断使全镇群众增钱增粮，逐步提高他们的生活水平。

各位领导，同志们，本届党委任期将满，无论今后我从事何职务，我都坚决服从上级的安排，并竭力把工作开展好，由于本人的能力和经验有限，工作完成情况离上级和组织的要求还有一定的差距。在今后的工作中，我将用共产党员的标准严格要求自己，加强学习，发扬优点，克服自身的缺点，以更加饱满的精神状态和更高昂的工作热情投入到工作中，以报答组织对我的期望。

以上述职，如有不当，请给予批评指正。

◎办公室副主任述职讲话

××县政府办公室副主任述职讲话

×××

（××××年××月××日）

各位领导、同志们：

××××年××月根据组织安排，我任县政府办副主任、后勤服务中心副主任、××××宾馆经理，主要职责是协助主任分管接待服务、后勤管理和综合协调等工作。任职以来，在县政府及办公室领导的正确领导下，在各位同志的密切配合下，爱岗敬业，恪尽职守，作风务实，思想坚定，充分发挥岗位职能，以服务领导、服务群众为目标，开拓创新、埋头苦干，圆满完成了领导交办的各项工作任务，为保持县政府各项工作高效运转作出了应有的贡献。现将任职以来的工作开展情况述职如下：

一、政治学习

本人始终把加强理论学习作为提高自身素质、履行好工作职责的重要途径来抓，除积极参加办公室集体组织的学习外，坚持挤时间，抽空自学，特别是结合去年保持共产党员先进性教育活动，重点学习了党的十八大和十八届四中、五中全会精神，构建和谐社会等方面的理论知识，切实加强对法律法规、市场经济、科技文化等知识的学习。学习中，认真整理学习笔记，撰写心得体会，积极参加各类专题学习活动，坚持理论学习与分管工作相结合，与推动当前工作相结合，努力在学深、学细、学透上下功夫，在掌握理论的科学体系和精神实质上下功夫。通过向领导学、向同事学、向实践学，不仅加深了自己对党的路线方针政策的理解，增强了政治意识、责任意识和大局意识，更重要的是把理论知识转化成了自己科学的世界观、人生观、价值观，成为了自己观察事物、判断形势、解决问题、推动工作的有利武器，有效地提高了自身的理论素养和领导水平，为更好地开展工作奠定了坚实的基础。

二、德才表现

（一）政治立场坚定，思想素质好。本人能坚持四项基本原则，政治上、思想上、行动上能够时刻同党中央保持一致，贯彻执行党的路线方针政策坚决认真。能够坚持不懈地加强政治理论学习和党性锻炼，有较强的政治敏锐性和政治鉴别力。我作为县宾馆经理，在商品经济的大潮中，能够时时处处用一个共产党员的标准严格要求自己，不断加强思想作风建设，牢固树立为人民服务的思想，自觉抵制各种腐朽思想的侵袭，做到了坚持原则，公道正派，廉洁奉公，不以权谋私，无违法违纪行为，在干部、同事和群众中树立了良好的形象。工作中能认认真真履行工作职责，尽心尽力搞好上下服务，不投机取巧、欺上瞒下，不给领导工作添麻烦，不给部门工作设障碍，更不假借政府领导的名义办私事。

（二）勤政务实，有较强的事业心和责任感。根据分工，我以后勤及接待工作为主，在工作中以“勤奋”和“求实”为自己的工作准则，脚踏实地，真抓实干，讲求实效。接待工作是政府的窗口，接待工作出形象、出效益。办公室在全体干部职工中树立了“人人代表政府形象，个个都是发展窗口”的理念，制定了《接待工作管理办法》，进一步规范了接待工作程序，做到职责分明，事务清晰，急而有序，杂而不乱。我们遵循“热情、周到、安全、高效、廉洁”的原则，对客人，做到既热情又不浪费，既丰盛又不铺张。同时，注重接待服从于经济工作、政治工作，在接待过程中，紧紧围绕经济建设这个中心，接待工作实现了由传统型向现代型、由事务型向综合型、由被动型向主动型三个转变，发挥了桥梁与纽带作用。今年我们共接待来宾××人次，其中自治州级大型会议××次，共××人次，县级大型会议××次，接待百人以上大型旅游团队××个，共××人次，外宾××人次。接待工作获得了客人们的赞许和肯定。

（三）工作思路清晰，有较强的组织协调能力。一是讲究工作方法，有较好的群众基础。在班子中，我能自觉摆正位置，当好“班长”的助手，并主动配合其他副职共同搞好工作；在与职工交往中，既重视加强对职工的严格教育管理，又注意发挥下属的作用，帮助办公室其他同志提高分析问题、解决问题的能力，提倡换位思考多理解，交心谈心多了解，互相尊重多谅解，从而与他们形成了平等相处、坦诚相待的关系，有效地促进了工作的顺利开展。同时，在日常工作中，无论任务有多重，时间有多紧，我都要分阶段地对自己的工作进行反思，进行理性思考，总结哪些是成功的，哪些是不成功的，哪些应及时改进，这样举一反三，不断提高自己的工作能力和水平。二是思路清晰，有开拓创新精神。我自任副主任以来，先后直接组织或参与了不少的中心工作。对所参与的活动，能主动提出自己的见解，积极配合搞好工作；对牵头组织的活动，能认真研究工作意见和方案，周密安排部署，精心组织实施。工作能够早预早办，雷厉风行，既讲效率，又讲质量，能坚持以改革的精神积极研究解决工作中遇到的新情况、新问题，创造性地开展工作。

（四）自律较高，党性较强。我无论是在工作上还是生活中都十分注重自己的党性修养和情操的陶冶，能自觉用共产党员和领导干部的标准严格要求自己，时刻做到自重、自省、自警、自励，要求别人做到的，自己首先做到，要求别人不做的，自己坚决不做，严格遵守领导干部廉洁自律的有关要求。

三、存在的问题

过去的一年，我做了一些工作，也取得了一些成绩，这是领导重视和办公室全体干部职工共同努力的结果。但是我深知，我进入办公室时间比较短，与上级要求和群众愿望还有一定差距。

一是理论学习的深度、广度不够，参谋助手作用有待加强。

二是深入基层调查研究不够，掌握第一手材料不足，与基层联系有待加强。

三是创造性开展工作欠缺，服务领导、服务基层、服务群众的水平有待提高。在今后的工作中，我决心再接再厉，自我加压，与时俱进，开拓创新，努力把各项工作往深里做，往实里做，为确保县政府各项工作高效运转、推动全县经济社会和谐健康发展作出自己应有的贡献。

◎局长年度述职讲话

××县工商局长××××年度述职讲话（节选）

×××

（××××年××月××日）

各位领导、各位同志：

××××年以来，我始终坚持“以人为本、立足本职、求真务实、改革创新”的理念和作风，凝聚和团结分局一班人，以群众满意和社会满意为衡量我们工作的一把尺子，以队伍建设和党风廉政建设为基础，依法行政，切实履行监管职能，服从于县局及当地党委政府的领导，服务于地方经济的建设和发展，较好地完成了各项工作任务，实现了全面发展，稳中求进的目标。现将我一年来的工作、思想情况作如下述职。

一、抓党风廉政建设，提高队伍依法廉洁从政的意识

今年以来，我抓住“机关效能建设”和“保持共产党员先进性学习教育活动”的契机，扎实认真地学习，深刻领会精神实质，并从自己身上找原因，弥补不足，虚心听取群众的意见和建议，与党组织保持一致，从而树立正确的权力观、地位观、利益观和执政为民、廉洁奉公、求真务实的理念。

针对分局人员多，思想复杂，加之现行体制不完善，经费和待遇保障难于到位的情况，如何统一思想，步调一致，稳中求进最为关键，我与班子成员齐心协力，共谋发展，主要从以下几个方面入手。

一是加强机构建设和制度建设，把党廉工作和队伍建设工作当作分局第一要务来抓，成立了党风廉政建设领导小组，制定了党风廉政建设责任制，分局与各管理片、分局与干部职工签订了党风廉政建设责任状，明确了目标及责任。

二是认真开展职务犯罪预防工作，建立长效监督机制，防微杜渐，用身边的事例教育警示大家遵纪守法、禁踏红线。严格落实禁令，加强对各片组明察暗访的力度，发现问题及时督促整改，有效地减少违规违纪行为的发生。

三是认真开展机关效能建设活动。大力开展对分局干部职工的宗旨观和政绩观、改革观和发展观、民主观和法制观以及诚信观的教育，规范了行政办事程序，完善了制度建设，严肃了工作纪律，重点对“政令不畅、作风不实、效率不高、效能不佳、服务不优、行为不端”六个方面的行为进行自查自纠，并进行了整改和提高。

四是结合保持共产党员先进性学习教育活动，促进了分局支部党建工作，强化了分局党员的宗旨观念和服务意识，充分发挥了党员弘扬正气、爱岗敬业的先进模范带头作用。

二、求真务实，开拓创新、确保分局工作全面发展（略）

三、廉洁自律，自我加压，提升自身形象

作为一个单位领导，手中握有一定的权力，如何正确行使这些权利，如何树立良好的威信，这些一直是我认真思考、谨慎行为的问题。“其身正，不令则行”，所以在思想和行动上我都对自己高标准、严要求，要求别人做到的，自己先做到，率先垂范，带头执行，努力提升自己的人格魅力。我严格遵守各项工作纪律和工作制度，带头执行系统禁令，不接受管理对象的吃喝宴请，不收受管理对象的礼物，不以权谋私，严格规范自身的行政行为。注重与班子成员之间的沟通和交流，以诚相待，以心换心，充分发扬民主，不耍权威、不搞特权，增强班子凝聚力和权威性。在内部管理上，严格按制度办事，一个标准、一把尺子到底，一视同仁，不厚此薄彼，不搞特殊。在生活上关心同志疾苦，最大限度地为干部职工谋取正当利益，解决他们生活和工作上的实际困难。在财务管理上，能

严肃财经纪律和财务制度，严格遵守“收支两条线”，不私设“小金库”，没有违纪违规开支现象的发生。

◎领导干部离职退休讲话

在离退休人员座谈会上的讲话

×××

（××××年××月××日）

各位尊敬的老同志：

今天，我们把各位请来，在这里举行座谈会，主要是对大家即将离退职休养表示欢送。

记得有人说过：童年是一幅画，少年是一个梦，青年是一首诗，中年是一篇散文，老年是一部哲学。由此，我衷心地祝贺各位老同志步入了哲学家的行列，并表示真诚的敬意！

在过去的岁月中，各位老同志为了我们学校的建设，呕心沥血，任劳任怨，洒下了辛勤的汗水，作出了无私的奉献。从你们身上，我们学到了“不要人夸颜色好，只留清气满乾坤”的高尚品格；学到了“精诚所至，金石为开”的待人哲学；学到了“契机而运，拙法成巧”的处事艺术。我们为有你们这样的老同志而感到自豪！

在党和政府的关怀下，各位因为年老而即将光荣地离开自己的工作岗位，但年老不等于意味着年纪大，更不等于老朽无为。其实，年老更意味着经验和智慧、彻悟和超脱；更意味着人情练达和世事洞明。只要老骥志在千里，总是夕阳无限好！我坚信：有全体在职人员的勤奋开拓和努力进取，有各位老同志的支持，我们学校的明天一定更加辉煌！

最后，由衷地祝愿各位老同志身体健康，心情愉快，福如东海，寿比南山；祝愿城居者“心远地自偏”，乡居者“悠然见南山”！

谢谢大家！谢谢！

◎离职调动告别讲话

在年终总结会议上调动告别讲话

×××

（××××年××月××日）

同志们：

今天的年终总结会议我感觉非同寻常，一方面，我还挂着书记这个职位，而事实上又离开乡工作的情况下，×乡长带领大家取得了很好的成绩，可喜可贺；另一方面，今天是我以党委书记的身份最后一次与大家共聚一堂来回顾过去，畅谈未来，心情格外激动。后天新的书记就要到任，我是××××年××月××日隆冬的时节来到这里。我清楚地记得，来到××的这一天阴雨连绵，而今我也将伴着斜风细雨离去。已到中年的我就要挥别这曾经工作过的地方，此时此刻，我的心情很不平静，回顾过去的××年，这几日我辗转难眠，有太多的感慨和留恋，依依不舍之情常常浮现在眼前。这里有我朝夕相处的同事，有给予我无私帮助的朋友，有以大局为重支持理解我的同志们，有视我为家人的农民兄弟姐妹。借此机会，我要向你们并通过你们向你们的家人及全乡广大干部群众致以诚挚的谢意！

在过去的工作中，作为党委一把手，在班子成员的支持下，我尽最大的努力，做了一些有利于全局、有利于同志们的事情，有一些还在实施之中，有一些没能够实现，我也倍感遗憾！“人非圣贤，孰能无过”，我在工作中，肯定会有一些事情，难以做到恰到好处，虽然我讲原则重感情，但由于对工作要求过严、过急，难免会伤害一些同志的情感和自尊；虽然我在谋求××经济发展的同时，也曾大力培养和推荐过许多优秀干部，但总因受职数限制或各种因素影响，还有一些很优秀的干部没有得到重用，在此我深表歉意恳请谅解！也相信同志们都能从工作角度对我个人和我的工作给予理解。但让我倍感欣慰的是这次乡镇主要领导调整，唯独我乡提拔了两个正职，加上早先的我，连提了三个，这不仅在全县干部中反响很大，且在××干部史上也是空前的，这是组织的关心，也是我们大家共同奋斗的结果。

“人生自古伤别离”，工作的需要不以我个人的意志为转移，我要遵照县委安排，离开我曾经生活和工作过的地方，离开与我并肩战斗的同志们。虽然离开了这里和大家，但我会一如既往地关心××社会事业的发展，关注同志们的成长和进步。新的书记后天要到任，新任书记曾是我过去的同事，我们同时参加工作，他农村工作经验非常丰富，工作能力也很强，我希望新的书记到任后，在座的同志们能携手并肩，真抓实干，继续保持好良好的品行、认真的工作态度、执着的目标追求，打造新××，创出新特色，努力开创××更加辉煌的明天。最后让我把各种情感汇集成对同志们的良好祝愿！祝同志们身体永远健康，家庭幸福和睦，万事顺心如意！春节快乐！

请大家在路过或者去县城办事时到我家里和单位做客，我会热情地接待你们！

谢谢同志们！

第三章　节日、庆典、礼仪、文体活动讲话稿写作

第一节　节日、庆典讲话稿写作

一、节日、庆典讲话稿的写作概述

（一）节日讲话稿的写作概述

1. 节日讲话稿的概念

节日讲话稿，是指领导干部在固定的、重要的节日举行庆祝会议上所作的讲话，这种节日讲话可以加强节日相关人员情感和工作上的交流。节日讲话常见的有元旦致辞、春节致辞、国庆致辞、春节团拜会致辞、迎春茶话会致辞等。

2. 节日讲话稿的写作要求

①要真诚地赞美节日相关人员对工作作出的努力，激发其上进心。

②强调节日相关工作的美好发展前景，增强节日相关人员的信心，调动广大人员的积极性。

③明确节日相关人员的工作要求，激发其事业心。

④整个讲话稿的语言要生动，充满情感，能营造出喜庆的节日气氛。

（二）庆典讲话稿的写作概述

1. 庆典讲话稿的概念

庆典讲话稿属于讲话稿的范畴之一，它也称为“发言稿”，是指在某种特定场合讲话前所拟定的书面稿子。其作用是省时省力，能够集中有效地围绕庆典仪式把话讲好，避免走题或出现差错。这类讲话稿使用的范围很广，多用于机关企业召开的重要会议。

2. 庆典讲话稿的写作要求

（1）祝愿性

庆典讲话稿多是对人对事表达美好祝愿的言辞。因此，应该突出它的祝愿性特点，要用热烈真挚的情感把祝贺之情热情洋溢地表达出来。

（2）准确性

准确性是庆典讲话稿写作的前提和基础。首先要了解聆听讲话的对象，注意听众的组成结构，了解他们的性格、年龄、受教育程度、所在地域文化，分析他

们的态度、观点、希望和要求。掌握这些信息以后，就可以决定讲话稿采取什么方式来吸引听众，以取得较好的效果。其次，庆典讲话稿应该既是对上级精神的准确表达，又是对实践中是与非、质与量的真实反映。

（3）思想性

庆典讲话稿的思想性主要体现在：

①讲政治，始终与党中央保持高度一致，自觉维护党中央的权威。

②坚持用马列主义、毛泽东思想、邓小平理论、“三个代表”重要思想和科学发展观指导各项工作，用马克思主义的立场、观点、方法来观察、分析和解决问题。

③按照组织意图去讲，与集体意见保持一致，不论在什么情况下，都不能凭自己的好恶随意表态。

④符合并传达贯彻落实党的基本路线、方针、政策和国家的法律法规。

⑤坚持党的思想路线，解放思想，更新观念，求真务实，开拓进取。

（4）礼仪性

庆典讲话稿的开头部分，要向与会人员表示节日的热烈祝贺和真挚的问候，讲话的内容要做到热情、谦逊、有礼，短小精悍。在结尾处，有的要表达良好的祝愿和希望，有的要谈希望和打算等。

二、节日、庆典讲话稿的写作范例

◎元旦讲话

元旦致辞

××县县长　×××

（××××年××月××日）

同志们、朋友们：

金鸡辞旧岁，锦犬闹新春。沐浴新年的曙光，满怀胜利的喜悦，我们欣慰地告别××××年，豪迈地走进××××年。值此元旦佳节，我谨代表中共××县委、××县人民政府，向勤劳智慧的××县人民致以新春祝贺，向回家团圆、荣归故里的乡友致以亲切问候，向仍然坚守岗位的建设者和驻县官兵致以诚挚慰问。祝大家在新的一年里欢乐祥和、幸福安康、万事胜意！

年年花似锦，今年花更红。即将过去的一年，全县上下紧密团结在县委周围，坚持以经济建设为中心，以跨越式发展为主题，团结拼搏，开拓创新，务实求为，经济社会事业发展再次夺得了“满堂红”：全年完成地方生产总值57.9亿元，完成财政总收入1.48亿元，农民年人均收入达到3860元，主要经济指标增幅均居全市前列，县域经济发展实现了量的增长、质的突破。与此同时，全县基础设施建设明显加快，招商引资持续升温，各项改革纵深推进，社会事业和谐发展，形成了一个人气高、财气旺、百业兴、万事荣的大好局面，全县经济社会事业开始步入了全面、快速、高效、协调发展的良性轨道。

过去一年，是全县上下锐意创新、励精图治的“拼搏年”，是各行各业捷报频传、硕果累累的“收获年”，是全局工作赶超迈进、和谐崛起的“发展年”。一年来，全县干部群众合力同心，真抓实干，为县域经济发展打下了坚实基础，为社会事业繁荣开创了新的局面。如今放眼××，我们欣喜地看到了一种欣欣向荣、蒸蒸日上的气息！感受到了一种锐意进取、昂扬向上的精神！触摸到了一种无私奉献、不断燃烧的激情！

抚今追昔，我们风雨兼程一路走来，既欣慰万分，更感慨万千。所有成绩的取得是团结拼搏的结果，是群策群力的回报。××县的变化和发展，离不开全县人民的艰苦创业和辛勤耕耘，离不开各级领导的亲切关怀和真诚厚爱，离不开各位乡友的热情帮助和无私奉献，离不开社会各界的通力合作和鼎力支援。借此机会，我再次代表县委、县政府向长期战斗在各条战线上的全县人民表示崇高的敬意，向一直关心、支持我县经济建设和社会事业发展的各界人士表示衷心的感谢！

一元复始，气象万千。新的成绩催生新的起点，新的起点孕育新的希望，新的希望承载新的使命。在新的一年，我们县委、县政府围绕“立足民本、改善民生、维护民利”这一强县富民的宗旨，提出了“××××”的奋斗目标，绘就了发展蓝图，拉开了腾飞序幕。新的一年，我们将以科学的发展观统揽全局，全面推进三次产业结构优化升级，全面提高城镇综合承载能力，全面加快基础设施建设，全面推动社会事业共同进步，努力建设全省经济强县，实现县域经济社会事业新跨越。

东风浩荡满眼春，万里征程催人急。新的一年，我县经济社会事业发展的目标宏伟、任务艰巨、责任重大，但其前景光明、前程似锦、前途无量。县委、县政府决心用大手笔、大动作、大举措来促进全县经济社会事业的大跨步、大发展、大飞跃。我相信，只要全县上下始终坚持以饱满的热情、必胜的信心、创新的精神、务实的作风干事创业，新的一年，我们就一定能够谋好篇、起好步，就一定能够夺取各项工作的“开门红”“满堂红”，我们××县就必将腾飞在即、振兴在望！让我们协力同心，真抓实干，开拓进取，在新的一年里再开新局、再立新功、再创辉煌！

最后，衷心祝愿我们××大地物产富庶、民生安康！

衷心祝愿全县人民家庭幸福、心想事成、万事胜意！

◎国庆讲话

在国庆××周年招待会上的讲话

×××

（××××年××月××日）

各位来宾、朋友们、同志们：

在这金秋送爽的美好季节，我们欢聚一堂，共同庆祝伟大的中华人民共和国成立××周年。首先请允许我代表中共××市委、市人大常委会、市人民政府、市政协，向在各条战线上辛勤工作的全市各族人民，致以节日的祝贺！向香港、澳门特别行政区同胞和台湾同胞、海外侨胞以及各位来宾，表示诚挚的问候！向出席今天招待会的各代表和所有关心支持××发展的海内外朋友，表示衷心的感谢和良好的祝愿！

新中国成立××周年，在中国共产党的领导下，××人民艰苦奋斗，励精图治，取得了社会主义现代化建设的辉煌成就。特别是改革开放以来，我们高举邓小平理论伟大旗帜，紧紧围绕经济建设这个中心，解放思想，扎实苦干，不断夺取新的业绩。即将过去的十二五规划，是××历史上发展最快最好的时期之一。国内生产总值年均增长××%，财政收入增长××%，全市综合实力显著增强。社会主义市场经济体制初步建立；全方位、宽领域、多层次的对外开放格局正在形成，××新区作为××最大的经济增长点发展势头强劲；历史上规模最大的市区成片危陋平房改造目标胜利实现，一批重点基础设施项目相继竣工，载体功能进一步增强，城市面貌焕然一新。各项社会事业全面进步，人民生活水平不断提高。广大群众精神振奋，一个充满生机活力的××已经展示在世人面前。

××过去的发展，很重要的一条是得益于对外开放。面对经济全球化和科学技术迅猛发展的新形势，我们要加快融入世界经济发展整体格局的步伐。我们热烈欢迎国内外企业和有识之士来××施展才华，创造业绩。我们将进一步改善投资环境，依法保护投资者的权益，竭诚搞好服务，让投资者满意。

朋友们、同志们，未来的五年，是××各项工作在更高起点上实现跨越式发展的五年，是××发生新的历史性变化的五年。我们将按照“乘势而上，开拓创新，全面上水平”的工作要求，着力抓好结构调整、技术创新和对外开放三件大事，并遵循现代化国际都市发展的一般规律，坚持开放型、科技型、服务型的方向，为把××建设成为现代化港口城市和我国北方重要的经济中心而不懈努力。

展望未来，××大有希望。我们坚信，在党中央领导下，全市人民同心同德，开拓创新，××快速发展的宏伟目标一定能够实现！

现在，我提议：为中华人民共和国成立××周年，为××人民与各国朋友的友谊，为××的发展和各位朋友事业发达，为在座的来宾们、朋友们和同志们的身体健康，干杯！

◎在春节团拜会上的讲话

××水利局××××年春节团拜会讲话

×××

（××××年××月××日）

同志们：

新春佳节到，心潮逐浪高。

今天，在全国各族人民辞旧迎新之际，我们水利局机关全体离退休干部职工、机关全体在职干部职工，局直各单位主要负责人，各乡镇水电站长，欢聚在××大厅，共庆新春佳节。首先，我代表县水利局党委，向大家拜个早年，向大家表示新春佳节的良好祝愿！

过去的一年，我县水利事业成就显著，稳步发展。防汛抗灾，实现了“两个转变”。坚持以人为本、依法抗洪，准备充分，调度科学，人努力，天帮忙，风调雨顺，灾害少有。水利建设，我们迈开了大步。××水库南涵改建、××电排增容扩建、××闸接长、××分洪闸新建等，一批重点工程克服重重困难，全面有序地推进。堤防加固、水库除险、渠道清淤、机电冬修等，一些面上工程，死角少，进度快，标准高，特别是××大堤培修工程还成为全市水利建设的样板工程。水利管理，我们加大了力度。今年来，我们大力推进水费改革，水费入库率有所提高；我们坚持依法治水、依法行政，完善管理体系，强化工作措施，全县乱耕滥种、乱搭滥建、乱堆滥倒、乱挖滥填的“四乱”现象得到了有效遏制。维护工作，我们确保了大局。基层领导亲自挂帅，班子成员分工负责，没有出现群访、越级上访事件，确保了不出乱子，确保了大局稳定。以上成绩的取得，离不开各级领导、社会各界人士的高度重视，离不开水利系统全体干部职工的辛勤努力。在此，我代表县水利局党委，向长期重视、关心和支持我县水利事业发展的各级领导、社会各界人士表示最崇高的敬意，向全县水利系统的干部职工表示最衷心的感谢，特别是向已经离退休的水利系统的干部职工、老前辈们表示最亲切的问候！

展望××××年，我们精神振奋，信心百倍。现在，水利基础设施的地位已得到各级党委、政府和全社会的高度重视，水资源的保护和利用备受全社会高度关注。我县水费难收、职工难生存、队伍难稳定的“三难”问题，已提到了县委、县政府的重要议事日程，最近县委又对水利局班子、副科级以上局直单位进行了适当调整，充实了人员，加强了力量。不仅如此，而且通过我们局党委反复汇报，多方努力，据透露，从××××年开始，全县水费征收，全部纳入县财政统收范围，而且还逐步解决一批乡镇水利站财政拨款的人员编制。可见，水利系统的冬天已经过去，水利系统的春天即将到来。因此，我们要紧紧围绕县委、县政府的工作部署，振奋精神，开拓前进，迎难而上，再创辉煌！

做好××××年的工作，主要狠抓四个方面：

1. 创新“两种机制”

一要创新人事管理机制。我们要放开视野找人才，不拘一格降人才，坚持“能者上、平庸者让、不称职者撤、违法乱纪者抓、老弱病残者退”的原则，选贤用能，真正起用那些想干事、能干事、会办事的同志，拧成一股绳，形成向心力，焕发每个单位的事业生机、每个同志的青春活力。二要创新财务管理机制。将机关财务、工程财务严格分开，大力增收节支，多跑路、多喊钱，不断壮大机关财务；建立工程资金台账，按制度管理好项目专项资金。杜绝账外账、小金库，杜绝体外循环，形成资金管理使用上的良性及良性运行机制。

2. 突出“两个争取”

我们既要争取项目投资，又要争取项目施工。认真研究国家水利产业政策，及时完成项目规划设计，加大项目汇报力度，搞好项目上下衔接，大力争取国家投资。不仅如此，我们还要强化项目管理，立足行业实际，利用多种优势，大力争取工程施工，增加单位收入，不断消化财政赤字，不断壮大各级财政。

3. 抓好“两费征收”

水费、规费是水利系统的生存之本，必须牢牢抓住，丝毫都不能放松。一方面，我们要千方百计抓水费征收。从××××年起，水费要全面争取实现财政统筹。从今天起，我们要天天想这个事，时时想这个事，真抓实干，确保实现。另一方面，水费统筹后，我们要把着力点放在征收水资源费、水土保持费等规费征缴上，局里将组织强有力的领导班子，常年专门抓，重点突击抓，加强水政执法队伍，加大水政执法力度，确保水政执法从严执法，确保规费收缴成倍增长。

4. 确保“两个重点”

防汛抗灾、水利建设始终是我们履行职能、服务社会的中心工作。我们要及早动手，充分准备，高标准、高质量、高速度、高安全，我们要统筹兼顾，突出重点，真抓实干，再掀高潮，争取夺得全省××杯水利建设“五连冠。”

同志们，在新的一年里，我们要紧密团结在党中央周围，以十八大精神为指导，不断增强我们水利系统干部职工的时代感、责任感、紧迫感和使命感，团结战斗，振兴水利工程。

最后，祝大家在新的一年里，身体健康，工作顺利，家庭幸福，万事如意！祝大家在今天的团拜会宴会上，总结过去，展望未来，开怀畅饮。

谢谢大家！

◎在国庆节、中秋节上的讲话

××发电有限公司国庆节、中秋节讲话

×××

（××××年××月××日）

同志们、朋友们：

皓月当空，秋风送爽。值此国庆、中秋双节来临之际，我谨代表××发电有限责任公司向各参建单位的全体人员、向监理公司和设计院的各位专家、向公司员工及家属同志们，向关心和支持项目建设的社会各界朋友致以节日的慰问和最良好的祝愿！

××公司××MW热电项目是××投集团公司和省政府的重点电源建设项目，它凝聚着全体参建人员的心血、汗水和希望。该项目投资大，工期短，任务重。项目的建设和发展离不开各位的辛勤耕耘和无私奉献。一年来，我们在××投集团公司和××分公司的正确领导下，严格按照集团公司工程建设“四二二”管理目标的要求，经过广大建设者的共同努力，项目自××××年××月××日开工至今，我们已经取得安全文明施工××天的可喜战绩，工程建设质量、安全、进度、造价四大目标均处可控、在控状态，各项工作正朝着机组达标投产的既定目标而顺利进行。

当然在成绩面前，我们不能自满，不能懈怠，不能停滞，我们要始终保持清醒的头脑。实践证明，摆在我们面前的困难还很多，工程建设任务还很重，需要我们咬定目标不放松，一步一个脚印地把各方面工作推向前进。需要我们认真贯彻执行集团公司和××分公司的工程建设要求，严格控制工程造价，注重质量，抓好安全，加快进度，努力创建优质精品工程。需要我们坚持不懈地开展工程管理的科学化、规范化、标准化和信息化建设，努力提高工程管理水平，严格按照相关管理制度的规定、程序和流程办事。需要我们切实加强工程建设中的过程控制和管理，加大各方位的考核和监督力度，确保工程建设中人员到位、措施到位、组织到位、制度到位和落实到位。

同志们，朋友们！我们相信，有××集团公司和××分公司的正确领导，有社会各界朋友的大力支持，有广大参建者的共同努力，我们一定能够做到知难而进、敢于创新、艰苦奋斗、务实求效，圆满地完成历史所赋予我们的光荣职责和神圣使命。让我们在十八大精神的指引下，精诚团结、扎实工作、携手共进，为创建我公司热电项目的优质精品工程，为确保两台机组预期投产发电的既定目标，为实现公司的健康、快速、稳定的可持续发展而不懈奋斗！

最后，祝愿大家身体健康、工作顺利、阖家幸福！

◎在专项建设启动仪式上的讲话

在××市食品安全信用体系建设启动仪式上的讲话

×××

（××××年××月××日）

同志们：

今天，市食品安全监管工作领导小组在这里隆重举行全市食品安全信用体系建设启动仪式，这是一项非常有意义的活动。首先，我代表市政府向刚被授牌的食品安全信用体系建设试点单位，表示热烈的祝贺！

民以食为天，食以安为先。食品安全关系到广大人民群众的身体健康，关系到经济社会和谐发展。党和政府高度重视食品安全工作，国务院下发了《进一步加强食品安全工作的决定》，省政府召开了常务会议专题研究食品安全工作，并出台有关决定，都把食品安全信用体系建设作为重要内容。今天我们举行全市食品安全信用体系建设启动仪式，目的就是要贯彻落实国务院和省政府的决定精神，唤起全社会的食品安全意识，动员全市广大干部群众和食品企业，以开展食品安全信用体系建设为契机，统一思想，明确目标，落实责任，推进工作，努力开创我市食品安全工作新局面。

食品安全，责任重于泰山。食品安全信用体系建设是在政府推动下全社会参与的一项系统工程，是保障食品安全的长效机制和治本之策，是加强食品安全的基础性工作。我们要紧密结合××经济社会发展的实际，坚持以人为本，全面落实科学发展观，本着对人民群众身体健康和生命安全高度负责的精神，把食品安全信用体系建设工作抓紧、抓好、抓出成效。

各级食品安全监管工作领导小组成员要强化食品安全工作“地方政府负总责”的意识，积极探索，稳步推进，有计划、有步骤地落实食品安全信用体系建设试点工作的各项任务，继续实施食品放心工程和食品安全专项整治，进一步规范我市食品市场秩序。要严厉打击各种严重违法失信行为，加强对重点区域、重点商品、重点行业、重点企业的监督检查；强化源头治理，把好种植养殖关，加快特色养殖业和绿色种植业基地建设，不断扩大规模，大力开发无公害农产品、绿色食品、有机食品，打好绿色牌、标准牌、有机牌；实施“QS”认证准入制度，加大食品加工企业清理整顿和监管力度，把好生产加工关；强化市场准入，严把食品流通关；大力开展食品卫生监督量化分级管理工作，倡导放心消费，把好消费关；建立健全信用制度体系，加强对企业的指导，不断规范食品企业生产经营行为，实行按信用等级进行分类监管，褒奖守信，惩戒失信，维护良好的信用环境；完善企业信用监管档案，及时收集汇总、分析整理和定期向社会发布食品安全综合信息，研究分析食品安全形势，对食品安全问题做到早发现、早预防、早整治、早解决，切实保障人民群众饮食安全。

食品生产经营企业是食品安全的第一责任人。要围绕我市决战工业××亿的奋斗目标，加强管理，深化改革，做大做强。被列入四个环节的××家试点单位，要按照食品安全信用体系建设试点工作方案的要求，严格规范自身的生产经营行为，建立完善相关管理制度，健全生产经营档案，公开有关食品质量安全的信息，确保食品生产经营质量。这既是对企业生命信誉负责，更是对广大老百姓的身体健康负责。要提高对试点工作重要意义的认识，消除一切顾虑，把工作落到实处。开展食品安全信用体系建设，说到底是维护人民群众和企业自身的利益，而没有部门利益，不会加重企业的负担；从法律法规和消费者的要求来看，食品企业必须规范生产经营，保证食品安全。如果企业生产经营的产品不安全，企业就没有市场，就没有出路，并且负法律责任的首当其冲就是企业负责人。没有列入试点的企业还有很多，必须进一步更新理念，争取尽早列入试点行列，这是大势所趋。

社会各界和广大人民群众要提高对食品安全管理的参与度。食品安全关系你我他。必须增强社会各界和广大市民的食品安全参与意识和责任意识，增强公众的自我保护能力，坚定人们对食品消费的信心。要加强食品安全的社会监督，依靠各级人大、政协的法律监督和民主监督活动，推动政府部门依法行政，履行好食品安全监管职责。

各新闻媒体要加大食品安全信用体系建设的宣传力度，按照“贴近实际、贴近生活、贴近群众”的要求，采取群众喜闻乐见的多种形式，及时跟踪报道食品安全信用体系建设所采取的措施和取得的成效，大力宣传重质量、讲信誉的典型及我市的优质产品、优良品牌和优秀企业。同时，要大胆揭露和曝光食品安全方面的违法犯罪行为，形成人人讲信用、重信用，守信为荣、失信为耻的良好社会氛围。

同志们，食品安全是天大的事。开展食品安全信用体系建设工作，是一项民心工程，关系百姓，关乎民生，使命光荣，责任重大。让我们以“三个代表”重要思想为指导，真抓实干，努力工作，为保障人民饮食安全，实现我市决战工业××亿目标，加快区域中心城市建设作出更大的贡献！

◎在揭牌仪式上的讲话

在××市××区县水务局成立暨揭牌仪式上的讲话

×××

（××××年××月××日）

各位领导、同志们：

今天在这里参加××市××区、××区等七个区县水务局成立暨揭牌仪式，我感到十分高兴。首先，我代表水利部向七个区县水务局的成立表示热烈的祝贺！并借此机会向××市委、市政府、各区县委、政府长期以来对水利工作的大力支持表示衷心的感谢！

××委员长在参加××市人大代表团讨论时，指出："××的发展面临水资源不足的问题，这是制约××经济和社会发展的一个重要原因。××在进行现代化建设和实施第三步发展战略的时候，要大力倡导节约用水意识，开源节流，发展节水型经济，让有限的水资源发挥出更大效益。"××市是我国水资源最为短缺的城市之一，人均水资源占有量仅为××立方米，相当于全国人均水平的十四分之一，不足世界人均水平的六十分之一，而且时空分布不均。近几年华北地区连续干旱，××市的供水水源××水库临近枯竭，为了解决供水危机，去年不得不第六次引×济×。在缺水的同时，××市的洪涝灾害和水污染问题也非常严重，水的问题始终关系到××市经济发展和社会稳定的大局。

随着城市化进程的加快，××市各区县的防洪、除涝、供水、节水、治污、水资源保护的任务越来越繁重。今天，七个区县成立水务局，这是七个区县的区县委、政府充分认识到当地的水资源形势，立足于解决水问题而作出的正确决策。在目前区县水问题越来越突出的情况下，理顺城乡水资源管理体制，将"多家管水"改为"一家管水"，由水务局对城区和农村的防洪、除涝、蓄水、供水、节水、排水、水资源保护、污水处理及其回用、地下水回灌等实行一体化管理，解决了政府部门职能交叉、政出多门、执法难、管理难等方面的问题，有利于提高政府部门工作效率和服务水平，有利于实现合理开发、高效利用和有效保护水资源，从而有力地保障各区县经济社会的可持续发展。

近一段时期，全国城市水务体制改革呈现良好的发展态势。××、××、××等一大批大中城市成立了水务局，对城乡水资源实行一体化管理。今天，××市七个区县成立了水务局，这必将对××市水务体制改革起到极大的促进作用，成为××市水管理史上的一个突破。改革传统计划经济体制下形成的部门分割、城乡分割管理水资源体制，从理论上讲，是改革生产关系适应生产力发展需要的必然选择，从实践上说，改革分割管理水资源为统管水资源，是防治我国洪涝灾害、干旱缺水和水环境恶化三大问题的有效途径。建立适应社会主义市场经济发展需要的按流域统管和区域统管水资源相结合的水管理体制，对促进水资源的可持续利用将产生重要而深远的影响。

新组建的水务局是代表区县政府统一管理水资源的水行政主管部门，责任重大，任务繁重。希望七个区县的水务局发扬"引滦精神"和"献身、求实、负责"的水利行业精神，充分发挥新体制的优势，搞好水资源统一规划，建立合理价格机制，调动全社会节水和污水处理回用的积极性，统筹解决好各种水问题；要适应社会经济发展的需要，大力转变职能，在政、事、企分开的前提下，增强宏观调控、社会管理、公共服务和执法监督的职能；要按照社会主义市场经济的要求，在各项水务活动中，讲求经济规律，依法治水、科学治水。

我相信，在××市委、市政府和各区县委、政府的领导下，在各相关部门和全社会的关心支持下，在水务局广大干部职工的共同努力下，各区县的水务工作必将上一个新的台阶，以水资源的可持续利用支持经济社会的可持续发展。

谢谢大家！

第二节　礼仪、文体活动讲话稿写作

一、礼仪、文体活动讲话稿的写作概述

（一）礼仪讲话稿的概述

1. 礼仪讲话稿的概念

礼仪讲话稿是指领导干部在迎送宾客、寿辰庆典、结婚礼仪等特定场合中，宾主双方或一方所发表的祝贺性的礼仪讲话。

2. 礼仪讲话稿的写作要求

①在开头部分，要对客人表示热烈的欢迎、诚挚的问候或感谢。

②在主体部分，讲话稿的语言要热情、谦逊、有礼，语言要短小精悍，饱含真情。

③在结尾部分，有的要表示出良好的祝愿和希望；有的要谈今后的打算，表明继续努力的决心。

（二）文体活动讲话稿的概述

1. 文体活动讲话稿的概念

文体活动讲话稿是指领导干部在各种社会活动特别是文体活动中，如联欢晚会、文艺演出、体育比赛等开始时，为了制造活动的热烈气氛、调动观众的参与热情而发表的讲话。

2. 文体活动讲话稿的内容

（1）当地领导参加文体活动的讲话稿内容

①对参加活动的领导和来宾表示欢迎或谢意。

②介绍本次活动的特定背景和意义。

③介绍活动的安排内容，对当地干部群众或参与者提出希望和要求。祝愿活动取得圆满成功，观众过得愉快，玩得开心。

（2）上级领导参加文体活动的讲话稿内容

①表达参加活动的心情，对活动的举行表示热烈祝贺。

②阐述活动举行的背景，指出活动的目的、意义。

③向与会者提出办好本次活动的希望和要求，最后用“预祝活动取得圆满成功”或“祝参与者过得愉快”等祝愿语作结。

3. 文体活动讲话稿的写作要求

讲话稿的语言要简洁明快，真情感人；篇幅要短小；语气要显得生动活泼，充满激情，感染力强。

二、礼仪、文体活动讲话稿的写作范例

◎**在奠基仪式上的讲话**

在××市×县××水库工程开工奠基仪式上的讲话

×××

（××××年××月××日）

同志们、朋友们：

在全国全党人民高举邓小平理论伟大旗帜，认真贯彻落实科学发展观，充满信心全面建设小康社会的重要时刻，我市贯彻落实××大精神的重要举措之一，市委、市政府确定的“八大民心工程”之一的×县××水库工程，在党中央、国务院的正确领导和国家有关部委的大力支持、帮助下，今天正式开工奠基了。在此，我谨代表中共××市委、市人大、市人民政府、市政协表示最热烈的祝贺！并借此机会，向××万勤劳、勇敢、善良、开拓的×县人民和向参加××水库工程的建设大军表示最亲切的问候！向关心、支持我市经济社会发展的各界人士、各位朋友表示深深的谢意！

当前，我市正处于经济社会发展快速提升时期，既面临着十分严峻的挑战，又有着千载难逢的机遇。为此，市委、市政府紧紧围绕党中央交办给我市的“四件大事”，审时度势，明确了“××××，加快建设长江上游经济中心”的总体奋斗目标和建设小康社会的“三步走”阶段性目标。我市各级各部门一定要围绕这一目标，开拓进取，奋发图进，踏实工作，全面推进我市改革开放和现代化建设的各项事业。我市农业生产条件差，水利基础设施薄弱，水利化程度低，抗旱能力弱。要实现“××××”的目标，要实现经济社会的可持续发展，要圆满完成党中央交办的“四件大事”，必须要加大水资源的综合开发利用和优化配置力度，加快农业、农村生产生活条件的改善。

×县是××库区淹没范围最大、搬迁人口最多、淹没损失最大、移民安置最重的县，同时还地处×××中心地区，按照市委、市政府提出的××要构筑××中心城市的要求，兴建我市第一座主要用于城乡供水和农业灌溉的鲤鱼塘大型水库，不仅是改善农业生产条件、夯实农业基础，促进县域经济发展的需要，而且

是确保新县城××万人生产生活用水的需要，也是拓展××库区移民安置容量，保证其搬得出、安得稳、逐步能致富的需要，同时还是市委、市政府认真贯彻××大精神的具体体现，推进我市全面建设小康社会的重要举措，是实现市委、市政府向全体市民的庄严承诺。动工兴建集城乡供水、农业灌溉、兼顾发电和移民安置为一体的×县××大型水库工程，时刻凝聚着市委、市政府的关注和三千万××儿女的目光。

因此，我希望市水行政主管部门要切实加强该项目的管理，严格投资控制，强化质量监督，确保工程质量，加快工程进度，力争早日竣工投产；×县县委、县政府要积极主动地为该工程的建设创造宽松、良好的外部环境，及时协调和化解各种矛盾和问题，正确处理好库区移民和工程建设的关系；工程业主单位要进一步加大筹资力度，加强工程建设的日常监督和管理，充分发挥资金的投资效益；建设施工单位要视工程质量为生命，精心组织，文明施工，科学合理安排工序，把该工程建设成为质量一流的标志性工程。与此同时，希望市级各有关部门要更加关心和支持××水库工程的建设，努力把这项民心工程及早建成并发挥显著的经济、社会效益。

同志们，风好正是扬帆时。让我们在党中央、国务院的正确领导下，以党的××大精神为指导，全面贯彻落实科学发展观，与时俱进，开拓进取，求真务实，锐意创新，努力在建设小康社会的伟大实践中不断推进我市的改革开放和各项社会事业，力争早日实现××××、建设成为长江上游经济中心的壮志雄心。

最后，我由衷地祝愿×县××水库工程早日竣工投产！

由衷地祝愿×县以××大型水库开工为契机，挂云帆，济沧海，争朝夕，构筑成为×××中心城市！

由衷地祝愿××万××人民生活幸福！日子越过越好！

由衷地祝愿各位同志、各位朋友身体健康！合家欢乐！

◎在剪彩仪式上的讲话

在××市医疗废物无害化处置中心竣工暨二期工程建成投用剪彩仪式上的讲话

×××

（××××年××月××日）

各位来宾，同志们、朋友们：

××市医疗废物无害化处置中心的建成，是××市人民政府为全市人民办的一件好事，是确保××市环境安全的一件大事，是××市各有关部门共同努力的结果。我代表××省环境保护局向××市有关部门和单位、××××固废处置有限公司表示热烈的祝贺。

实行医疗废物集中处置，《中华人民共和国固体废物污染环境防治法》和国务院《医疗废物管理条例》都有明确的规定，《固废法》要求城市人民政府组织建设危险废物集中处置设施。国务院关于《全国危险废物和医疗废物处置设施建设规划》和国家环保总局《医疗废物集中处置技术规范》中对处置厂的建设数量、处置技术都有明确的要求。省政府对各地医疗废物集中处置设施的建设十分重视，去年省政府办公厅下发了《关于加快医疗废物集中处置设施建设的通知》，要求各市都要在去年年底建成医疗废物集中处置设施，并委托省局定期汇总上报各地的建设情况。××市委、市政府把医疗废物集中处置设施建设作为实践“三个代表”重要思想，树立和落实科学发展观，为群众办实事，确保全市环境安全的“民心工程”“示范工程”和“重点工程”，按照国家的有关标准，精心组织施工，加快施工进度，确保施工质量，使这项民心工程建成并投入运行，使影响和危害全市人民健康的医疗废物得到了规范化的收集、无害化的处理，在全省带了个好头，为全市人民办了一件大好事。

医疗废物是危险废物的一种，对人民群众的生命健康有直接影响和危害，国家要求对危险废物实行特许经营，并按照规划和标准进行建设和经营。××市医疗废物无害化处置中心已获省局颁发的经营许可证，今后希望中心建成后，在申报登记的基础上，第一要加强管理。在全市建立完善的医疗废物收集体系，不仅把全市医院的医疗废物，还要将各县医院、乡镇卫生院、各社区诊所等分散的医疗废物都要收集起来，不留死角、不漏一户；逐步实行转移联单制，由专门的运输车辆运输，逐步建成全市监验体系。第二要确保运行。要严格按照标准规范运行，建立严格的规章制度和责任制，层层把关，做到无害化处理，严防二次污染，对焚烧残渣要做到安全填埋。第三要不断总结经验，提高管理运营水平。省局准备在适当时候在××召开现场工作会议，介绍并推广××市的先进经验，推动全省进一步做好医疗废物安全处置工作。

环境保护工作是以人为中心的、以实现人类的发展和社会全面进步为目的的科学发展观的具体体现。现代经济社会的发展，对环境的依赖越来越高。环境越好，对于生产要素的吸引力、凝聚力就越强。实现经济社会的宏伟目标，必须要有良好的投资环境作支撑，而环境质量则是投资环境的重要依据。因此，环境保护工作不是哪几个部门、哪几个人的事情。希望全社会都要重视、参与环境保护工作，要树立保护环境就是保护人类自己的思想，就是实施可持续发展。希望××市委、市政府及各有关部门，要进一步加强对医疗废物集中处置工作的领导；××××公司和医疗废物处置中心，更要珍惜、爱护这项事业，一定要把“好事办好”。为消除医疗废物对环境的污染，保障人民身体健康，让我们全社会一起行动起来作出贡献，确保全省的环境安全，实施可持续发展。谢谢大家！

◎在欢送仪式上的讲话

在欢送我市劳模代表赴×市出席自治区劳动模范和先进工作者表彰大会仪式上的讲话

×××

(××××年××月××日)

各位劳动模范和先进工作者代表:

你们好!

等一会儿,各位就要赴×市出席自治区劳动模范和先进工作者表彰大会了,在此,我代表市四套领导班子对你们表示衷心的祝贺和崇高的敬意!你们这次赴会代表的不仅仅是你们个人和单位,你们代表的是我市伟大的工人阶级和数百万的劳动群众。这是你们的光荣,也是全市人民的光荣!

同志们,劳动最光荣,劳动最伟大,劳动创造一切物质文明、政治文明和精神文明。我市所取得的一切成就,无不是包括你们在内的全市工人阶级和各族人民同心同德,艰苦奋斗的结果。这些年来,尽管困难重重,职工群众们干得很苦很累,但是全市上下始终保持着蓬勃的朝气,开拓的锐气和高昂的士气。从而使我们"再造一个工业××"的战略目标得以一步一步地实施,并取得了一个又一个的胜利!

你们是先进模范人物,是经过民主推荐,民主评议,层层选拔的,具有广泛的群众性和典型性。在你们当中,既有身先士卒,锐意改革,经营成绩优异的领导干部,又有百折不挠,开拓创新,勇攀科技高峰的科技人员,还有爱岗敬业,无私奉献,在平凡岗位上做出不平凡业绩的普通员工。你们胸怀大局、信念坚定、对党的事业无限忠诚,是以实际活动投身改革和经济建设的典范;你们忘我工作,恪尽职守,正确处理集体利益和个人利益的关系,是立足本职建功立业的榜样;你们勤奋学习,努力掌握和运用科学技术,是不断推进技术进步和产业升级的标兵;你们严于律己,弘扬正气,以自己的先进思想和行动影响带动群众,是精神文明建设的先锋。你们的思想和行动,体现了先进模范人物的崇高品质,你们不愧是我们事业的中坚和全市各族人民的杰出代表和学习的楷模。我代表党和政府感谢你们!

当前,××总的发展态势很好,全市各族人民正在认真地贯彻党的××大精神,按照市委市政府确定的"做大、做优、做强××工业"的发展战略和目标,全力推进"再造一个工业××"的宏伟事业。同时,我们也必须看到,进一步深化企业改革和农村改革,保持全市经济持续、健康、稳定的发展,解决前进中出现的新情况、新问题,需要我们付出更加艰苦的努力。

我们要紧紧依靠职工群众才能成功。因此，我们的一切工作都必须有利于群众，有利于把群众的积极性引导好，保护好，发挥好。我们各级党委和行政要始终不渝地坚持为人民服务的宗旨，坚持依靠工人阶级的方针，创造和谐社会；始终倾听群众的呼声，满腔热情地帮助群众解决困难，扎扎实实地办实事，坚决同一切漠视群众疾苦的官僚主义作风和消极腐败的现象作斗争。只有保持同群众最密切的联系，一切依靠群众，我们的改革和建设才能获得最广泛和最可靠的力量源泉。

同志们，实现跨越式的发展，我们有着良好的机遇，也面临着严峻的挑战。我们肩负的任务光荣而艰巨。伟大的事业需要伟大的精神力量，我们要学习和弘扬先进模范人物的崇高精神，以坚定的信心和似火的热情投身到全市的各项改革、发展和建设事业中。实践反复证明，以先进思想和高尚精神武装起来的××人是能战胜任何艰难险阻的，已经并将继续创造出一个又一个的发展奇迹，到达胜利的彼岸。

同志们，你们即将踏上胜利之旅，我希望你们在大会期间，充分领会各级领导的指示精神，和全区各行业的劳模们切磋技艺，广泛交流，把宝贵经验带回××，为××的“工业立×”谱写“再造”的辉煌。

谢谢大家！

◎在开业典礼上的讲话

在××区人才劳动力市场开业典礼上的讲话

×××

（××××年××月××日）

各位领导，各位来宾、朋友们：

今天，我们在这里举行××区人才劳动力市场开业仪式暨招聘活动，这是我区构建和谐社会的具体体现，也是为民办实事的重要举措。市场的启用运行，得到了上级人事、劳动部门的鼎力资助，得到了兄弟区县及企业单位的支持关心。在此，我谨代表区委、区政府向前来参加仪式的各位领导、各位来宾表示热烈欢迎和衷心的感谢！

人才是强国之源、就业是民生之本。培养和造就一批高技能人才和高素质的劳动者队伍，建设一个科学化、规范化、现代化的人才劳动力市场是时代的需求，也是广大民众的呼声。人才和就业再就业工作抓得如何，是衡量我们立党为公，执政为民的重要标志。我们一定要牢记宗旨，扎实工作，解放思想，求真务实，创新人力资源服务体系，夯实就业再就业工作基础，发挥市场配置人力资源的基础性作用。按照科学化、规范化、现代化的要求管理好市场，服务于人民。

使市场真正成为企业招贤纳士的好帮手，人民群众求职就业的贴心人。

预祝本次人才招聘暨劳务洽谈活动取得圆满成功！祝莅临活动的各位嘉宾身体健康、事业有成、吉祥如意、新年快乐！

谢谢大家！

◎体育比赛讲话

××××年春季趣味运动会讲话

×××

（××××年××月××日）

尊敬的各位老师、同学们：

大家好！

教育部、国家体育总局、共青团中央去年向各省市自治区下发了《关于全面启动全国××体育运动的通知》。通知要求，在全国范围内统一时间举行阳光体育运动，全面启动、全国亿万学生集体锻炼一小时活动。希望利用该活动吸引广大青少年学生走向操场、走进大自然、走到阳光下，积极参加体育锻炼，掀起群众性体育锻炼热潮。

我校××××年春季趣味运动会在今天隆重开幕了。我谨代表学校对大会的顺利召开表示热烈的祝贺！

同学们，你们是21世纪的主人，是祖国的希望，你们肩负着建设我们祖国的神圣使命，要完成这一历史任务，不仅需要广博的知识，更需要强健的体魄。所以，你们在老师的辛勤教导下，不仅要勤奋刻苦地学习科学文化知识，也要坚持不懈地锻炼自己的身体，磨炼自己的意志。

我相信，在今天的赛场上，同学们一定会发扬更快、更高、更强的体育精神，积极进取，努力拼搏，比智慧、比实力。相信你们会以最佳的竞技状态投入比赛，会严守运动会纪律，遵守竞赛规则，服从裁判的判决和大会工作人员的管理，有组织、有纪律、有秩序地参加比赛，赛出成绩、赛出水平，促进我校的体育工作跃上新的台阶。各位裁判员也一定会坚守岗位，公正裁决，热情为运动员服务，确保比赛顺利进行。

同时要求，在运动会期间，全体工作人员、全体学生要牢牢树立“安全第一”的思想，确保比赛安全。爱护校园，不乱扔瓜皮果壳、包装袋等污染环境的物品，使运动会在良好的、整洁的、优美的环境中进行，以取得运动成绩和精神文明的双丰收，以实际行动和优异成绩显示我们××实验小学的风貌。

让我们借助这样一次体育、艺术活动的盛会，共同祝愿我们学校的各项事业更加繁荣昌盛，兴旺发达！预祝本届艺术节、运动会取得圆满成功！

◎联欢晚会讲话

××××年春节联欢晚会讲话

×××

（××××年××月××日）

各位来宾，同志们、朋友们：

我们欢聚一堂，载歌载舞，挥别旧岁，喜迎新春，共同畅想美好未来。借此机会，我代表县委、县政府向全县人民，向在我县投资置业的海内外客商和所有关心支持我县建设和发展的各级领导和各界朋友，致以诚挚的问候和良好的祝愿，衷心祝愿大家在新的一年里，新年愉快，身体健康，家庭幸福，万事如意！

过去的一年，全县上下以十八大精神为指导，紧扣第一要务，聚精会神抓产业，一心一意谋发展，团结奋进，扎实工作，实现了经济发展提速，发展活力增强，群众满意率提高，社会大局稳定，人民安居乐业的良好局面，是实现新突破、新跨越的一年，是硕果累累、令人欣慰的一年，是形势看好、催人奋进的一年。成绩来之不易，是全县人民团结奋斗，开拓进取的结果，是社会各界和广大朋友热忱关心、大力支持的结果。在此，我们谨代表县委、县政府表示衷心的感谢！

一声雄唱为天下。××××年是加快产业发展，巩固改革成果，保持经济社会全面协调发展的关键之年。新的起点、新的征程，对我们提出了新的要求、新的考验。我们要以十八大、十八届四中、五中全会精神为指导，坚持以人为本和科学发展，强化发展意识，抢抓发展机遇，进一步深化改革，以推进工业化为核心，以农民增收为主线，以强化城镇管理为手段，以构建和谐社会为目标，以提高执政能力为重点，抓好产业兴县，全面推进全县各项发展新的跨越。

“天时人事日相催，冬至阳生春又来。”新春的到来给人们带来美好的憧憬，回首过去，我们豪情满怀；展望未来，我们信心百倍。让我们同心同德，扎实苦干，开拓创新，与时俱进，共同创造××美好的明天！

最后，祝全县人民新春愉快、阖家欢乐！

◎文艺演出讲话

××××年××附校开放日文艺演出讲话

×××

（××××年××月××日）

尊敬的各位领导、嘉宾、各位家长，尊敬的老师们，亲爱的同学们：

大家下午好！

春天，是一个美丽迷人的季节，今天，××附属学校一年一度的教学开放日暨文艺汇报演出已火热登场。借此机会，请允许我代表××附校的××多个孩子和××多位教职员工，向前来参加这次活动的各位领导、嘉宾表示最热烈的欢迎，向一直以来关心、支持、信赖我们的所有家长、领导、嘉宾表示最诚挚的感谢。

有上级领导、各位家长及社会各界人士的鼎力支持和信赖，有全体教职员工的不懈努力，有所有孩子们的出色表现，我们学校各方面都有了长足的进步，教学质量稳步提高，校风学风不断进步，特别是实施以学生为本的教育教学改革以来，“生本”教学得到了同学们和家长们的高度认同，这一实验我们将坚定不移地走下去，以对××多个鲜活的生命和家庭高度负责的态度，进一步加大教育教学改革和创新的力度，认真研究，发掘生命的潜力，培养孩子们高尚的道德，爱国的情操，健康的身心，自信的人格，坚强的意志，最终将孩子们培养成为能适应社会发展需要，能参与世界激烈竞争的合格公民和高素质人才。

各位嘉宾，今天的文艺汇报演出，我们将主题定为“生命的旋律”，目的是让孩子们在参与的过程中感受校园生活的快乐，释放生命的美丽和精彩，培养孩子们的能力，增强他们的自信，在观看的过程中，你也许会感到他们的表演显得稚嫩，甚至会出现一些小失误，但是，他们毕竟不是专业演员，这是孩子们的一次业余表演，是他们没有耽误一节课，在课余时间用心排练出来的，他们付出了辛勤的劳动，挥洒了许许多多艰辛的汗水，老师们也付出了宝贵的时间和心血，折射出老师们对孩子们的厚爱和良苦用心。因此，请各位在观看演出时，用宽容的心态，欣赏的目光，细心聆听感受生命的美丽和魅力。这次演出，我们也没有设任何奖项，因为，我们不想让孩子们的心灵深处滋生太多的“现实”主义，不想让他们那么急功近利，只希望他们积极参与，让本已美丽可爱的生命更加迷人，更加绚丽多姿！每一个节目演出结束时，大家如果能报以热烈的掌声，就是对孩子们、老师们所付出的辛勤劳动和汗水最大的肯定，是最好的奖励和赞赏；也是对为这次演出付出巨大代价和心血，理解学校难处提供演出服装，为孩子们化妆，无条件支持学校工作的所有家长和全体工作人员的最大肯定、回报和感激，请千万不要吝惜你们的掌声！

最后，预祝孩子们演出取得圆满成功，祝各位嘉宾度过一个愉快的下午，更祝愿我们的学校越来越美丽和谐并朝着我们的既定目标不断前进，早日迈向辉煌！

谢谢大家！

第四章　社交礼仪文书写作

第一节　介绍信、推荐信、证明信写作

一、介绍信、推荐信、证明信的写作概述

1. 介绍信概述

（1）介绍信的概念

介绍信是指党政机关、团体、企事业单位用来向有关单位介绍前去联系的派遣人的情况与任务的一种专用信件。它具有介绍与证明两种作用。

（2）介绍信的特点

①介绍信是党政机关必备的具有介绍、证明作用的书信。使用介绍信的人，可以凭借此信同有关单位或个人联系，商量洽谈一些具体事宜；而看介绍信的一方则可从对方的介绍信中了解来人的职业、身份、要办的事情、要见的人，有什么希望和要求等。介绍信是连接双方关系的一个桥梁，其目的旨在证明来人的身份。

②介绍信可以帮助对方了解来人的身份、来历，同时也赋予对方一定的责任和权利。所以，介绍信通常都开出一定的时间期限，是一种在限期内才具备效力的一种专用书信。

（3）介绍信的写作要求

①要填写被介绍人的真实姓名、身份，不得弄虚作假。

②所接洽办理事项要写清楚，介绍信要写得简明扼要。

③介绍信必须加盖公章，以免以后造成不必要的麻烦。查看介绍信时要核对公章和介绍信的有效期限。

④有存根的介绍信，存根联和正式联要内容完全一致。存根底稿要妥善保存，以备今后查考。

⑤介绍信书写不得涂改，要书写工整。有涂改的地方，可加盖公章，否则此介绍信将被视为无效介绍信。

2. 推荐信概述

（1）推荐信的概念

推荐信是指向单位或个人介绍某人担任某项职务或工作的信件。推荐信的收信者可以是单位或单位负责人，也有向私人推荐的，收信者是个人。

（2）推荐信的种类

推荐信的种类按推荐对象分，有推荐人和推荐物两种类型；按作者分，有自我推荐和推荐他人两种类型。

（3）推荐信的内容

推荐信一般包括下列内容：

①推荐信主要写明被推荐者的身份及基本状况。

②表明推荐者的推荐目的和愿望。

③被推荐者一旦被任用将会产生的作用或好处。此项内容用语可模糊些。

④推荐信写作格式同一般书信写作格式，也有的以“推荐信”为题。

3. 证明信概述

（1）证明信的概念

证明信是指以单位或个人名义书写的、用以证明有关人员的身份、职务、经历以及有关事项真实情况的一种专用公文。

（2）证明信的种类

①证明信从内容上可分为以组织名义上出具的证明信和以个人名义出具的证明信。

②从格式上可以分为固定形式的证明信和无固定形式的证明信。

③从证明信的用途来看又可以分为作证件用的证明信和不作证件用的证明信。

（3）证明信的使用范围

①某人要入党或入团，组织在进行调查时，原单位或有关人员为其写出证明信。

②有些历史事实或事件模糊不清，需要当时亲身经历的人写出证明信以澄清事实。

③在公安机关寻求某些案件的目击者时，当时在场的群众写出证明信以说明案发时的真实情况。

④个人在单位办理某些事项或个人由于具体情况而必须向单位作出解释说明时，也可以请有关人员出具证明。

（4）证明信的写作格式

①标题。“证明信”，写在第一行正中位置。

②正文。开头顶格写送达机关名称；接着写要证实的具体事实，说明缘由等。

③结束语。一般用“特此证明”。有的开头没写送达机关名称的，可用“此致××单位”。

④落款。证明制发机关和日期，加盖公章。

总的说来，证明信的写作要实事求是，简明扼要，要有明确的结论，用语准确。

（5）证明信的写作要求

①以个人名义所发的证明信。要写明写证明信者本人的政治面貌、工作情况等，

以便使审阅证明信的人了解证明人的情况，从而鉴别证明材料的真伪和可信程度。

②个人所写的证明信的内容如果本人不太熟悉，应写“仅供参考”的提示性语言。因为证明信有时是作为结论性证据的，所以要实事求是，严肃认真，要尽量言之有据。

③对于随身携带的证明信，一般要求在证明信的结尾注明有效时间、过期无效的期限。

④证明信的语言要十分准确，不可含糊其词。证明信不能用铅笔、红色笔书写，若有涂改，必须在涂改处加盖公章。

二、介绍信、推荐信、证明信的写作范例

◎介绍信

中国共产党党员组织关系介绍信

<table><tr><td>
____________：
现介绍______________同志系中共党员，由________去________，请转接组织关系。
中国共产党×××委员会
党费交到　　月份
有效期　　天
××××年××月××日
</td></tr></table>

◎自荐信

自　荐　信

××洗衣机厂总经理：

打扰了！

我是××大学中文系即将毕业的涉外企业秘书班学生。贵厂是闻名遐迩的中外合资企业，总经理知人善用，我慕名已久。最近听亲友说，贵厂因扩大业务经营而需要增加文职人员。我现在来求职，希望能为总经理效劳。

本人在校期间，注重思想品德的修养，严格要求自己，积极参加社会实践活动，努力提高思想政治水平。学习成绩优秀，两次获得优秀学生奖学金。两年来，我系统学了秘书学、应用写作、管理学、公共关系学和外贸基础等××多门专业课程，熟悉文章写作和公文处理知识，曾获本校征文比赛三等奖。还较熟练

地掌握了中英文打字和电脑操作技术，能适应现代化办公室的工作要求。

本人性格开朗，热情诚实，通晓普通话、广州话，会听一些潮州话、客家话。日常英语的听力和口语也较好。曾代表本系参加学校的中文演讲比赛。我的爱好广泛，课余特别喜欢文娱、体育活动。多次参加文艺演出，曾获本校第二届卡拉OK歌唱大赛第三名，还多次代表系参加篮球比赛。本人历任班长、系学生会宣传部长，工作热情肯干，交际较广。亦曾利用寒假搞社会调查，并连续两年在本市××做暑假工，积累了一些实际工作经验。

不瞒您说，我喜欢做秘书、公关或宣传工作。不仅有本市户口，也有住房。福利待遇没特别要求，月薪起点××××元即可。如能录用，两月后就可上班。请函告或电话约见。谨候回音。

祝

生意兴隆

自荐人：×××敬上

××××年××月××日

◎**推荐信**

推　荐　信

×××文学研究所：

欣闻贵所最近要招收一批学以致用的年轻研究人员，我谨推荐××同学到贵所工作。

××同学××××年毕业于××大学中文系古典文学专业。学位硕士。在校期间各种成绩优良。毕业后在××大学任教。于××××年考入本校中文系古典文学专业攻读博士学位，跟从×××教授专攻××文学。在校期间，学习刻苦，成绩优良，发表论文共××篇，计××万字。其中《××××》曾引起学术界很大重视。

××同学对中国古典文学尤其是××文学有较深的理解，具备一定的研究能力，富有刻苦钻研精神。最近刚通过博士论文答辩。××同学有志于中国古典文学的研究，希望能学以致用。切盼贵所能采纳我的推荐意见，招收他为贵所研究人员。

顺致

研安

××大学校长　×××

××××年××月××日

◎**证明信**

证 明 信

××日报社：

贵报××××年××月××日第一版《寻访“8·7”交通肇事目击者》一文我看到了，我就是当时目睹大卡车肇事和××女士（此前我并不知道她的名字叫××）热心救人的“绿衣人”，现将我当时目睹的情况证明如下：

××××年××月××日晚××时，天正下雨，我披一件绿色雨衣（该雨衣是一位外国朋友送的，国内没有生产，所以特别醒目）从朋友处回家，我当时由南向北在××路上走，行至××银行门口，一个中年妇女站在屋檐下向我招呼，并用东北口音问我附近有没有柜员机。我俩正说话，一辆大卡车从北向南飞快地开过来，随后只听到一声怪异的急刹车声音，我们回过身，发现那辆车在离我们大约20米处撞倒了什么东西，在我们急忙赶过去的时候，那辆大卡车已经匆匆发动起来开走了，我们过去一看，路上躺着一个老人，身边一辆手推车被汽车轧烂了，此时正好有一辆出租车过来，××女士就招呼我一起将那个老人扶到车上，我因为要赶回家准备第二天一早飞往加拿大出差，心里很急，又看看老人不至于有什么生命危险，就拿出100元钱交给那位女士，随后就自己回家了，万没料到××女士因此而蒙冤含屈。

××日报社，我因业务忙碌，近期又将飞往加拿大，谨以此信证明：

一、“8·7”交通肇事案的肇事者是某大卡车司机，车号尾数大约是“37”。

二、在此案件中，××女士是一个热心救人的好人。

请贵报代我向××女士致以崇高的敬意，如有必要，我愿出庭作证。

特此证明。

××（章）

××××年××月××日

第二节 公开信、表扬信、批评信写作

一、公开信、表扬信、批评信的写作概述

（一）公开信概述

1. 公开信的概念

公开信是指将信的内容公布于众，公开让人们周知和参与讨论的信件。

2. 公开信的写作要求

（1）开头

公开信的开头，即称呼部分，要顶格写。

（2）正文

正文写要公开表明的事项。

（3）结尾

结尾部分写上署名和日期。日期写在署名的下面。

（二）表扬信概述

1. 表扬信的概念

表扬信是指用来表彰好人好事、先进思想、先进事迹的一种书信。表扬信可以以组织的名义写，也可以以个人的名义写。

表扬信具有公开的性质。先进的需要表扬，表扬可以起到鼓舞和带动的作用，对于提高人们的修养，优化社会风气，促进经济建设发展，有着不可估量的作用。

2. 表扬信的类型

表扬信主要有两种类型：

（1）以领导机关或群众团体的名义表彰其所属的单位、集体、个人。这种表扬信可以在授奖大会上由负责同志宣读，也可以登报、广播。

（2）是群众之间的互相表扬，这种表扬信不仅赞颂对方的好品德、好风格，也有感谢的意思。

3. 表扬信的写作格式

（1）标题

正中写“表扬信”三个字，也可以写成“对×××的表扬信”。

（2）称谓

写被表扬的单位、个人的称呼。如果是写给个人的，应在姓名之后加上“同志”“先生”等字样，后边加冒号，顶格写。

（3）正文

①交代表扬的缘由。主要讲述事实情况。

②适当加以评论，要热情赞扬，并表示向被表扬者学习。

③提出建议。写给单位的可建议单位予以表扬，写给个人的应强调值得学习。

（4）结尾

如果是写给被表扬者所在单位或领导人的，可提出建议：“在×××中加以表扬”，“×××同志的优秀品德值得大家学习，建议予以表扬”等。如果是直接写给本人的，则要适当谈些“深受感动”，“值得我学习”等方面的内容。

（5）祝愿

最后要写上表示祝愿的话，如“此致敬礼”“祝好”“谨表谢意”“向你学习”等。

(6) 署名

署上单位名称或个人姓名。如果以个人名义写的表扬信，应在后边详细写明发信人的地址，签上自己的姓名，并在下方注明年、月、日。

4. 表扬信的写作要求

(1) 在表扬信中，要充分反映出对方的可贵品质、动人事迹，做到见人、见事、见精神。不能以空泛的大道理代替突出的动人事迹。

(2) 在表扬和赞颂时，要恰如其分，实事求是，不要以偏概全。哪件事好，就表扬哪件事，既不夸大，也不缩小。

(3) 表扬信的语气要热情恳切，情尽文畅。文字要朴素，篇幅要短小。

(三) 批评信概述

1. 批评信的概念

批评信是对个人或单位的错误言行提出批评的信件。

2. 批评信的写作格式

批评信的写作格式如下：

(1) 标题

批评信的标题一般不居中写“批评信”三个字，而是以批评事项作标题。

(2) 称谓

顶格写被批评的单位或个人名称。如果是批评个人的，应在姓名之后加上“同志”“先生”等字样，后边并加冒号。

(3) 正文

写所批评的缘由。本部分须另起一行，空两格写。

(4) 结尾

如果是批评单位或领导人的，可对被批评的错误事项提出正确建议；如果是批评个人的，则要谈些鼓励的话语。

(5) 署名

签上批评者姓名或单位名称，并在下方注明年、月、日。

二、公开信、表扬信、批评信的写作范例

◎致民众的公开信

致农民朋友的一封信

农民朋友们：

你们好！冬去春来，值此春耕繁忙时节，省委、省政府向你们致以亲切的

问候！

党中央高度重视农业和农村工作，十分关心农民群众。改革开放以来，通过实行以家庭承包经营为基础、统分结合的双层经营体制，调整农产品价格和购销政策，改善农村分配关系，采取一系列减轻农民负担的政策措施，调动了农民的积极性，农村发生了深刻的变化，经济社会蓬勃发展。

当前，农业和农村经济社会发展进入了一个新的阶段，出现了许多新情况、新问题。为了进一步保护和调动广大农民的积极性，巩固和发展农村大好形势，党中央、国务院作出了在农村实行税费改革的重大决策。农村税费改革的主要内容是：取消乡统筹费、农村教育集资等专门面向农民征收的行政事业性收费和政府性基金、集资；取消屠宰税；逐步取消统一规定的劳动积累工和义务工；调整农业税费改革顺利实施，达到农民减负的目的，还要进行配套改革。农村税费改革以后，农民承担的税费项目有：农业税及其附加、农业特产税及其附加，有的还要缴纳一定的公益事业金。村内兴办集体生产公益事业所需资金，采取“一事一议”的办法解决。考虑到目前劳动积累工和义务工仍是农村进行农田水利建设等公益事业的重要手段，对“两工”将采取逐步取消的办法。

这次税费改革的意义十分深远，是继农村实行家庭承包经营之后的又一重大改革，事关农村经济社会发展的大局，事关广大农民群众的切身利益。通过税费改革，规范农村分配制度，有效遏制向农民的乱收费、乱集资、乱罚款和各种摊派，体现农民应尽的义务，从根本上减轻农民负担。同时，又能够促进干部转变作风，密切干群关系。广大农民群众要充分认识税费改革的重要性和必要性，理解和支持税费改革，齐心协力把这项利国利民的好事办好。在税费改革中，将根据农民的承受能力，从轻确定农民负担水平并保持长期稳定，保护农民的合法权益。在保证农民负担明显减轻的前提下，注意兼顾其他方面的承受能力，使地方政府特别是乡镇政府和基层组织正常运转。实行符合农民意愿、能够为农民所接受的税收征收方法，便于依法征收和群众监督。税费改革将同精简乡镇机构、调整农村中小学布局、完善县乡财政体制和健全农民负担监督机制等项配套改革结合进行，压缩人员，量入为出。

建设社会主义新农村，使广大农民逐步实现共同富裕，归根结底要靠发展。要适应发展社会主义市场经济的要求，大力调整优化农业结构，深化农村改革，采用先进科学技术，增加农业投入，改善农业生产条件。积极发展二、三产业，开辟新的生产门路，千方百计增加农民收入。进一步加强社会主义精神文明建设，实行依法治国同以德治国相结合，推进民主选举、民主管理、民主决策、民主监督和政务公开、村务公开。切实加强以党支部为核心的村级组织建设，充分发挥广大党员和基层干部的骨干带头作用。通过广大农民群众的共同努力和辛勤劳动，把农村建设得更加美好。

我省广大农民具有爱党、爱社会主义、爱国家、爱集体的光荣传统。改革开放以来，我省农村改革与发展有声有色，农民群众创造了许多好经验、好做法，谱写了绚丽篇章。在农村税费改革中，广大农民群众一定能继续发扬光荣传统，正确对待国家、集体、个人三者利益，增强公民意识，维护合法权益，自觉履行纳税义务，在各级党委、政府的领导下，圆满完成农村税费改革任务，进一步促进我省农村改革、发展、稳定。

让我们更加紧密地团结在党中央周围，解放思想，实事求是，艰苦创业，乘势前进，为建设更加富裕的小康生活，实现农业现代化而努力奋斗！

中共××省委

××省人民政府

××××年××月××日

◎**致选民的公开信**

致××市全体选民的一封信

××市全体选民：

市第×届人代会第二次会议将于××××年××月××日~××日举行，为不辜负全市选民的信任和希望，我们将广泛收集选民对市政府各方面工作的意见、批评和建议。主要内容可包括以下几个方面：

一、本市区内实施宪法、法律、法规中存在的问题及国民经济、社会发展、财务政策中存在的问题。

二、人民群众普遍关心和迫切需要解决的重大问题。

三、有关行政管理、审判、检察工作中的重大失误问题。

四、国家机关工作人员严重失职，以及违反为政清廉决定的腐败行为等。

希望广大选民充分利用各辖区内的意见箱，把自己的意见写上，我们将把意见带到人代会，并做到件件有回音。

过去一年里，我们收集到选民意见××余条，其中有关市政府的占××条。如商业网点、蔬菜供应、垃圾清运、东市区道路、增设重点中学、居民区治安等。市政府对这些都及时作了答复。我们感到，人民代表只有认真行使法律赋予的权利，积极参政议政，才能真正代表人民。望全市选民充分行使自己的权利，把对市政府的意见及时反映上来。

××市第×届人代会筹备处信访办

××××年××月××日

◎表扬信

关于抗台风救灾先进事迹的表扬信

从××月××日起，受第××号超强台风“××”影响，我县普降大到暴雨，农田受淹，受上游水库泄洪影响，××溪水位急剧上涨，沿岸××个乡镇××万多老百姓遭受了自××××年以来最大的一次台风暴雨威胁，××余千米的堤防全线告急，多处出现危情，给我县造成了严重损失。

在抗台风救灾的过程中，全县上下党政军民认真落实省、市的决策部署，“以人为本、万众一心、百折不挠、敢于胜利”的抗台风精神，心连心、手牵手、肩并肩，齐心抗台风、合力救灾、携手奋战，把灾害损失减少到最低限度，夺取了抗台风救灾斗争的重大胜利，涌现出很多先进事迹，现予以通报表扬。

县四套班子领导高度重视，身先士卒，坚守一线，靠前指挥，科学调度，切实发挥了坚强的领导核心作用。全县各乡镇（街道、开发委），特别是××溪沿线的××、××、××、××桥等乡镇党委、政府处变不惊，沉着应对，开展了卓有成效的组织指挥工作；全体乡镇干部进村入户，深入险情，始终坚守在防台抗台风第一线，组织发动群众，准备防汛物资，加强江堤巡防，转移危险地带人员。县级机关各部门自觉服从大局，积极发挥职能，恪守职责，全力以赴，主动参与抗台风防汛工作。水利部门加强水利设施排查，指导基层排涝和抢修损毁工程，保障了排涝设施全力运行，并科学调拨防汛物资。气象部门及时做好天气预测工作，及时掌握台风走向，为县委、县政府抗台风决策提供了科学依据；发挥气象短信息服务系统功能，以最快捷的短信方式把台风信息发送给群众。国土部门加强××处地质灾害点监管，会同镇村干部转移危险地带群众。建设局积极调剂工地建设物资送到抢险一线，并从六个建筑工地紧急调集××多名抢险突击队员支援乡镇抢险。国土、建设、安监等部门加强对建筑工地和矿山企业的巡查，做到警报不解除、工地不开工。粮贸局提早准备，及时调配草包、麻袋、桩木、铁锹等防汛物资。公安交警、交通港航等部门做好太湖大堤封道工作，召回船舶回港避风，禁止船舶进入太湖，做到车船不出太湖。交通局开展道路、桥梁的安全检查，确保全县交通安全、畅通。××公司及时调配应急车辆，把抗台风防汛物资和人员及时送到抗台风一线。供电局全力出动技术人员，及时抢修变电设施，提供应急照明，确保了抗台风防汛用电。农业、民政等部门迅速组织工作组，深入乡村，了解灾情，指导基层开展生产自救，重建家园。卫生部门认真做好灾后防病工作，发放消毒药品和防病宣传资料，确保了灾后无大疫。全县村级基层组织，尤其是××镇××村和××桥村、××桥港口村和××村、××乡××村和××村、××乡××村和××村积极发挥战斗堡垒作用，冲锋在前，凝心聚力，发动群众，与民同战，风里来，雨里去，以实际行动充当群众的“生命之舟”。特别值得关注的是，驻湖、驻长部队和武警官兵，民兵预备役人员和公安干警发扬特别能吃苦、特别能战斗的优良作风，始终奋战一线，在完成急难险重任务中发挥了主力军和突击队的作用。一军通信团、武警××支队和驻长的××部队、××部队、××部队、武警××中队出动近千名战士，投入到抗台风防汛的最前沿，筑起了保卫人民生命财产安全的钢铁长城。县人武部在做好部队协调工作的基础上，及时调集了××镇、××镇、开发区等多个民兵应急小分队加入战斗行列。公安局全警动员，全力以赴，连续奋战，出动警力××人次，深入急难险要之处，与当地百姓共筑起了一道道“防洪坝”。××空调、××机械、××建工等企业调集××多名抢险突击队员，奔赴抗台风一线，鼎力相助，支援了灾区抗台风防汛。

夺取抗击“××”台风的重大胜利，这主要归功于基层组织和广大党员干部顽强拼搏、合力防御，更归功于驻湖、驻长部队武警官兵和社会各界患难与共、全力支持。在此，县委、县政府向参与、支持我县抗台风工作的各级党政领导，驻湖、驻长部队武警官兵，社会各界，广大党员干部群众，表示衷心的感谢！

抗台风成果，来之不易；抗台风精神，光芒永驻。经过抗击超强台风斗争的洗礼和考验，我们的信心更加坚定，精神更加坚强，意志更加坚毅。全县上下一定要深入贯彻落实科学发展观，保持和发扬抗台风救灾的那么一种冲天精神、那么一种迎战氛围、那么一种拼命干劲，克难攻坚，顽强拼搏，团结进取，狠抓落实，为加快建设山水园林型现代化新兴城市、实现全面小康社会作出新的更大贡献！

中共××县委
××县人民政府
××××年××月××日

◎**批评信**

批评信

尊敬的××党委：

我单位的×××同志，系共产党员，于××××年党组织关系转入我单位。在我单位工作期间，表现不合格，经常上班迟到、缺勤，工作不认真，缺乏吃苦精神，拈轻怕重，与同事相处关系紧张，给员工们和单位造成极为不好的影响，谨请党委予以批评，望他认真改正、认真改造。

××党委会
××××年××月××日

第三节　倡议书、建议书、号召书写作

一、倡议书、建议书、号召书的写作概述

1. 倡议书概述

（1）倡议书的概念

倡议书是指首先公开提出某种建议，希望别人能够响应，以共同完成某种任务或开展某种公益活动的信件。

（2）倡议书的写作格式

倡议书一般由标题、称呼、正文、结尾、落款五部分组成。

①标题。在倡议书开端的中间，标明“倡议书”三字，也可在“倡议书”三字前概括倡议的内容。

②称呼。根据受倡议对象选用不同的称谓。也有的倡议书不另起行写受倡议对象，而是在正文中指明。

③正文。另起一行，空两格，先总述倡议的根据、原因、目的和意义。然后，分条开列倡议的具体内容。

④结尾。表明决心和希望。

⑤落款。写发出倡议的单位名称或个人的姓名，下面签署年、月、日。

（3）倡议书的写作要求

①倡议书有个人发起与集体发起两种，要合乎身份地写明在什么情况下、为了什么目的、发出什么倡议、希望别人怎么做、自己打算怎么做等。

②倡议的内容应是于国于民有利而又可以做到的好事。因此，所提条件应当具有先进性与可行性，倡议内容虽然很好但一时做不到的，就不要提出来，以免成为一纸空文。

③语言要简练，条理要清楚，有一定的鼓动性。

2. 建议书概述

（1）建议书的概念

建议书，也叫意见书，是个人、单位和有关方面为了开展工作、完成任务、进行某种活动而提出有见解主张的一种书面材料。

建议和提案不同，尽管二者都是用来提意见和建议的。提案必须由具有提案权的机构或个人提出；而建议则没有使用资格的限制，任何机构或个人都可以使用。提案一经提出，有关方面必须予以审理、答复，并转交有关部门处理落实，在有关会议上报告处理落实情况；而建议则不一定件件都必须进行专门研究，也不必都在会议上作出答复。对切实可行、确实合理的建议，应立即采纳，研究落

实，其余则可作为工作中的参考。

建议书和倡议书也不同。倡议书虽然有所建议，但它一般要面对群众，提出号召性的主张；建议书主要是向有关领导或部门提出建议，是否发动群众，要由领导和有关方面考虑。

（2）建议书的写作格式

建议书一般由标题、抬头称呼、正文、落款四部分组成。

①标题。建议书的标题可以直接用“建议”或“建议书”，也可以由建议的内容和文种组成，写成“关于××××的建议”，如“关于我校节约用电的建议”。

②抬头称呼。写上接受建议的单位名称或领导人的姓名和职务。也可以用“抄送”的形式代替抬头称呼。

③正文。是建议书的主要部分。先写明提出建议的出发点或原因，说明为什么要提出这个建议，以及与此建议有关的想法，以便使接受建议书的单位或领导联系实际情况，考虑其必要性和合理性。接着写建议的具体内容，这一部分可以分条开列，也可以分段叙述。所提建议内容必须具体，改进办法及采取的措施也应实在，以便接受建议单位、领导考虑建议的可行性。最后，可以表达一下期望建议被采纳的愿望。

④落款。在正文的右下方要写上建议者的单位名称或姓名，签署年、月、日。

（3）建议书的写作要求

①提建议是行使国家主人翁的权利，要严肃对待，采取认真负责的态度。

②提建议要从实际出发，考虑具体情况、实际需要和客观条件，不能空想瞎想、不着边际。只有这样，才会有利于促进生产和改进工作。

③提建议要考虑建议的合理性和可行性，即考虑在现实条件下能否用得上、行得通。不应在建议中提过高的要求，说过激的言辞，要掌握好分寸。

④要求言简意赅地进行叙述，具体、准确地写明解决问题的办法，无须过多地分析和论证，更不能讲空话、套话、过头话，防止抽象、笼统。

3. 号召书概述

（1）号召书的概念

号召书是指各级党委、政府借重大会议或节日之机，紧密配合形势，号召人民群众贯彻会议精神时所使用的专用书信。

（2）号召书的写作格式

①标题。在第一行正中用稍大的字体写上“决心书”字样。一般情况下不写明事情的主题，要写当然也可以，像“完成植树造林保证书”“参加防洪抢险决心书”等。

②称呼。在标题下空两行顶格写明接受决心书或保证书的领导、单位、组织、机关、团体的名称，有时可冠以“亲爱的”“敬爱的”等修饰词。称呼后加冒号。

③正文。称呼后下一行空两格起写正文。正文是决心书或保证书的主体。保证有几条，决心有几点，最好分开行书写，以使正文内容清楚。

④结语。可以写“请予批准”“此致敬礼”等，也可以不写。

⑤署名和日期。结语之后下一行靠右写署名，如果人数比较多，最好是每个人都签名；如果是单位、集体，写上名称后最好盖上公章。在署名下一行的下方写上书写决心书或保证书的日期。

(3) 号召书的写作要求

号召书要求语言生动，突出重点，有号召力。

二、倡议书、建议书、号召书的写作范例

◎**活动倡议书**

响应号召积极参与全市“共产党员献爱心”活动倡议书（节选）

全区党政机关的共产党员：

××月××日，由××市委办公厅××室党支部、××市人民政府办公厅综合处党支部、××市民政局救灾救济处党支部、××市劳动和社会保障局养老保险处党支部向全市党政机关的共产党员联合发出了“共产党员献爱心”活动倡议书。倡议书要求党政机关共产党员要时刻保持共产党员先进性，树立和落实以人为本、全面、协调、可持续的科学发展观和正确的政绩观，保持同人民群众的血肉联系，心系低收入群体，切实做到权为民所用，情为民所系，利为民所谋，努力为构建社会主义和谐社会首善之区做出新贡献。

作为党政机关的共产党员，在立足岗位、创造佳绩，努力为全区改革发展稳定贡献自己力量的同时，还有一份义不容辞的责任——带头关心帮助那些生活不便的残疾人、贫困家庭儿童、生活处于最低保障线以下的家庭成员，也许你的一点点资助，就能够帮助他们圆了一生的梦想。为此，我们谨向全区党政机关的共产党员发出倡议——请伸出你的双手，献上你的爱心，立即行动起来，积极参与到“共产党员献爱心”活动中来，帮助他们创造幸福的生活，帮助他们把心中的希望化为现实。

我们同是×乡儿女，共享一片蓝天，同爱一方热土。让我们行动起来，伸出温暖之手，献上一份爱心，托起一份希望，用真情挚爱温暖每一颗需要帮助的心灵，用热情的双手托起一片灿烂晴空，让每个社会成员都生活在文明、幸福、和

谐、温馨的大家庭里。让我们献上一份真挚的爱心，共同创造×乡美好的家园！

捐助地址：（略）

户　　名：（略）

账　　号：（略）

联系电话：（略）

××区委办公室党支部

××区政府办公室党支部

××区民政局党总支

××区劳动和社会保障局党总支

××××年××月××日

◎**救灾倡议书**

关于号召全区共产党员救助地震灾区的倡议书

全区各级党组织和广大共产党员：

四川汶川大地震给灾区同胞造成了巨大的创伤和痛苦，让整个中国乃至世界为之伤痛。灾情震撼、牵动着每个人的心灵，广大党员在危急时刻心系灾区，部分党员希望通过交纳大额党费的形式捐款，请中央组织部转交地震灾区，用于抗震救灾。根据中央领导同志的指示精神，中央组织部决定，尊重和鼓励党员通过党组织表达支援灾区的心愿，接受党员以党费捐款，作为“特殊党费”转送地震灾区。为积极响应中组部的号召，帮助灾区群众渡过难关、恢复生产、重建家园，按照市委组织部要求，区委组织部向全区各级党组织和广大共产党员发出倡议：

在天灾危难面前，全区各级党组织要充分发挥战斗堡垒作用，广大党员更应该发挥先锋模范作用，在赈灾救助活动中走在前头、当好表率，以实际行动践行党的宗旨，以实际行动体现共产党员的先进性。全区各级党组织和广大共产党员要发扬“一方有难，八方支援”的中华民族传统美德，伸出援助之手，奉献一份爱心，送上一份温暖，与灾区人民同心协力，携手并肩，早日赢得抗震救灾的胜利！

各级党委要本着自愿原则，数额不限，交纳“特殊党费”。党员自愿一次交纳1000元以上“特殊党费”用于支援抗震救灾工作的，由区委组织部代收后直接交市委组织部代转，同时注明党员姓名、工作单位、联系方式等基本情况，由市委组织部向党员本人出具党费收据；党员自愿一次交纳1000元以下“特殊党费”的，由所在党组织代收并出具党费收据，逐级上交至区委组织部。

中共×××区委组织部

××××年××月××日

◎管理建议书

建议书

公安局：

鉴于目前××市普遍存在的流动人口难以管理的问题，结合我们区街道办事处在这方面所取得的经验，特提出如下建议，以供有关部门参考借鉴。

首先，成立一个流动人口调查小组，对各建筑工地的外地民工、租私人住房居住的来××打工、当保姆等的流动人员作详细的调查，并把住在市内亲友家中来探亲、访友、治病、读书等人口数量也调查清楚，然后尽快为他们办理暂住证，设立管理卡片档案。

在此基础上，针对存在的和可能出现的问题，可以采取以下措施：

1. 与各施工工地签订《社会治安综合管理协议书》，加强对外地民工的管理。一般来说，外地民工占来京流动人口的最大数量。

2. 规定凡出租房屋的户主，必须在三日之内向街道综合治理办公室申报新来住户的情况，为住户办理暂住证，设立管理卡片档案。

3. 夫妇租房一定要有结婚证明，办理暂住人口计划生育证。

4. 每××户设一名流动人口户籍员，以掌握流动人口的职业状况，了解他们的去向等。

5. 对查出没有固定职业、没有证明的流动人员，责令其限期离京。

6. 对清查后补办暂住证的流动人员，街道综合治理办公室向其原籍发信调查他们在原籍的有关情况。

7. 同用工单位、个人签订计划生育书，如发现计划外生育，除规定处罚当事人外，还要追究用工单位或个人的责任。

我们使用以上办法对管理好流动人口，维护社会治安起到了积极作用，建议有关部门采纳试行，共同做好流动人口管理工作。

此致

敬礼

××区××街道办事处

××××年××月××日

◎活动号召书

认真开展“创建学习型组织，争做知识型职工”活动的号召书

全校教职工会员们：

21世纪是我国经济全球化不断发展，科技进步突飞猛进的时代，学习是立足生存的基本要素，学习是自身发展的必需要求，为积极响应全国总工会等九个部门《关于开展全国“创建学习型组织，争做知识型职工”活动的实施意见》和××市教育局、××市教育工会《关于在全市教育系统开展创建学习型学校评选学习型学校创建先进集体的实施意见》，校工会、校女职委号召全校教职工，特别是全体青年教师积极行动起来，认真投入“创争”活动，为我校的改革和发展充分发挥自己的才能和力量，特提出以下要求：

一、树立终生学习理念，提高终生学习的紧迫性和自觉性

振兴民族的希望在教育，振兴教育的希望在教师。作为一名人民教师，要立足讲台，实现自身发展，体现自身价值，首要的任务，就要树立新的学习理念，新的发展观念，即要从思想上充分认识学习的重要性、时代性和紧迫性，为此校工会要求大家做到从要我学转变为我要学，人人自觉参加学习，个个积极投入“创争”活动，在学习中不断提高自身素质，在竞争中充分实现自我发展和价值，在全校范围内掀起“学政治、学理论、学业务、学技术”的浓厚的学习氛围。

二、注重学习实效，着力提高知识的运用能力和水平

“创建学习型学校，争做知识型教工”，必须从实际出发，不能单纯追求时髦和表面现象，而要在产生实效上下功夫，出成果，即要解决学以致用，用以致学，要把以学为重心转向以习为重心，不断提高自身的教育能力、教学水平和教研能力，要在教育教学质量上突出成果，为学校特色兴校、质量强校作贡献。

三、加强宣传、信息工作，营造“创争”活动良好氛围

校工会对全校教职工，特别是全体青年教师，在开展“创争”活动中出现的“××××”的先进学习理念、先进学习方法和先进学习亮点，通过宣传窗、《××××》等进行大力张扬；并要为“创争”活动设计多层次、宽领域、有突破的平台和机会；同时要广泛开展群众性体育活动，重视教职工心理健康教育，使全校教职工有健康的身心参加学习，接受挑战，保证“创争”活动的顺利开展。

××职校工会

全体女职委

××××年××月××日

第四节　意向书、邀请书、聘书写作

一、意向书、邀请书、聘书的写作概述

（一）意向书概述

1. 意向书的概念

意向书是指社会组织内部各部门之间或组织与组织之间表达和记录某种意向的公关文书。

2. 意向书的写作格式

（1）标题

为了明确、醒目，意向书之前要加上项目名称，如：“合资兴建麦秆草席加工厂意向书”“合作建立×××公司意向书”。

（2）开头语

写明合作各方单位的全称，双方接触的简要情况，磋商后达成的意向性意见，本着什么原则，兴建什么项目。

（3）正文

分条款叙写达成的意向性意见，即兴建项目所要涉及的最基本的内容要点，而且必须交代“未尽事宜，在正式签订合同或协议书时予以补充”，留有余地。

（4）结尾

写明签订意向书时间和洽谈意向书单位的全称和代表姓名，并签字盖章。

3. 意向书的写作要求

（1）严肃认真，忠实于洽谈会议记录。意向书是依据意向洽谈会议记录整理而成的。所达成的意向，洽谈双方均有义务履行，因此必须经双方认可，撰写者既不能随意编造，也不能把非会议记录的内容添上，而是要严格按会议记录整理。

（2）所达成的意向，必须按内容分条叙述。既然是意向，就不一定十分周全，允许有不完善之处，不能像订合同或协议那样周密。

（3）既然意向书是以后签订合同的一种准备，各种意向应参照合同或协议的条款排列，就应以显示其“雏形”的特色，区别于“会谈纪要”的格式。

（4）语言要准确、表述要清楚。不能因为它是一种意向性的文件而过多使用模糊或者有歧义的语言。

（二）邀请书、聘书概述

1. 邀请书的概念

邀请书实际上就是一种比较复杂的请柬，它除了起请柬的作用外，还有向被邀请者交代有关需要做的事情的作用。

2. 邀请书的写作格式

邀请书的写作一般包括四部分：

（1）标题

在纸的上方中间用大于正文的字体标出“邀请书”3个字，也可在“邀请书”三字前用小字标出发邀请书的单位名称。为示喜庆，标题可作适当装饰，如饰以花边，字体用美术字。

（2）称呼

在正文的上一行顶格写被邀请者（个人或单位）名称。姓名之后可加“书记”“校长”等职称或“先生”“女士”等尊称。单位名称要用全称，以示尊敬。称呼之后加冒号。

（3）正文

在称呼下一行空两格写正文内容。正文一般包括前言和事项两部分。前言只简单地说明何时何地有什么活动和邀请语就可以了，这一部分相当于一张请柬的内容。事项部分要分条列出这次活动的有关事项。

（4）落款

在正文右下方注明邀请单位的名称和发出邀请的时间。若单位名称在标题中已标出，这里可以从略，但为了表示郑重、礼貌，一般是要再次注明的。

3. 邀请书的写作要求

（1）起草邀请书的人在起草之前要对各方面的情况，如会议宗旨、食宿安排、报到时间、地点等，有全面、详彻地了解，这样写出来的邀请书才能准确、清楚、有条理。

（2）正文的前言部分的行文可参考请柬的要求，这里从略；正文的后一部分——事项部分，事项要全面，语言要概括。因为邀请书和请柬的性质是相同的，都是作邀请之用，因篇幅有限，说明问题时要言简意赅。

4. 聘书的概念

聘书是聘请书的简称。它是用于聘请某些有专业特长或有名望、有权威的人完成某项任务或担任某种职务时的书信体文书。

随着机构改革，不仅聘用外单位的人到本单位工作要发聘书，就是聘请本单位其他部门的人员到本部门工作也要发聘书。聘书不仅起着告知被聘人的作用，而且表示聘者对受聘者的尊重。

5. 聘书的写作格式

聘书的写作一般包括六部分：

（1）标题

一般是印刷好的，在封面上印上“聘书”二字，字号要求较大，制作美观、大方，有的套红、烫金。书写的聘书在用纸的第一行中间书写“聘书”或“聘请书”字样。

（2）称谓

称谓要顶格写被聘人的姓名和职务，后加冒号。

（3）正文

第一行顶格写，写聘请人姓名、称呼，如“××先生”“××同志”等。也可在第一行空两格写“兹聘请×××先生”，接着写聘请他担任什么职务，或做什么工作，期限多久，待遇多少等。

（4）敬语

敬语多用“此聘”“此致敬礼”等。敬语因性别及职业性质不同而略有不同，使用时应斟酌。

（5）署名

一般在正文后边，另起一行，偏右，署上聘请单位名称，并盖上公章。

（6）日期

紧接聘请单位名称后，另起一行写上年、月、日。

二、申请书、意向书、邀请书、聘书的写作范例

◎建房申请书

建房申请书

××规划局：

我厂拟建职工食堂×× m^2，已经××部（××）×发×字×第×××号文批示，同意在本年完成设计并要求在四季度施工，年前完成基础部分。该项工程已委托××市设计院设计。食堂位置在本厂厂内（附地形图二张），请审查，并请批示红线图。

××市××××厂

（公章）

××××年××月××日

◎退职申请书

退职申请书

厂领导：

我系××××年×月参加工作，迄今已有××年工龄。由于我所学专业与现

从事工作不对口，工资收入亦难维持一家五口的生活，每次为孩子的学费也要苦筹一番。经过与家人共商，我再三思考，认为自己尚有一技之长，为生存和图发展，决定申请退职，今特专此报请，盼予批准。

职员××× 谨呈

××××年××月××日

◎**意向书**

合作培训意向书

甲方：××市现代科技培训中心

乙方：××出版社

经双方商讨，拟合作举办一期编辑、校对技术短期培训班。初步意向如下：

一、培训期3个月。××××年××月××日开班，××××年××月××日结业。

二、培训学员10名。由乙方选送25岁以下、具有大学本科文化程度的人员。

三、培训费2万元，由乙方在开班前支付给甲方。

四、甲方提供培训场地、师资、教材，并负责教学管理，发放结业证书。

××市现代科学技术培训中心　　　　××出版社

代表：×××（签字）　　　　代表：×××（签字）

××××年××月××日

◎**邀请书**

邀请书

××同志：

为纪念××诞辰一百周年，定于××××年××月××日至××日在×市举行“××诞辰一百周年学术讨论会”，敬请您届时光临。现将有关事项通知如下：

一、会议以××大精神作指导，内容为：

（一）宣读学术论文；

（二）交流教学、科学研究经验。

二、出席会议的代表原则上应向大会提交学术论文。

三、会议的住宿费、伙食补助费由大会负责，往返交通费由代表所在单位负担。

四、接到通知后，请即向大会筹备组寄回代表登记表（在会前三天不见寄回登记表，即视为不出席会议，不再安排食宿）。

五、报到时间：××××年××月××日。

六、报到地点：×市××宾馆（××路××号）。

七、代表登记表请寄×市××大学××研究所××同志。

××大学（公章）

××××年××月××日

◎**聘　书**

聘　书

为了做好校内本月德育工作，迎接五四青年节活动，我校特聘请优秀共产党×××为指导老师，参加教学研究，指导本校的党支部活动的开展。

×××学校党支部

××××年××月××日

第五节　感谢信、慰问信写作

一、感谢信、慰问信的写作概述

（一）感谢信概述

1. 感谢信的概念

在社会生活中，单位或个人之间常常互相帮助、互相支援，涌现出许多好人好事。其后，受援的一方为了答谢和表彰援助方，往往采用感谢信的形式给对方写信，以谢对方相助。而对影响较大、事迹突出的还可同时送交报刊或电台广播。

2. 感谢信的分类

（1）从感谢对象的特点来分

①给集体的感谢信。这类感谢信，一般是个人由于在困难时，受到了集体的帮助，使自己渡过了难关，走出了困境，所以要用感谢信的方式表达自己的感激之情。

②给个人的感谢信。这类感谢信，可以是个人也可以是单位集体，为了表达对某个人曾给予的帮助、照顾而写的。

（2）从感谢信的存在形式上来分

①公开张贴的感谢信。这种感谢信包括登报、电台广播，或是电视台播报的感谢信等。

②寄往单位或个人的感谢信。这种感谢信直接寄给单位或个人。

3．感谢信的写作格式

（1）标题

第一行正中写“感谢信”或“致×××的感谢信”等字样，字体应大些。

（2）称谓

第二行顶格写被感谢方的单位名称或个人姓名。个人姓名应加上“同志”“先生”或职务等，称谓后加冒号。

（3）正文

第三行空两格起，写感谢的内容，一般有以下两个方面。

①简述事迹，说明效果。应交代清楚人物、事件、时间、地点、原因和结果，并扼要叙述在关键时刻由于受到对方帮助所产生的客观影响和社会效果。

②颂扬品德，表示决心。既表感激之情，也谈今后如何用实际行动向对方学习。

（4）致敬语

最后写上诸如“此致敬礼”“致以最诚挚的敬礼”等表示感激的敬意话语。致敬语前半截一般连接正文、或另起一行空两格写；后半截另起一行顶格写，以表尊敬。

（5）署名、日期

在右下方写上发感谢信的单位名称或个人姓名，后一行写发感谢信的年、月、日。

4．感谢信的写作要求

（1）内容真实

叙述事迹要真实具体，人、时、地及有关数字要绝对准确，关键部分要突出，并给予对方以恰如其分的评价。

（2）感情丰富

做到以事表情，以情感人。既要感情充沛，讲究文辞，又避免平铺直叙，辞藻惊人。表达谢意的行动要符合实际，说到做到，切实可行。同时要讲究礼貌，开头的称呼、文中的用词、结尾的敬语都要符合双方的身份和社会交往中的习惯。

（3）格式规范

篇幅要简短，语句要精练，格式要符合一般书信的要求。

(二) 慰问信概述

1. 慰问信的概念

慰问信是指以组织或个人名义对在某方面作出特殊贡献或遇到意外损失、遭到巨大灾难的集体或个人表示关切致意、问候同情的一种书信。

2. 慰问信的种类

这类慰问主要针对那些承担艰巨任务、作出巨大贡献甚至牺牲，取得了突出成绩的先进个人或集体，如“慰问抗洪抢险的解放军战士”“慰问保家卫国的边防军人”“慰问春节期间仍坚守岗位的铁路工人”等。通过慰问，鼓励他们戒骄戒躁，继续前进。

(1) 对遭受困难或蒙受损失的单位或个人的慰问

这类慰问信，通常是针对那些由于某种原因（如车祸、火灾、地震、暴雨等）而暂时遇到困难或蒙受了巨大损失的集体或个人。对他们表示同情和安慰，鼓励他们克服暂时困难，进而努力工作，以期尽早改变现状。

(2) 节日慰问

这是一种上级对下级，机关单位对广大群众进行的一种节日问候。一般表示对他们以前工作的肯定和赞扬。并祝福他们在今后的工作、学习、生活中心情舒畅，作出更大的成绩。

3. 慰问信的适用范围

慰问信适用范围较感谢信广，主要有以下三种情况。

(1) 表彰慰问

如慰问在抗震救灾、保卫国家和人民生命财产安全等重大斗争中作出卓越贡献的人民解放军、公安干警等，并表彰其英勇行为和先进事迹。

(2) 受遇灾慰问

如慰问由于某种原因（自然灾害、事故伤亡等）而遭受重大损失的人民群众，对其表示同情和安抚。并鼓励他们战胜困难，重建家园。对亲友的伤病等慰问也属这种情况。

(3) 节日慰问

如教师节来临之际，写信向教育工作者表示节日的问候和祝贺。

4. 慰问信的内容

慰问信的内容应根据时间、事件和对象不同有所区别。如上面三种情况，由于各自对象和目的不同，有的赞扬革命和建设中的有功之臣，有的慰藉勉励受灾群众，有的慰抚各条战线中的无名英雄。写法不能千篇一律。

5. 慰问信的写作格式

(1) 标题

第一行正中写“慰问信”或“×××致×××的慰问信”等字样。

（2）称谓

第二行顶格写单位名称、个人姓名。

（3）正文

第三行空两格起，写慰问的主要内容，包括以下三方面。

①原因背景。用一般简要文字叙述目前形势，写明慰问的背景和原因，以提起下文。

②叙述事实。应比较全面、具体地叙述对方的模范事迹或遇到的困难，要实事求是地肯定其功绩，然后向对方表示慰问和学习。

③结语部分。先结合形势与任务提出殷切的希望，接着表示共同的愿望和决心，最后用一句慰勉与祝愿的话作结。

（4）署名、日期

署名下一行写年、月、日。

6. 慰问信的写作要求

①对象要明确。根据不同的对象确定慰问内容和重点。如对逝者家属："为柯棣华大夫的逝世，向你们致以最深挚的悲悼。"（周恩来《致柯棣华大夫家属的慰问信》）

②感情要真挚。应以高度的政治热情，赞颂或慰勉对方，使人受到鼓舞。

③期待要殷切。如"望多休息"并注意以后在工作中节劳为盼。

④语言要亲切。慰问信的主旨是向对方表示慰问，语言要精练、朴实、亲切、诚恳。可适当运用抒情的表达方式，要忌用公式化、概念化的词语，也不宜套用呆板的公文语言。

二、感谢信、慰问信的写作范例

◎抗震救灾感谢信

致全市共产党员的感谢信

全市共产党员：

2008 年 5 月 12 日 14 时 28 分，四川汶川发生 8.0 级大地震，这一突如其来的灾难，给灾区同胞造成了巨大的创伤和痛苦，也震撼着每个人的心灵。在党中央国务院的坚强领导下，全国人民同心同德、顽强奋战，众志成城、抗震救灾，涌现出一大批英雄人物和可歌可泣的动人事迹。

灾难无情人有情，抗震救灾再一次凝聚了全中国人民的心。危难时刻，全国人民和灾区人民心相通、情相存、血相融，在短短时间里，全国各地已然形成捐助热潮，全力支援四川。在市委、市政府的号召下，全市广大党员干部群众高度关注四川抗震救灾工作，迅速投入到支援抗震救灾工作中，充分体现了“一方有难、八方支援”的中华传统美德和万众一心、众志成城的中华民族凝聚力。

特别是市委组织全市党员开展“缴纳特殊党费援助灾区”活动以来，市委书记××，市委副书记、市长×××带头将两个半月的工资——5000元捐献了出来，市四家班子其他领导纷纷捐款2000元以上，全市广大党员积极伸出援助之手，截至7月1日，全市党员自愿缴纳“特殊党费”达898002.20元，为灾区人民送出了我们真心的关怀和祝福。这些“特殊党费”承载着××人民的深情厚谊，已分四批全部及时汇往上级组织部门，用于抗震救灾。

四川汶川8.0级大地震，是对各级党组织和广大党员信念、勇气和力量的一场严峻考验。血浓于水，人间真情在灾难面前再一次显示了它的力量；生死关头，党员先锋模范作用在群众最需要的时候得到了充分体现。“这一刻，我们都是汶川人；这一刻，我们大家心在一起。”在灾区群众最需要的关键时刻，我们××市广大党员干部，积极投身抗震救灾工作，尽最大努力伸出援助之手，充分展现了共产党员的本色和精神风貌，也充分弘扬了××越是艰险越向前的“子荣精神”。

在此，市委向全市广大党员表示衷心的感谢，感谢你们对灾区的无私奉献，感谢你们为全市人民作出了表率。

地震可以摧毁我们的家园，但不能摧毁我们坚定的理想信念。市委号召全市广大共产党员，精诚团结，万众一心，用推进××振兴崛起的实际行动支援灾区；以跨越发展的实际成果，展示共产党员的时代风采！

中共××市委组织部

××××年××月××日

◎抗洪救灾感谢信

感　谢　信

××部队全体指战员：

我县今年遇到了特大洪水灾害。在万分紧急的情况下，你部全体干部、战士发扬了无私无畏的战斗精神，同我县全体人民并肩战斗，赢得了抗洪斗争的胜利。你们这种心系人民无私忘我的精神是值得我们崇敬和学习的。为此，特向你们表示衷心的感谢！

我们决心在党中央的领导下，努力搞好工农业生产，以实际行动报答你们的关怀，为早日实现祖国的四个现代化而努力。

此致

敬礼

××省××县人民政府

××××年××月××日

◎建军节慰问信

八一建军节慰问信

电车公司全体转业、复员、退伍军人：

在中国人民解放军建军××周年光辉节日即将到来之际，公司谨向你们致以节日的祝贺和亲切的慰问！

中国人民解放军是中国共产党缔造和领导的人民军队。我军从诞生之日起，在中国共产党的领导下，牢记全心全意为人民服务的宗旨，忠实履行党和人民赋予的神圣使命，始终坚持听党指挥、服务人民、英勇善战的优良传统，为争取民族独立和人民解放，捍卫国家尊严，维护国家安全与统一，保卫改革开放和社会主义现代化建设的伟大成就，维护世界和平立下了不朽的功勋。中国人民解放军××年的光辉历程充分证明：人民军队始终是人民民主专政的坚强柱石，是保卫国家安全的钢铁长城，是党和人民完全信赖的不可战胜的力量。

从部队回来的同志们，你们多年来一直牢记全心全意为人民服务的宗旨，保持军人本色，自强不息，勇于拼搏，努力工作，扎实奉献，在各条战线上创造了新的业绩，为我公司的持续发展作出了突出贡献。在此，公司谨向你们表示衷心的感谢并致以崇高的敬意！

今年上半年，在市委的领导下，推进企业改革和公交资源整合，强化企业经营管理，按照“精耕细作、科学管理”的工作要求，以降低企业运营成本为重点，继续深化公交智能调度应用，提高数据决策水平，落实安全生产主体责任，持续提升服务水平和员工素质，积极化解经营成本上升的压力，较好地完成了预期目标。

展望未来，我们将紧密团结在党中央周围，认真贯彻落实党的十八大精神，坚持科学发展观，积极推进资源优化整合、继续深化企业改革，不断提高信息化手段和营运效益，强化企业服务品牌，打造高素质的员工队伍，实现企业可持续发展，不断开创我公司双拥工作的新局面。

祝同志们节日快乐，身体健康，工作顺利，家庭幸福！

××市电车公司武装部

××××年××月××日

◎受灾慰问信

慰问信

××省各上市公司：

5月12日下午四川汶川发生里氏8.0级强烈地震，震区人民的生命和财产遭受了严重损失，××水电、××电气等公司的部分员工不幸遇难，公司的财产和运营受到巨大破坏，上市公司监管部全体人员对此感到十分的痛惜！在此，上市公司监管部全体人员向灾区所有上市公司及全体员工表示诚挚的慰问和深切的关怀！向所有的遇难者表示沉痛的哀悼！

当前，在党中央、国务院的坚强领导下，灾区军民正争分夺秒，全力抢救人民的生命财产，各上市公司正克服重重困难争取恢复生产，对此，上市公司监管部全体人员向奋战在抗震救灾第一线的四川灾区所有上市公司表示崇高的敬意！感谢你们在自身遭受巨大损失的同时仍在默默支持资本市场！衷心希望你们和家人在今后的抗震救灾工作及灾后重建中继续确保安全！我们坚信，在党中央、国务院的坚强领导下，我们一定能战胜这场特别重大的地震灾害！恢复公司正常的生产经营秩序，展现公司驰骋资本市场的雄姿！

我们万众一心！我们众志成城！我们共同努力！我们一定会赢得胜利！

××证监会上市公司监管部

××××年××月××日

第六节　欢迎词、欢送词、答谢词、祝词写作

一、欢迎词、欢送词、答谢词、祝词的写作概述

（一）欢迎词概述

1. 欢迎词的概念

欢迎词是指领导人在欢迎仪式上或宴会上向来宾发表的表示欢迎的讲话稿。它包括欢迎对象、欢迎事由、欢迎单位等内容要点。

2. 欢迎词的写作格式

（1）标题

第一行正中写标题，字体略大，可写“欢迎词”三个字或写“×××在欢迎×××大会上的讲话”。

（2）称谓

称谓要有敬辞并写全称。如“尊敬的×××总理阁下”“亲爱的×××先生”等。如果来宾来自不同的方面，称谓也要照顾到。这样既表示了对主要来宾的尊重，也表示了对其他来宾的热忱欢迎。这样会使所有来宾都感受到欢迎仪式的庄重、亲切和热烈。

（3）正文

正文要表达三层意思：

①开头要对客人表示热烈的欢迎、诚挚的问候和致意。

②阐述来访的意义，赞颂客人各方面取得的成就，也可回顾双方之间的交往与友谊，赞扬双方之间的友好合作。

③最后表示良好的祝愿或希望。

（4）结尾

再一次对客人表示热烈欢迎和良好祝愿。

（5）署名、日期

正文右下方署名，如标题有名称，可不署名，署名下一行标明日期。

欢迎词要写得热情洋溢，真诚感人，语言简洁，礼貌适度。

（二）欢送词概述

1. 欢送词的概念

欢送词是指领导人在欢送仪式或宴会上向来宾发表的表示欢送的讲话稿。

2. 欢送词的写作格式

欢送词的写作格式同欢迎词，只是正文部分的内容有所区别，欢送词正文应对客人表示热烈欢送并对客人在这一阶段取得的成绩予以肯定，给予适当的评价。最后结束语要以生动感人的语言对客人表示希望和勉励，并显示出依依惜别的感情。

（三）答谢词概述

1. 答谢词的概念

答谢词是宾客对主人的热情接待表示感谢的讲话稿。目的是制造和谐的气氛，交流主客之间的感情，以达到相互尊重、友好相处、以诚相待的目的。

2. 答谢词的写作格式

答谢词的写作格式与欢迎词、欢送词写作格式基本相同，只是正文的内容有所不同，答谢词首先是向对方致以衷心的感谢，然后对对方的成就和双方的友谊表示赞颂，结尾提出自己的希望和良好的祝愿。

答谢词要求语言生动，感情真挚、热情、有礼貌。

（四）祝词概述

1. 祝词的概念

祝词是对人或事表示良好祝愿言辞的讲话稿。

祝词是国际、国内人际交往活动中必不可少的交际工具和手段。

2. 祝词的分类

祝词根据祝贺对象的不同可分为节日祝词、寿诞祝词、事业祝词三种。

3. 祝词的特性

祝词的特性如下：

（1）事先性

祝词与贺词都表示祝贺之意，有时两个词也可以互用，但祝词一般用于对未成事情或正在进行事情的事先性预祝（有时也用于事后的祝贺）；而贺词一般用于事情已成，对之表示庆贺，道喜之意。

（2）广泛性

祝词的广泛性是指祝词的对象很广泛。以人为祝词对象，长辈、平辈、晚辈，上级、平级、下级，男女老少都可以，既可以是知名人士，也可是平民百姓，都可以通过祝词的形式增进感情，加深交往。以事为祝词对象，范围也很宽，比如，生日聚会、庆祝诞辰、开业典礼、朋友联欢会、同学聚会，等等，都可以使用祝词来渲染气氛，活跃场面，增进彼此的友谊。

（3）严肃性

尽管祝词有调节气氛的作用，但由于祝词一旦脱口而出，就不便更改，从这个意义上说，祝词又具有一定的严肃性。在一些比较随便的场合，如在聚会、庆功会、喜宴等轻松愉快的气氛中，祝词人常常是触景生情，即兴而发，恰到好处。但要求祝词人必须是机智灵活，善于表达，否则，就有可能闹笑话，出洋相。在一些比较正规的场合，如举行国宴、迎送贵宾时，祝词人往往是事先有所准备，起码要打好草稿，或口头、或书面，总之，祝词要准确无误，表达要自然得体。

4. 祝词的写作格式

口头祝词和书面祝词都需要一定的构思和酝酿，从广义上说，都属于写作，只是腹稿和手稿之分。祝词的写作没有固定的模式或格式。一般应包括以下几个方面内容：标题、称谓、正文、结语和落款。

（1）标题

祝词的标题要写在正文的上方居中，如“元旦祝词”“给××教授的祝词”等。有的祝词可不用标题。

（2）称谓

在标题之下顶格写称谓，如“××同学”“××小姐”“××先生”等，具体怎样称呼祝词的对象更合适，要根据对象的性别、职业以及身份地位等而定。

（3）正文

正文所列内容一定要条理分明，让人看了、听了一清二楚。或问候、祝愿；或赞颂、讴歌；或提出自己的想法和希望，都要以褒为主，以赞颂为主旨，而不要列出几大过错，那样就把祝词写成鉴定、评定书了。如果非提缺点不可，也要把握分寸，而且最好不提。

（4）结语

这部分主要写敬语，如“祝×××健康长寿”“祝×××先生生意兴隆，财源滚滚”“祝×××与×××百年好合”等。

（5）落款

落款处应署上祝词者的姓名和祝词的详细日期，即年、月、日。在署名时，如果是晚辈向长辈祝词，落款时要写“学生×××”或“晚辈×××”等；如果是平辈之间或长辈向晚辈祝词，则只写上自己的名字就可以了。有的祝词可以没有落款，比如当场即兴祝词，祝词人和日期都是清清楚楚的。

祝词的基本格式和结构是由上述五部分构成的，但在写作过程中要依据具体情况灵活掌握，不能死板、教条，否则就会不合时宜。

5. 祝词的写作要求

（1）要了解祝词对象

好的祝词除了语言慎重、注重感情以外，还要了解祝词对象。“没有调查就没有发言权”，同样，没有对祝词对象的充分了解，也就没有祝词的依据，也就不可能写出非常理想的祝词。可见，了解祝词对象不但是重要的，而且是必要的，甚至是写祝词时的首要条件。只有了解祝词对象，才能避免在写祝词时张冠李戴，漏洞百出，闹出笑话。

（2）语言要慎重

作为一种社会礼仪，祝词语言一定要达到以下几个标准：准确、简练、通俗、优美。准确是最基本的要求。对人、对事都要客观公正，实事求是，不能因为是祝词，就过分地夸张；当然，必要的、恰如其分的溢美之词是无可厚非的。简练是在准确基础上的又一高层次要求。祝词常常是很简短的，有时甚至少到几个字，言简意赅，既能给人以回味，又能节约时间，这样的祝词是普遍受人欢迎的。通俗，即深入浅出，雅俗共赏，而非流于庸俗，落入俗套。要达到这一标准并非易事，它需要祝词人具有更高驾驭语言的能力。优美是对祝词的最高要求：不仅要求祝词能传情达意，而且要同时给人以美的艺术享受，这种优美有时并不在于其华丽的辞藻，而主要在于其构思的巧妙，能够给人耳目一新之感。

（3）要流露真情实感

祝词，表达的是美好的祝愿，是令人高兴和愉快的事。但是否能达到这样的效果，还在于祝词者的感情流露。如果祝词的内容是发自祝词者内心的，是有感而发的，那么就是真情，否则，就是虚情假意。人都是有感情的，对于真情假意，人们是很敏感并能很容易识别出来的。所以，写祝词一定要发自肺腑地祝愿，要流露出真情实感，否则，就会引起别人的反感，倒不如不说祝词为好。

二、欢迎词、欢送词、答谢词、祝词的写作范例

◎致嘉宾欢迎词

××镇党委书记×××致参加××中学××华诞各位来宾的欢迎词

尊敬的各位领导，各位嘉宾，各位校友老师们：

在这梅吐函香的时节，我们迎来了××中学××华诞。值此可喜可贺之际，我谨代表××镇党委、镇政府向××中学全体师生员工表示热烈的祝贺！向曾在××中学工作过的同志们，向在百忙中莅临庆典的各位领导、嘉宾、校友表示热烈的欢迎和诚挚的谢意！

××中学建立于××××年，她是××西南地区第一所公办中学。她从无到有，从小到大，走过一条不平凡的创业之路、发展之路，始终坚持培德育人、报效祖国的正确办学方向，谱写了绚丽的历史篇章。

五十年风雨沧桑，五十年艰苦奋斗。××中学从××迁于××，××中学不论从教学设施、校园面貌上，还是从教学管理，学校规模上都有崭新的变化，取得了一个又一个骄人的业绩。50年来莘莘学子从×中展翅高飞。

如今，他们或为政界要员，或为军中骄子，或为学术大师，或为商界翘楚；还有更多的学子，只是普通建设者，但在平凡的岗位上，他们都在默默奉献着自己的聪明才智。

××中学有这样的辉煌是全体××中学人共同努力的结果。作为镇党委书记，我要特别感谢你们。感谢你们用辛勤的汗水滋润了学生的心田，感谢你们用诚挚的爱心温暖了学生的希望；感谢你们用渊博的知识放飞了理想的翅膀，感谢你们用有力的双手托起了明天的太阳！感谢你们为党的教育事业默默耕耘，为老区的教育增添光彩！

今天，在这群贤会聚、共展蓝图的喜庆气氛中，××镇党委、镇政府殷切期望，在××工作的老领导、在外工作的×中校友，为××中学乃至××的进一步发展给予更多的关心，更多的支持，××是一个贫困的老区，对教育的投入是有限的，因此希望各级领导和××中学的校友们对××中学多多关注和支持。××中学的全体师生员工，××万人民是不会忘记你们的！

最后，衷心祝愿××中学以××校庆为新的起点，全面贯彻党的教育方针，

全面推进素质教育，不断开创学校各项工作的新局面，为国家为社会培养更多的优秀人才，创造更加辉煌的××教育！

最后祝各位领导、嘉宾、校友身体健康、万事如意！

祝全体师生，工作顺利，学习进步。

××××年××月××日

◎致国内外宾朋欢迎词

欢　迎　词（节选）

我谨代表第二届××国际论坛暨维持河流健康生命研讨会组织委员会和本届会议主办单位××水利委员会，热烈欢迎各位代表从世界各地来到××，参加第二届××国际论坛暨维持河流健康生命研讨会。

××××年××月××至××日，××水利委员会在中国××成功地举办了首届××国际论坛。会议共有××个国家和地区的××多位专家学者出席，收到论文××篇，出版了四集论文集。与会领导、专家、学者围绕着“21世纪流域现代化管理模式与管理经验、流域管理现代技术应用”的中心议题，进行了广泛的交流与对话，交流发表了许多具有创新价值的学术观点和先进经验，对流域管理工作起到了积极的推动作用。

这次会议是××国际论坛的第二届会议，会议中心议题是：维持河流健康生命。中心议题下分维持河流健康生命、流域水资源一体化管理及现代技术应用、河流工程与非工程技术、水环境与水生态保护、跨流域调水技术及水资源配置和水权、水价及水市场政策六个专题。会议期间，××水利委员会还将和一些国际著名机构共同主办以下××个专题会议：（略）。

目前，已有来自××个国家和地区的××多位专家学者报名参会，收到论文××多篇。经第二届××国际论坛技术委员会专家严格审查，选出××多篇编入会议论文集。与第一届××国际论坛相比，本届论坛内容更丰富、形式更多样，全方位展示出中国水利和××流域管理所取得的成就，并就河流管理的焦点难点问题进行深入探讨，以期建立更为广泛的国际合作与交流机制。

我相信，在会议顾问委员会、组织委员会、技术委员会，以及全体参会代表的努力下，本次会议一定能使各位代表在专业上有所收获，在生活上过得愉快。我也深信，你们在会议上交流的经验与为维持河流健康生命提供的良策，必定会对今后黄河及世界各流域的管理产生积极的影响。

最后，我希望本次会议能给大家留下美好的回忆，并预祝大会成功！祝各位代表身体健康，在××过得愉快！

××国际论坛组织委员会主席
××水利委员会主任　×××
××××年××月××日

◎欢送词

欢　送　词

尊敬的女士们、先生们：

首先，我代表×××，对你们访问的圆满成功表示热烈的祝贺。

明天，你们就要离开××了，在即将分别的时刻，我们的心情依依不舍。大家相处的时间是短暂的，但我们之间的友好情谊是长久的。我国有句古语："来日方长，后会有期。"我们欢迎各位女士、先生在方便的时候再次来××做客，相信我们的友好合作会日益加强。

祝大家一路顺风，万事如意！

×××
××××年××月××日

◎答谢词

在接受救灾粮仪式上的答谢词

亲爱的××领导，远道而来的客人们：

今天，我们怀着无比感激、无比振奋的心情，在这里迎接××红十字会给我们县师生捐赠救灾粮的亲人。

今年××月以来，我国遭受了百年未遇的大旱灾。七、八、九三个月，炎阳连天，滴雨不下，池塘干涸，溪河断流，田地龟裂，禾苗枯死，真是赤地千里！虽经我们奋力抗灾，但自然灾害的肆虐，使××多万人饮水困难，××多万亩田颗粒无收。我们县的中小学生，就有一万多名因受灾辍学，还有几万名靠同学、教师、亲属的接济度日。然而，党和政府没有忘记我们，兄弟县市的乡亲没有忘记我们。省市领导多次亲临视察灾情，组织救援，市县国家干部职工争相解囊，捐粮捐钱。今天，我们又接到了你们无私捐助的大批救灾粮食。

“一方有难，八方支援”，团结互助，无私奉献，只有在今天优越的社会主义制度下，只有在我们伟大的社会主义中国才能办到！

谢谢你们，远方的亲人。我们全县中小学生、全县人民，一定从你们的援助中汲取力量，奋发图强，重建家园；努力学习，奋勇登攀，以崭新的成绩，来报答党和人民的关怀，报答你们的深情厚谊！

××县教育局　×××

××××年××月××日

◎祝词

在第二届中国国际民间艺术节开幕式上的祝词

×××

（××××年××月××日）

女士们、先生们、朋友们：

由中国××主办的第×届中国国际民间艺术节今天在我国××市隆重开幕了，我怀着十分高兴的心情代表中国政府向艺术节的开幕表示衷心的祝贺，向远道而来的亚洲、非洲、欧洲、大洋洲、美洲15个国家的300多位民间艺术使者和海内外各界朋友表示热烈的欢迎和亲切的问候。

来自五大洲15个国家的艺术使者，把各自富有民族特色的优秀民间歌舞艺术带到中国，这不仅是艺术的交流，而且是我国人民和各国人民之间的传统友谊进一步加深的具体体现。艺术节的意义远远超出了文化艺术本身，随着时间的推移，它必将还会在弘扬世界各国民间文化艺术，加深世界各国人民之间的团结、友谊，促进世界和平方面，发挥越来越大的作用。

愿各国艺术使者在中国期间生活愉快！

祝第二届中国国际民间艺术节获得圆满成功！

第七节　贺信、贺电、请柬写作

一、贺信、贺电、请柬的写作概述

（一）贺信概述

1. 贺信的概念

贺信是指表示庆贺的书信总称。当有关单位、个人有喜事时，任何人都可以使用贺信的形式表示祝贺。

2. 贺信的内容

贺信的内容十分广泛，可以贺家庭、个人婚嫁、祝寿一类的喜事；可以贺重大的会议或重要的纪念活动；可以贺对方取得的优异成绩；可以贺国家领导人任职等。重要的贺信往往对广大群众有很大的鼓舞和教育作用。

3. 贺信的写作格式

（1）开头

正中写“贺信”两个字，另起一行顶格写被祝贺单位或个人的称呼。如果是写给个人的，要加“先生”或相应的称呼。称呼之后加冒号。

（2）正文

另起一行，空两格起写贺信的内容。可分若干段落。

①简略叙述当前的形势，说明对方所取得成绩的社会背景，或重要会议召开的历史条件。

②简要说明对方在哪些方面取得了成绩，并要分析对方取得成绩的主观原因和客观原因。如果是寿辰贺信，应概括地说明对方的贡献和品德。如果是重要会议的贺信，应说明会议的内容及其重要性。

③表示热烈的祝贺、称赞。还要写出祝贺者的决心和准备怎么办。

④热情的鼓励，殷切的希望和双方的共同理想。

（3）结尾

写上表示祝愿的话，如“祝大会圆满成功”“祝您健康长寿”等。

（4）署名

另起一行，在右下方写发信单位或个人姓名。署名下边写上年、月、日。

（二）贺电概述

1. 贺电的概念

贺电又称为庆贺电，它是领导机关、单位或领导人以个人名义发给有关单位、集体、个人，表示祝贺、赞颂的电报。

2. 贺电的写作格式

（1）标题

在第一行正中写“贺电”二字，有的贺电也可以不写标题。

（2）称谓

在第二行顶格写收电单位或个人的称呼。

（3）正文

正文部分直接写明祝贺的内容、成就、意义。

（4）结语

写表示热烈祝贺和寄予希望的话语。可以紧接正文写，也可另起一行。

(5) 署名和日期

在右下方写发文单位名称或个人姓名，下边写上年、月、日。

(三) 请柬概述

1. 请柬的概念

请柬是指邀请客人时发出的专用信件，又叫请帖。

2. 请柬的应用范围

请柬应用广泛，召开庆祝会、纪念会、联欢会、招待会、宴会、订货会等许多会议和许多活动都可以发请柬，单位、团体、个人均可以发请柬。

3. 请柬的写作格式

请柬一般由标题、称谓、正文、敬语和落款几部分构成。

(1) 标题

标题一般即写"请柬"。如果请柬是折页纸，封面写"请柬"二字，封面还要做些艺术加工，如图案装饰，文字用美术体，并可套红或烫金。如果请柬是单页纸，第一行正中写"请柬"二字。

(2) 称谓

写被邀请单位和个人的名称。如"××研究所""××先生""××教授"等。称谓有时写在正文之上抬头顶格处，有时将请柬再放入信封，称谓写在信封上，请柬上就不再写称谓。

(3) 正文

要写清被邀请人何时、何地、参加什么活动或会议等。

(4) 致敬语

可写"敬请光临指导""敬请届时出席"或"此致敬礼"等。

(5) 落款

注明发请柬的单位名称或个人姓名，并写明发请柬的年、月、日，如果是单位发请柬，有时还须加盖公章。

二、贺信、贺电、请柬的写作范例

◎贺　信

贺　信

××市学生联合会第一次代表大会：

在祖国繁荣发展的大好形势下，在市委的直接领导下，我市学生联合会第一次代表大会胜利召开了。我们××学院全体学生谨向大会表示热烈的祝贺！

这次大会的召开是我市全体学生的一件大事。它将激励我们为推进改革开放，为祖国的繁荣富强而努力学习。

我们全体同学决不辜负党和人民的殷切期望，一定要努力学习，奋发进取，勇攀科学高峰，以实际行动庆祝这次大会的召开。

预祝大会圆满成功。

××学院学生会

××××年××月××日

◎贺　电

贺　电

尊敬的×××先生：

刚刚获悉你被选为××分公司的业务主管，特写信向你表示祝贺，此次你是当之无愧的提升。

我知道你目前一定非常繁忙，但是希望在你离开此地任职之前能有机会与你畅谈一番。

祝你好运！

你真诚的朋友

×××

××××年××月××日

◎展览会请柬

请　柬

《中国山水画展》定于××××年××月××日在××市工人文化宫西展厅举行预展。敬请光临指导。

展出时间：××××年××月××日~××日

上午：××时××分~××时××分

下午：××时××分~××时××分

中国美术家协会××分会（章）

××××年××月××日

◎招待会请柬

请 柬

为听取各方面的意见，搞好本餐厅的服务工作，并感谢各界对本餐厅的大力支持，定于××××年××月××日下午×时×分在本餐厅举办招待会，届时敬请光临。

××餐厅

××××年××月××日

第八节 悼词、讣告、唁电（函）写作

一、悼词、讣告、唁电（函）的写作概述

（一）悼词概述

1. 悼词的概念

悼词是对逝者表示哀悼的话或文章。它有广义和狭义之分。广义的悼词是指向逝者表示哀悼、缅怀与敬意的一切形式的悼念性文章。狭义的悼词专指在追悼大会上对逝者表示敬意与哀思的宣读式的专用哀悼的文体。

2. 悼词的写作要求

①记叙作者对逝者十分沉痛的心情；概括地对逝者进行评价；交代逝者何年何月何日因何原因与世长辞，享年多少岁。

②介绍逝者生平事迹，主要介绍逝者的籍贯、身份、家庭情况，参加工作时间，一生中所做的工作和对人民的贡献。要写得具体、概括、突出重点。

③对逝者的评价：对逝者一生对国家、对社会、对人民的贡献，逝者生前的高贵品质、优良思想作风进行综合评价。

④说明×××的去世，是一损失，现在悼念他，是勉励到会同志学习他那些高贵品质，为国家、为社会多做贡献。

（二）讣告概述

1. 讣告的概念

讣告又称“讣闻”“讣文”。“讣”原指报丧的意思，就是将人去世的消息报告给大家。讣告是机关、单位、个人，把某人去世的不幸消息向逝者的亲戚、朋友、家属发出通告的公文。

党和国家领导人去世，现在一般不用讣告而用公告或宣告，以表示隆重、庄

严，是国内发生的大事。

2. 一般讣告的写作格式

①在开头一行中间写“讣告”二字，或在“讣告”前冠上逝者的姓名，如“×××讣告”。字体要大于正文的字体。

②写明逝者的姓名、身份、因何去世、去世的日期和地点、终（享）年岁数。

③简介逝者生平，着重简略介绍逝者生前具有代表性的经历。

④通知吊唁，开追悼会的时间、地点。

⑤署明发讣告的团体名称或个人姓名，以及发讣告的年、月、日。

3. 隆重、庄严的公告、宣告式讣告的写作格式

（1）标出发公告或宣告的单位名称和逝者的姓名。

（2）标明文种，写明是“公告”还是“宣告”。

（3）正文写公告或宣告内容

①公布逝世的消息。如逝者的职务、姓名、逝世原因、时间、地点以及终年岁数。

②简介逝者生平和对逝者的评价，以及对逝者表示哀悼之词。

③署明公告或宣告时间。

作为一则在报纸上公布的新闻报道式讣告，旨在让社会各界人士知道。这种讣告的内容和形式都很简单，但也有的报道较详细。

（三）唁电（函）概述

1. 唁电（函）的概念

唁电（函）是指向逝者的组织或家属表示慰问、对逝者表示哀悼的文电。以信函形式发出的称唁函，以电报形式发出的称唁电。

2. 唁电（函）的写作要求

写接收函电的单位或个人，用全称、通用的简称或尊称。正文一般以“获悉”“惊悉”“痛悉”×××逝世（去世、牺牲）开头，然后简述逝者生前的品德和功绩，接着表达悼念之情，向逝者家属致以亲切的慰问。正文写完后，署名、注明成文时间。

二、悼词、讣告、唁电（函）的写作范例

◎悼　词

悼　词

今天，我们怀着十分沉痛的心情，悼念我们的好经理×××同志！

×××同志系中国共产党党员，××公司经理，因病多方治疗无效，于××××年××月××日下午××时××分在县人民医院不幸逝世，终年××岁。

×××同志××××年××月参加革命，××××年××月参加中国共产党，历任百货公司营业员、采购员、会计、财务股副股长、百货公司经理等职。在长期的革命工作中，她大公无私，热爱集体，工作积极，勤勤恳恳，认真负责，任劳任怨，作风平易近人，谦虚谨慎，是党的好干部。她三十多年如一日地忠于党和人民的事业，为党的财贸事业做了大量的工作，作出了一定的贡献！

现在，×××同志与世长辞了，使我们党失去了一个好党员，使我们财贸战线失去了一个好干部，我们感到无限悲痛！

我们沉痛地悼念×××同志，我们要化悲痛为力量，学习她勇往直前的革命精神和大公无私的高贵品质，在党的领导下，为建设我们伟大祖国的繁荣富强而努力奋斗！

×××同志安息吧！

××百货公司全体职工
××××年××月××日

◎讣　告

×××先生讣告

中国作协××省分会理事、××市文联主席×××先生因病医治无效，于××××年××月××日上午十一时在××医院逝世，享年××岁。

×××先生生前曾任地委办公室秘书、办公室主任、地委统战部部长、地文联副主席等职务。出版小说五部，为党和人民做了许多有益的工作。×××同志的逝世，是我党的一个损失。

为了表示对×××同志的哀悼，特定于××月××日上午八时在××公墓礼堂举行追悼会，有赠送花圈、挽联和吊唁者，请按时前往。

×××治丧委员会
××××年××月××日

◎唁　电

××省党委、省政府发出唁电

惊悉在××县××火灾抢险救灾斗争中，××军分区独立营×××、××

×、×××等××名官兵壮烈牺牲。省委、省政府谨代表全省各族人民，向遇难官兵致以深切哀思和沉重悼念，向他们的亲人和家属表示亲切的慰问。

在当地扑火群众被复燃的大火包围、生命安全遭受严重威胁的危急时刻，以××名烈士为代表的灭火官兵们，临危不惧、奋不顾身，置个人生死于度外，毅然选择拯救林业职工和群众，致使××名官兵不幸遇难。烈士们以大无畏的英雄气概，践行了当代军人核心价值观，展示了人民子弟兵崇高的思想境界，诠释了人民军队“听党指挥、服务人民、英勇善战”的优良传统，谱写了新时期军民鱼水情深的人生壮歌，不愧为广大官兵的优秀代表，不愧为新时期最可爱的人！

人民军队的英雄形象，永远矗立在××大地；革命烈士的伟大壮举，永远铭刻在光辉史册。省委、省政府将团结带领全省人民，大力弘扬烈士们的崇高精神，继续发扬拥军优属的光荣传统，大力支持国防和军队现代化建设，以推进“两个加快”和奋力夺取经济社会发展新胜利的实际行动告慰英灵、回报驻×部队的巨大支持。

革命烈士们永垂不朽！

××省党委
××省政府
××××年××月××日

附录一

党政机关公文处理工作条例

（中办发〔2012〕14号）

（2012年4月16日由中共中央办公厅和国务院办公厅联合印发）

第一章　总　　则

第一条　为了适应中国共产党机关和国家行政机关（以下简称党政机关）工作需要，推进党政机关公文处理工作科学化、制度化、规范化，制定本条例。

第二条　本条例适用于各级党政机关公文处理工作。

第三条　党政机关公文是党政机关实施领导、履行职能、处理公务的具有特定效力和规范体式的文书，是传达贯彻党和国家的方针政策，公布法规和规章，指导、布置和商洽工作，请示和答复问题，报告、通报和交流情况等的重要工具。

第四条　公文处理工作是指公文拟制、办理、管理等一系列相互关联、衔接有序的工作。

第五条　公文处理工作应当坚持实事求是、准确规范、精简高效、安全保密的原则。

第六条　各级党政机关应当高度重视公文处理工作，加强组织领导，强化队伍建设，设立文秘部门或者由专人负责公文处理工作。

第七条　各级党政机关办公厅（室）主管本机关的公文处理工作，对下级机关的公文处理工作进行业务指导和督促检查。

第二章　公文种类

第八条　公文种类主要有：

（一）决议。适用于会议讨论通过的重大决策事项。

（二）决定。适用于对重要事项做出决策和部署、奖惩有关单位和人员、变更或者撤销下级机关不适当的决定事项。

（三）命令（令）。适用于公布行政法规和规章、宣布施行重大强制性措施、批准授予和晋升衔级、嘉奖有关单位和人员。

（四）公报。适用于公布重要决定或者重大事项。

（五）公告。适用于向国内外宣布重要事项或者法定事项。

（六）通告。适用于在一定范围内公布应当遵守或者周知的事项。

（七）意见。适用于对重要问题提出见解和处理办法。

（八）通知。适用于发布、传达要求下级机关执行和有关单位周知或者执行的事项，批转、转发公文。

（九）通报。适用于表彰先进、批评错误、传达重要精神和告知重要情况。

（十）报告。适用于向上级机关汇报工作，反映情况，回复上级机关的询问。

（十一）请示。适用于向上级机关请求指示、批准。

（十二）批复。适用于答复下级机关请示事项。

（十三）议案。适用于各级人民政府按照法律程序向同级人民代表大会或者人民代表大会常务委员会提请审议事项。

（十四）函。适用于不相隶属机关之间商洽工作、询问和答复问题、请求批准和答复审批事项。

（十五）纪要。适用于记载会议主要情况和议定事项。

第三章　公文格式

第九条　公文一般由份号、密级和保密期限、紧急程度、发文机关标志、发文字号、签发人、标题、主送机关、正文、附件说明、发文机关署名、成文日期、印章、附注、附件、抄送机关、印发机关和印发日期、页码等组成。

（一）份号。公文印制份数的顺序号。涉密公文应当标注份号。

（二）密级和保密期限。公文的秘密等级和保密的期限。涉密公文应当根据涉密程度分别标注“绝密”“机密”“秘密”和保密期限。

（三）紧急程度。公文送达和办理的时限要求。根据紧急程度，紧急公文应当分别标注“特急”“加急”，电报应当分别标注“特提”“特急”“加急”“平急”。

（四）发文机关标志。由发文机关全称或者规范化简称加“文件”二字组成，也可以使用发文机关全称或者规范化简称。联合行文时，发文机关标志可以并用联合发文机关名称，也可以单独用主办机关名称。

（五）发文字号。由发文机关代字、年份、发文顺序号组成。联合行文时，使用主办机关的发文字号。

（六）签发人。上行文应当标注签发人姓名。

（七）标题。由发文机关名称、事由和文种组成。

（八）主送机关。公文的主要受理机关，应当使用机关全称、规范化简称或者同类型机关统称。

（九）正文。公文的主体，用来表述公文的内容。

（十）附件说明。公文附件的顺序号和名称。

（十一）发文机关署名。署发文机关全称或者规范化简称。

（十二）成文日期。署会议通过或者发文机关负责人签发的日期。联合行文时，署最后签发机关负责人签发的日期。

（十三）印章。公文中有发文机关署名的，应当加盖发文机关印章，并与署名机关相符。有特定发文机关标志的普发性公文和电报可以不加盖印章。

（十四）附注。公文印发传达范围等需要说明的事项。

（十五）附件。公文正文的说明、补充或者参考资料。

（十六）抄送机关。除主送机关外需要执行或者知晓公文内容的其他机关，应当使用机关全称、规范化简称或者同类型机关统称。

（十七）印发机关和印发日期。公文的送印机关和送印日期。

（十八）页码。公文页数顺序号。

第十条 公文的版式按照《党政机关公文格式》国家标准执行。

第十一条 公文使用的汉字、数字、外文字符、计量单位和标点符号等，按照有关国家标准和规定执行。民族自治地方的公文，可以并用汉字和当地通用的少数民族文字。

第十二条 公文用纸幅面采用国际标准 A4 型。特殊形式的公文用纸幅面，根据实际需要确定。

第四章 行文规则

第十三条 行文应当确有必要，讲求实效，注重针对性和可操作性。

第十四条 行文关系根据隶属关系和职权范围确定。一般不得越级行文，特殊情况需要越级行文的，应当同时抄送被越过的机关。

第十五条 向上级机关行文，应当遵循以下规则：

（一）原则上主送一个上级机关，根据需要同时抄送其他相关上级机关和同级机关，不抄送下级机关。

（二）党委、政府的部门向上级主管部门请示、报告重大事项，应当经本级党委、政府同意或者授权；属于部门职权范围内的事项应直接报送上级主管部门。

（三）下级机关的请示事项，如需以本机关名义向上级机关请示，应当提出倾向性意见后上报。不得原文转报上级机关。

（四）请示应当一文一事。不得在报告等非请示性公文中夹带请示事项。

（五）除上级机关负责人直接交办事项外，不得以本机关名义向上级机关负责人报送公文，不得以本机关负责人名义向上级机关报送公文。

（六）受双重领导的机关向一个上级机关行文，必要时抄送另一个上级机关。

第十六条 向下级机关行文，应当遵循以下规则：

（一）主送受理机关，根据需要抄送相关机关。重要行文应当同时抄送发文机关的直接上级机关。

（二）党委、政府的办公厅（室）根据本级党委、政府授权，可以向下级党委、政府行文，其他部门和单位不得向下级党委、政府发布指令性公文或者在公文中向下级党委、政府提出指令性要求。需经政府审批的具体事项，经政府同意可由政府职能部门行文，文中需注明已经政府同意。

（三）党委、政府的部门在各自职权范围内可以向下级党委、政府的相关部门行文。

（四）涉及多个部门职权范围内的事务，部门之间未协商一致的，不得向下行文；擅自行文的，上级机关应当责令其纠正或者撤销。

（五）上级机关向受双重领导的下级机关行文，必要时抄送该下级机关的另一个上级机关。

第十七条 同级党政机关、党政机关与其他同级机关必要时可以联合行文。属于党委、政府各自职权范围内的工作，不得联合行文。

党委、政府的部门依据职权可以相互行文。

部门内设机构除办公厅（室）外不得对外正式行文。

第五章 公文拟制

第十八条 公文拟制包括公文的起草、审核、签发等程序。

第十九条 公文起草应当做到：

（一）符合党的理论路线方针政策和国家法律法规，完整准确体现发文机关意图，并同现行有关公文相衔接。

（二）一切从实际出发，分析问题实事求是，所提政策措施和办法切实可行。

（三）内容简洁，主题突出，观点鲜明，结构严谨，表述准确，文字精练。

（四）文种正确，格式规范。

（五）深入调查研究，充分进行论证，广泛听取意见。

（六）公文涉及其他地区或者部门职权范围内的事项，起草单位必须征求相关地区或者部门意见，力求达成一致。

（七）机关负责人应当主持、指导重要公文起草工作。

第二十条 公文文稿签发前，应当由发文机关办公厅（室）进行审核。审核的重点是：

（一）行文理由是否充分，行文依据是否准确。

（二）内容是否符合党的理论路线方针政策和国家法律法规；是否完整准确

体现发文机关意图；是否同现行有关公文相衔接；所提政策措施和办法是否切实可行。

（三）涉及有关地区或者部门职权范围的事项是否经过充分协商并达成一致意见。

（四）文种是否正确，格式是否规范；人名、地名、时间、数字、段落顺序、引文等是否准确；文字、数字、计量单位和标点符号等用法是否规范。

（五）其他内容是否符合公文起草的有关要求。

需要发文机关审议的重要公文文稿，审议前由发文机关办公厅（室）进行初核。

第二十一条 经审核不宜发文的公文文稿，应当退回起草单位并说明理由；符合发文条件但内容需作进一步研究和修改的，由起草单位修改后重新报送。

第二十二条 公文应当经本机关负责人审批签发。重要公文和上行文由机关主要负责人签发。党委、政府的办公厅（室）根据党委、政府授权制发的公文，由受权机关主要负责人签发或者按照有关规定签发。签发人签发公文，应当签署意见、姓名和完整日期；圈阅或者签名的，视为同意。联合行文由所有联署机关的负责人会签。

第六章 公文办理

第二十三条 公文办理包括收文办理、发文办理和整理归档。

第二十四条 收文办理主要程序是：

（一）签收。对收到的公文应当逐件清点，核对无误后签字或者盖章，并注明签收时间。

（二）登记。对公文的主要信息和办理情况应当详细记载。

（三）初审。对收到的公文应当进行初审。初审的重点是：是否应当由本机关办理，是否符合行文规则，文种、格式是否符合要求，涉及其他地区或者部门职权范围的事项是否已经协商、会签，是否符合公文起草的其他要求。经初审不符合规定的公文，应当及时退回来文单位并说明理由。

（四）承办。阅知性公文应当根据公文内容、要求和工作需要确定范围后分送。批办性公文应当提出拟办意见报本机关负责人批示或者转有关部门办理；需要两个以上部门办理的，应当明确主办部门。紧急公文应当明确办理时限。承办部门对交办的公文应当及时办理，有明确办理时限要求的应当在规定时限内办理完毕。

（五）传阅。根据领导批示和工作需要将公文及时送传阅对象阅知或者批示。办理公文传阅应当随时掌握公文去向，不得漏传、误传、延误。

（六）催办。及时了解掌握公文的办理进展情况，督促承办部门按期办结。

紧急公文或者重要公文应当由专人负责催办。

（七）答复。公文的办理结果应当及时答复来文单位，并根据需要告知相关单位。

第二十五条 发文办理主要程序是：

（一）复核。已经发文机关负责人签批的公文，印发前应当对公文的审批手续、内容、文种、格式等进行复核；需作实质性修改的，应当报原签批人复审。

（二）登记。对复核后的公文，应当确定发文字号、分送范围和印制份数并详细记载。

（三）印制。公文印制必须确保质量和时效。涉密公文应当在符合保密要求的场所印制。

（四）核发。公文印制完毕，应当对公文的文字、格式和印刷质量进行检查后分发。

第二十六条 涉密公文应当通过机要交通、邮政机要通信、城市机要文件交换站或者收发件机关机要收发人员进行传递，通过密码电报或者符合国家保密规定的计算机信息系统进行传输。

第二十七条 需要归档的公文及有关材料，应当根据有关档案法律法规以及机关档案管理规定，及时收集齐全、整理归档。两个以上机关联合办理的公文，原件由主办机关归档，相关机关保存复制件。机关负责人兼任其他机关职务的，在履行所兼职务过程中形成的公文，由其兼职机关归档。

第七章 公文管理

第二十八条 各级党政机关应当建立健全本机关公文管理制度，确保管理严格规范，充分发挥公文效用。

第二十九条 党政机关公文由文秘部门或者专人统一管理。设立党委（党组）的县级以上单位应建立机要保密室和机要阅文室，并按照有关保密规定配备工作人员和必要的安全保密设施设备。

第三十条 公文确定密级前，应当按照拟定的密级先行采取保密措施。确定密级后，应当按照所定密级严格管理。绝密级公文应当由专人管理。

公文的密级需要变更或者解除的，由原确定密级的机关或者其上级机关决定。

第三十一条 公文的印发传达范围应当按照发文机关的要求执行；需要变更的，应当经发文机关批准。

涉密公文公开发布前应当履行解密程序。公开发布的时间、形式和渠道，由发文机关确定。

经批准公开发布的公文，同发文机关正式印发的公文具有同等效力。

第三十二条 复制、汇编机密级、秘密级公文，应当符合有关规定并经本机关负责人批准。绝密级公文一般不得复制、汇编，确有工作需要的，应当经发文机关或者其上级机关批准。复制、汇编的公文视同原件管理。

复制件应当加盖复制机关戳记。翻印件应当注明翻印的机关名称、日期。汇编本的密级按照编入公文的最高密级标注。

第三十三条 公文的撤销和废止，由发文机关、上级机关或者权力机关根据职权范围和有关法律法规决定。公文被撤销的，视为自始无效；公文被废止的，视为自废止之日起失效。

第三十四条 涉密公文应当按照发文机关的要求和有关规定进行清退或者销毁。

第三十五条 不具备归档和保存价值的公文，经批准后可以销毁。销毁涉密公文必须严格按照有关规定履行审批登记手续，确保不丢失、不漏销。个人不得私自销毁、留存涉密公文。

第三十六条 机关合并时，全部公文应当随之合并管理；机关撤销时，需要归档的公文经整理后按照有关规定移交档案管理部门。

工作人员离岗离职时，所在机关应当督促其将暂存、借用的公文按照有关规定移交、清退。

第三十七条 新设立的机关应当向党委、政府的办公厅（室）提出发文立户申请。经审查符合条件的，列为发文单位，机关合并或者撤销时，相应进行调整。

第八章 附 则

第三十八条 党政机关公文含电子公文。电子公文处理工作的具体办法另行制定。

第三十九条 法规、规章方面的公文，依照有关规定处理。外事方面的公文，依照外事主管部门的有关规定处理。

第四十条 其他机关和单位的公文处理工作，可以参照本条例执行。

第四十一条 本条例由中共中央办公厅、国务院办公厅负责解释。

第四十二条 本条例自 2012 年 7 月 1 日起施行。1996 年 5 月 3 日中共中央办公厅发布的《中国共产党机关公文处理条例》和 2000 年 8 月 24 日国务院发布的《国家行政机关公文处理办法》停止执行。

附录二

党政机关公文格式（GB/T 9704—2012）

1　范围

本标准规定了党政机关公文通用的纸张要求、排版和印制装订要求、公文格式各要素的编排规则，并给出了公文的式样。

本标准适用于各级党政机关制发的公文。其他机关和单位的公文可以参照执行。

使用少数民族文字印制的公文，其用纸、幅面尺寸及版面、印制等要求按照本标准执行，其余可以参照本标准并按照有关规定执行。

2　规范性引用文件

下列文件对于本标准的应用是必不可少的。凡是注日期的引用文件，仅所注日期的版本适用于本标准。凡是不注日期的引用文件，其最新版本（包括所有的修改单）适用于本标准。

GB/T 148　印刷、书写和绘图纸幅面尺寸

GB 3100　国际单位制及其应用

GB 3101　有关量、单位和符号的一般原则

GB 3102（所有部分）　量和单位

GB/T 15834　标点符号用法

GB/T 15835　出版物上数字用法

3　术语和定义

下列术语和定义适用于本标准。

3.1

字 word

标示公文中横向距离的长度单位。在本标准中，一字指一个汉字宽度的距离。

3.2

行 line

标示公文中纵向距离的长度单位。在本标准中，一行指一个汉字的高度加3号汉字高度的7/8的距离。

4　公文用纸主要技术指标

公文用纸一般使用纸张定量为60 g/m^2 ~ 80 g/m^2 的胶版印刷纸或复印纸。纸张白度80% ~90%，横向耐折度≥15次，不透明度≥85%，pH值为7.5 ~9.5。

5　公文用纸幅面尺寸及版面要求

5.1 幅面尺寸

公文用纸采用GB/T 148中规定的A4型纸，其成品幅面尺寸为：210 mm×297 mm。

5.2 版面

5.2.1 页边与版心尺寸

公文用纸天头（上白边）为37 mm±1 mm，公文用纸订口（左白边）为28 mm±1 mm，版心尺寸为156 mm×225 mm。

5.2.2 字体和字号

如无特殊说明，公文格式各要素一般用3号仿宋体字。特定情况可以作适当调整。

5.2.3 行数和字数

一般每面排22行，每行排28个字，并撑满版心。特定情况可以作适当调整。

5.2.4 文字的颜色

如无特殊说明，公文中文字的颜色均为黑色。

6　印制装订要求

6.1 制版要求

版面干净无底灰，字迹清楚无断划，尺寸标准，版心不斜，误差不超过1 mm。

6.2 印刷要求

双面印刷；页码套正，两面误差不超过2 mm。黑色油墨应当达到色谱所标BL100%，红色油墨应当达到色谱所标Y80%、M80%。印品着墨实、均匀；字面不花、不白、无断划。

6.3 装订要求

公文应当左侧装订，不掉页，两页页码之间误差不超过4 mm，裁切后的成品尺寸允许误差±2 mm，四角成90°，无毛茬或缺损。

骑马订或平订的公文应当：

a）订位为两钉外订眼距版面上下边缘各 70 mm 处，允许误差 ±4 mm；

b）无坏钉、漏钉、重钉，钉脚平伏牢固；

c）骑马订钉锯均订在折缝线上，平订钉锯与书脊间的距离为 3 mm ~5 mm。

包本装订公文的封皮（封面、书脊、封底）与书芯应吻合、包紧、包平、不脱落。

7　公文格式各要素编排规则

7.1 公文格式各要素的划分

本标准将版心内的公文格式各要素划分为版头、主体、版记三部分。公文首页红色分隔线以上的部分称为版头；公文首页红色分隔线（不含）以下、公文末页首条分隔线（不含）以上的部分称为主体；公文末页首条分隔线以下、末条分隔线以上的部分称为版记。

页码位于版心外。

7.2 版头

7.2.1 份号

如需标注份号，一般用 6 位 3 号阿拉伯数字，顶格编排在版心左上角第一行。

7.2.2 密级和保密期限

如需标注密级和保密期限，一般用 3 号黑体字，顶格编排在版心左上角第二行；保密期限中的数字用阿拉伯数字标注。

7.2.3 紧急程度

如需标注紧急程度，一般用 3 号黑体字，顶格编排在版心左上角；如需同时标注份号、密级和保密期限、紧急程度，按照份号、密级和保密期限、紧急程度的顺序自上而下分行排列。

7.2.4 发文机关标志

由发文机关全称或者规范化简称加“文件”二字组成，也可以使用发文机关全称或者规范化简称。

发文机关标志居中排布，上边缘至版心上边缘为 35 mm，推荐使用小标宋体字，颜色为红色，以醒目、美观、庄重为原则。

联合行文时，如需同时标注联署发文机关名称，一般应当将主办机关名称排列在前；如有“文件”二字，应当置于发文机关名称右侧，以联署发文机关名称为准上下居中排布。

7.2.5 发文字号

编排在发文机关标志下空二行位置，居中排布。年份、发文顺序号用阿拉伯数字标注；年份应标全称，用六角括号“〔 〕”括入；发文顺序号不加“第”字，不编虚位（即1不编为01），在阿拉伯数字后加“号”字。

上行文的发文字号居左空一字编排，与最后一个签发人姓名处在同一行。

7.2.6 签发人

由“签发人”三字加全角冒号和签发人姓名组成，居右空一字，编排在发文机关标志下空二行位置。“签发人”三字用3号仿宋体字，签发人姓名用3号楷体字。

如有多个签发人，签发人姓名按照发文机关的排列顺序从左到右、自上而下依次均匀编排，一般每行排两个姓名，回行时与上一行第一个签发人姓名对齐。

7.2.7 版头中的分隔线

发文字号之下4 mm处居中印一条与版心等宽的红色分隔线。

7.3 主体

7.3.1 标题

一般用2号小标宋体字，编排于红色分隔线下空二行位置，分一行或多行居中排布；回行时，要做到词意完整，排列对称，长短适宜，间距恰当，标题排列应当使用梯形或菱形。

7.3.2 主送机关

编排于标题下空一行位置，居左顶格，回行时仍顶格，最后一个机关名称后标全角冒号。如主送机关名称过多导致公文首页不能显示正文时，应当将主送机关名称移至版记，标注方法见7.4.2。

7.3.3 正文

公文首页必须显示正文。一般用3号仿宋体字，编排于主送机关名称下一行，每个自然段左空二字，回行顶格。文中结构层次序数依次可以用“一、”“（一）”“1.”“（1）”标注；一般第一层用黑体字、第二层用楷体字、第三层和第四层用仿宋体字标注。

7.3.4 附件说明

如有附件，在正文下空一行左空二字编排“附件”二字，后标全角冒号和附件名称。如有多个附件，使用阿拉伯数字标注附件顺序号（如“附件：1. ××××”）；附件名称后不加标点符号。附件名称较长需回行时，应当与上一行附件名称的首字对齐。

7.3.5 发文机关署名、成文日期和印章

7.3.5.1 加盖印章的公文

成文日期一般右空四字编排，印章用红色，不得出现空白印章。

单一机关行文时，一般在成文日期之上、以成文日期为准居中编排发文机关署名，印章端正、居中下压发文机关署名和成文日期，使发文机关署名和成文日

期居印章中心偏下位置，印章顶端应当上距正文（或附件说明）一行之内。

联合行文时，一般将各发文机关署名按照发文机关顺序整齐排列在相应位置，并将印章一一对应、端正、居中下压发文机关署名，最后一个印章端正、居中下压发文机关署名和成文日期，印章之间排列整齐、互不相交或相切，每排印章两端不得超出版心，首排印章顶端应当上距正文（或附件说明）一行之内。

7.3.5.2 不加盖印章的公文

单一机关行文时，在正文（或附件说明）下空一行右空二字编排发文机关署名，在发文机关署名下一行编排成文日期，首字比发文机关署名首字右移二字，如成文日期长于发文机关署名，应当使成文日期右空二字编排，并相应增加发文机关署名右空字数。

联合行文时，应当先编排主办机关署名，其余发文机关署名依次向下编排。

7.3.5.3 加盖签发人签名章的公文

单一机关制发的公文加盖签发人签名章时，在正文（或附件说明）下空二行右空四字加盖签发人签名章，签名章左空二字标注签发人职务，以签名章为准上下居中排布。在签发人签名章下空一行右空四字编排成文日期。

联合行文时，应当先编排主办机关签发人职务、签名章，其余机关签发人职务、签名章依次向下编排，与主办机关签发人职务、签名章上下对齐；每行只编排一个机关的签发人职务、签名章；签发人职务应当标注全称。

签名章一般用红色。

7.3.5.4 成文日期中的数字

用阿拉伯数字将年、月、日标全，年份应标全称，月、日不编虚位（即1不编为01）。

7.3.5.5 特殊情况说明

当公文排版后所剩空白处不能容下印章或签发人签名章、成文日期时，可以采取调整行距、字距的措施解决。

7.3.6 附注

如有附注，居左空两字加圆括号编排在成文日期下一行。

7.3.7 附件

附件应当另面编排，并在版记之前，与公文正文一起装订。“附件”二字及附件顺序号用3号黑体字顶格编排在版心左上角第一行。附件标题居中编排在版心第三行。附件顺序号和附件标题应当与附件说明的表述一致。附件格式要求同正文。

如附件与正文不能一起装订，应当在附件左上角第一行顶格编排公文的发文字号并在其后标注“附件”二字及附件顺序号。

7.4 版记

7.4.1 版记中的分隔线

版记中的分隔线与版心等宽，首条分隔线和末条分隔线用粗线（推荐高度为0.35 mm），中间的分隔线用细线（推荐高度为0.25 mm）。首条分隔线位于版记中第一个要素之上，末条分隔线与公文最后一面的版心下边缘重合。

7.4.2 抄送机关

如有抄送机关，一般用4号仿宋体字，在印发机关和印发日期之上一行、左右各空一字编排。“抄送”二字后加全角冒号和抄送机关名称，回行时与冒号后的首字对齐，最后一个抄送机关名称后标句号。

如需把主送机关移至版记，除将“抄送”二字改为“主送”外，编排方法同抄送机关。既有主送机关又有抄送机关时，应当将主送机关置于抄送机关之上一行，之间不加分隔线。

7.4.3 印发机关和印发日期

印发机关和印发日期一般用4号仿宋体字，编排在末条分隔线之上，印发机关左空一字，印发日期右空一字，用阿拉伯数字将年、月、日标全，年份应标全称，月、日不编虚位（即1不编为01），后加“印发”二字。

版记中如有其他要素，应当将其与印发机关和印发日期用一条细分隔线隔开。

7.5 页码

一般用4号半角宋体阿拉伯数字，编排在公文版心下边缘之下，数字左右各放一条一字线；一字线上距版心下边缘7 mm。单页码居右空一字，双页码居左空一字。公文的版记页前有空白页的，空白页和版记页均不编排页码。公文的附件与正文一起装订时，页码应当连续编排。

8 公文中的横排表格

A4纸型的表格横排时，页码位置与公文其他页码保持一致，单页码表头在订口一边，双页码表头在切口一边。

9 公文中计量单位、标点符号和数字的用法

公文中计量单位的用法应当符合GB 3100、GB 3101和GB 3102（所有部分），标点符号的用法应当符合GB/T 15834，数字用法应当符合GB/T 15835。

10 公文的特定格式

10.1 信函格式

发文机关标志使用发文机关全称或者规范化简称，居中排布，上边缘至上页

边为 30 mm，推荐使用红色小标宋体字。联合行文时，使用主办机关标志。

发文机关标志下 4 mm 处印一条红色双线（上粗下细），距下页边 20 mm 处印一条红色双线（上细下粗），线长均为 170 mm，居中排布。

如需标注份号、密级和保密期限、紧急程度，应当顶格居版心左边缘编排在第一条红色双线下，按照份号、密级和保密期限、紧急程度的顺序自上而下分行排列，第一个要素与该线的距离为 3 号汉字高度的 7/8。

发文字号顶格居版心右边缘编排在第一条红色双线下，与该线的距离为 3 号汉字高度的 7/8。

标题居中编排，与其上最后一个要素相距二行。

第二条红色双线上一行如有文字，与该线的距离为 3 号汉字高度的 7/8。

首页不显示页码。

版记不加印发机关和印发日期、分隔线，位于公文最后一面版心内最下方。

10.2 命令（令）格式

发文机关标志由发文机关全称加“命令”或“令”字组成，居中排布，上边缘至版心上边缘为20 mm，推荐使用红色小标宋体字。

发文机关标志下空二行居中编排令号，令号下空二行编排正文。

签发人职务、签名章和成文日期的编排见 7.3.5.3。

10.3 纪要格式

纪要标志由“×××××纪要”组成，居中排布，上边缘至版心上边缘为 35 mm，推荐使用红色小标宋体字。

标注出席人员名单，一般用 3 号黑体字，在正文或附件说明下空一行左空二字编排“出席”二字，后标全角冒号，冒号后用 3 号仿宋体字标注出席人单位、姓名，回行时与冒号后的首字对齐。

标注请假和列席人员名单，除依次另起一行并将“出席”二字改为“请假”或“列席”外，编排方法同出席人员名单。

纪要格式可以根据实际制定。

11 式样

A4 型公文用纸页边及版心尺寸见图 1；公文首页版式见图 2；联合行文公文首页版式 1 见图 3；联合行文公文首页版式 2 见图 4；公文末页版式 1 见图 5；公文末页版式 2 见图 6；联合行文公文末页版式 1 见图 7；联合行文公文末页版式 2 见图 8；附件说明页版式见图 9；带附件公文末页版式见图 10；信函格式首页版式见图 11；命令（令）格式首页版式见图 12。

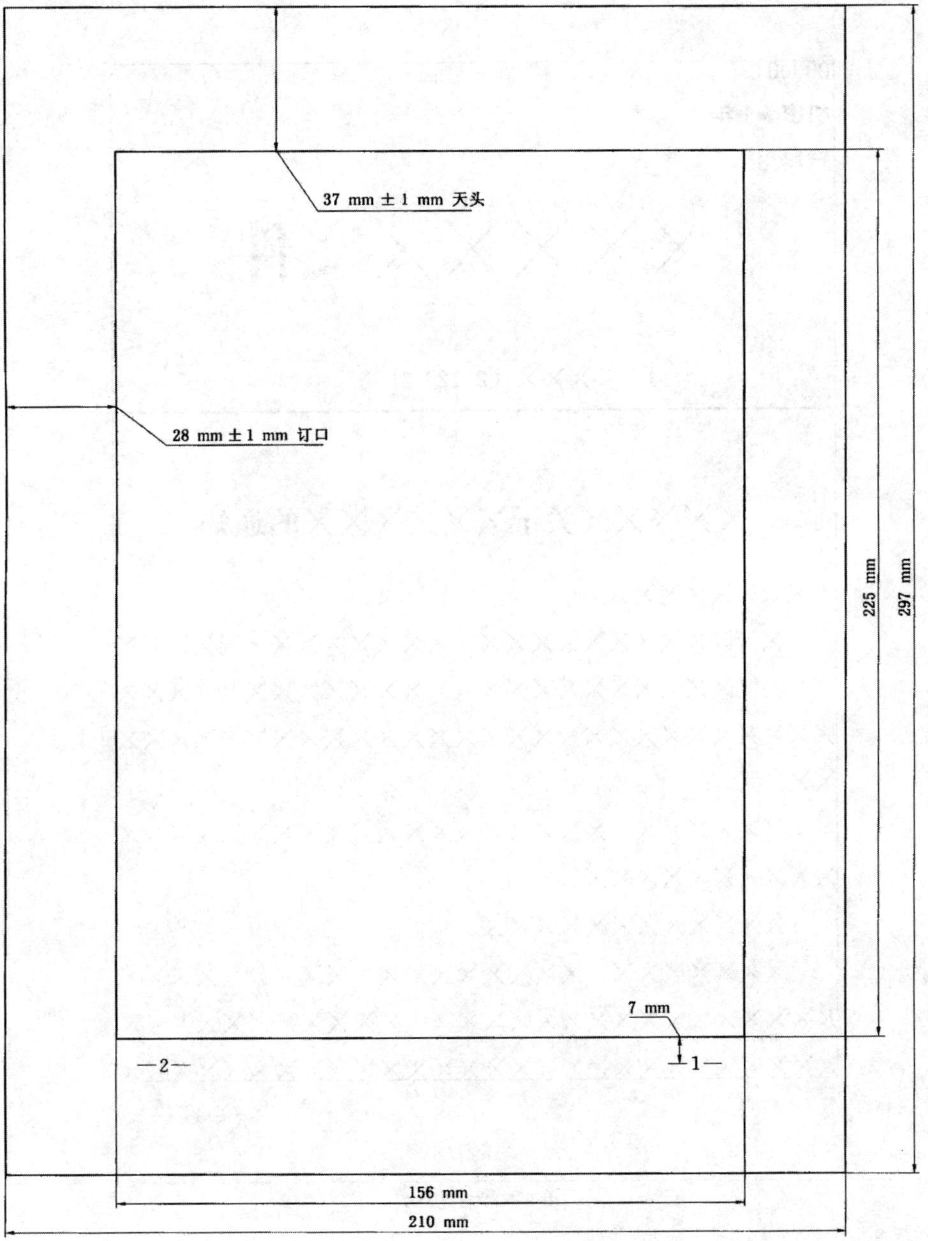

图 1　A4型公文用纸页边及版心尺寸

000001

机密★1年

特急

×××××文件

×××〔2012〕10号

×××××关于××××××的通知

××××××××：

××××××××××××××××××××××××××

××××××××××××××××××××××××××××

××××××××××××××××××××××××××××

××××。

××××××××××××××××××××××××××

×××××××××××。

××××××××××××。

×××××××。××××××××××××××××××

××××××××××××××××××××××××××××

××××××××××××××××××××××××××××

— 1 —

图2 公文首页版式

注：版心实线框仅为示意，在印制公文时并不印出。

000001

机密★1年

特急

××××××

×　×　×　**文件**

××××××

×××〔2012〕10号

××××××关于×××××××的通知

××××××××：

××××××××××××××××××××××××××。

××。

××××××××××××××××××××××××××

— 1 —

图 3　联合行文公文首页版式 1

注：版心实线框仅为示意，在印制公文时并不印出。

000001

机　密

特　急

××××××

×　　×　　×

××××××

签发人：×××　×××

×××〔2012〕10 号　　×××

××××××关于×××××××的请示

××××××××：

　　××××××××××××××××××××××××××

××××××××××××××××××××××××××××

××××××××××××××××××××××××××××

××××。

　　××××××××××××××××××××××××××

— 1 —

图 4　联合行文公文首页版式 2

注：版心实线框仅为示意，在印制公文时并不印出。

×××××××××××××××。

　　××××××××××××××××××××××××××
××××××××××××××××××××××××××××
×××××××××××。

2012年7月1日

（×××××）

抄送：××××××××，××××××，×××××，×××××，
　　×××××。

××××××××××　　2012年7月1日印发

— 2 —

图5　公文末页版式1

注：版心实线框仅为示意，在印制公文时并不印出。

×××××××××××××××。

　　××。

××××××××××××

2012年7月1日

（×××××）

抄送：××××××××，××××××，×××××，×××××，×××××。

××××××××××　　2012年7月1日印发

— 2 —

图6　公文末页版式2

注：版心实线框仅为示意，在印制公文时并不印出。

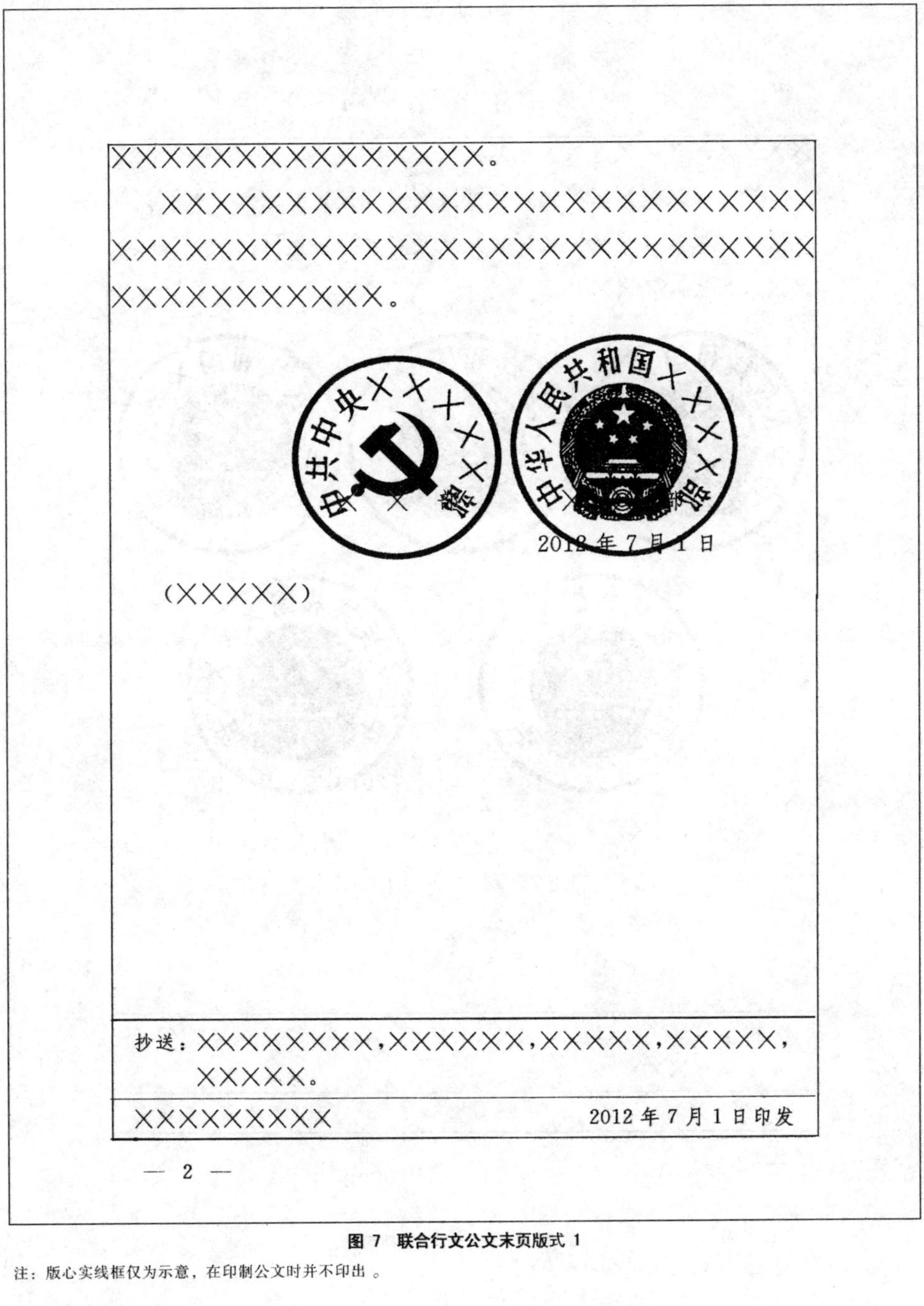

×××××××××××××××。

　　××××××××××××××××××××××××××

××××××××××××××××××××××××××××

×××××××××××。

2012年7月1日

（×××××）

抄送：××××××××，××××××，×××××，×××××，
×××××。

××××××××××　　2012年7月1日印发

— 2 —

图7　联合行文公文末页版式1

注：版心实线框仅为示意，在印制公文时并不印出。

××××××××××××××××。

××。

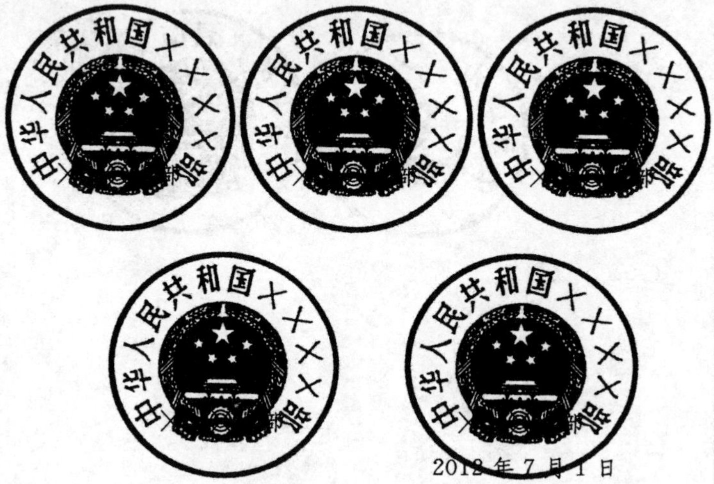

2012年7月1日

（×××××）

抄送：××××××××，××××××，×××××，×××××，×××××。

×××××××××× 2012年7月1日印发

— 2 —

图8 联合行文公文末页版式2

注：版心实线框仅为示意，在印制公文时并不印出。

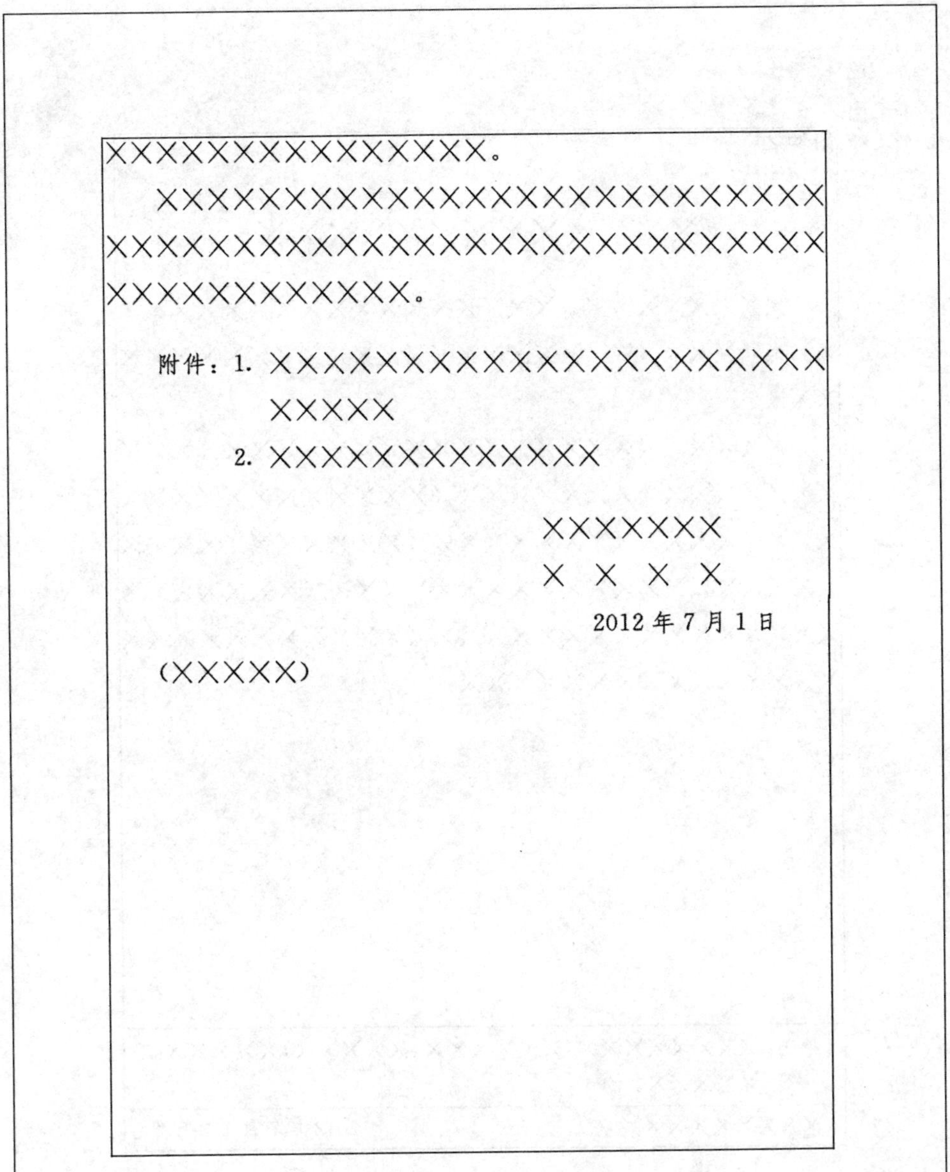

图9 附件说明页版式

注：版心实线框仅为示意，在印制公文时并不印出。

附件 2

XXXXXXXXXXXXX

　　XXXXXXXXXXXXXXXXXXXXXXXXXX
XXXXXXXXXXXXXXXXXXXXXXXXXXXX
XXX。

　　XXXXXXXXXXXXXXXXXXXXXXXXXX
XXXXXXXXXXXXXXXXXXXXXXXXXXXX
XXXXXXXXXXXXXXXXXXXXXXXXXXXX
XXXXXXXXXXXXXXXXXXXXXXXXXXXX
XXXXXXXXXXXXXXXXXXXXXXXXXXXX
XXXXXXXXXXXXXXX。

抄送：XXXXXXXX，XXXXXX，XXXXX，XXXXX，
XXXXX。

XXXXXXXXXX　　2012 年 7 月 1 日印发

— 2 —

图 10　带附件公文末页版式

注：版心实线框仅为示意，在印制公文时并不印出。

中华人民共和国××××××部

000001　　　　　　　　　　　　　　×××〔2012〕10号

机　密

特　急

×××××关于×××××××的通知

××××××××：

　　××。

　　××。

　　××。

图 11　信函格式首页版式

注：版心实线框仅为示意，在印制公文时并不印出。

××××××令

第×××号

　　××××××××××××××××××××××××××
×××××××××××××××××××××××××××。
××××××××××××××××××××××××××××
×××××××××××××××××××××××××。

部　长　×××

2012年7月1日

— 1 —

图 12　命令(令)格式首页版式

注：版心实线框仅为示意，在印制公文时并不印出。